本书由西南财经大学中央高校教育教学改革专项规划教材项目（2017JC09）资助，
同时受互联网金融创新及监管四川省协同创新中心资助。

二十一世纪“双一流”建设系列精品规划教材

计算金融

COMPUTATIONAL FINANCE

王 鹏 编著

U0952760

西南财经大学出版社
Southwestern University of Finance & Economics Press
中国·成都

图书在版编目(CIP)数据

计算金融/王鹏编著.—成都:西南财经大学出版社,2021.11
ISBN 978-7-5504-4695-3

Ⅰ.①计… Ⅱ.①王… Ⅲ.①计算机应用—金融—高等学校—教材
Ⅳ.①F830.49

中国版本图书馆 CIP 数据核字(2020)第 244572 号

计算金融

JISUAN JINRONG

王鹏 编著

责任编辑:植苗
责任校对:廖韧
封面设计:何东琳设计工作室
责任印制:朱曼丽

出版发行	西南财经大学出版社(四川省成都市光华村街 55 号)
网　　址	http://cbs.swufe.edu.cn
电子邮件	bookcj@swufe.edu.cn
邮政编码	610074
电　　话	028-87353785
照　　排	四川胜翔数码印务设计有限公司
印　　刷	郫县犀浦印刷厂
成品尺寸	185mm×260mm
印　　张	10.5
字　　数	238 千字
版　　次	2021 年 11 月第 1 版
印　　次	2021 年 11 月第 1 次印刷
印　　数	1— 2000 册
书　　号	ISBN 978-7-5504-4695-3
定　　价	39.80 元

1. 版权所有,翻印必究。
2. 如有印刷、装订等差错,可向本社营销部调换。
3. 本书封底无本社数码防伪标识,不得销售。

目　录

前 言

计算金融属于交叉学科。金融业一经诞生，就伴随有计算，只是在金融发展的不同阶段，计算在其中的地位和发挥的作用经历了从简单到复杂、从初级到高级的过程。2008 年至今，笔者承担“计算金融”课程的教学任务已经十年有余，在备课和研究的过程中深切感受到，近现代金融业实务和金融业教育涉及大量的数学、物理、信息科学和技术等知识，因此非常有必要向金融专业的读者介绍这方面的相关知识、理论和模型，这也是笔者撰写本书的初衷所在。

本书分为九章。第一章是绪论，对重要的概念进行了界定，对于计算金融的历史沿革、现状进行了介绍。第二章和第三章构成了本书内容中的金融计量学部分，主要聚焦于时间序列类型的数据。其中，第二章介绍了传统的 ARMA 模型，在此基础上引入 GARCH 模型对其做出修正；第三章则分别介绍了人工神经网络、相空间重构和小波方法，基本涵盖了近年来这个领域较为前沿的研究方法。第四章、第五章和第六章构成了本书的金融衍生品定价部分，以期权作为例子。其中，第四章提出了连续时间情形中期权定价模型的建立；第五章则给出了数值求解方法；第六章讲述了以二项式模型为代表的离散型方法，以及离散模型和连续模型之间的关系。第七章介绍了 Monte-Carlo 方法，这种方法作为现代金融业风险管理工作中最重要的方法之一，有必要向读者介绍，本书从理论到修正方案都对其做了讲述。第八章和第九章是本书的风险管理部分。其中，第八章从均值—方差模型、资本资产定价模型、VaR 模型几个重要模型出发，介绍了一般意义上的金融风险管理。第九章从复杂网络的视角出发，给出了系统性风险测度的一些方法。

本书作为“计算金融”这门课程的配套教材，给出了大量的算例，有助于读者理解对应的理论。本书的内容适合于本科生和硕士研究生相关课程的教学。如果遇到学时不足的情况，我们可以对讲授内容适当做出取舍。

在本书的编写过程中，笔者的学生们给予了在案例的编写等方面的大量的协助，特别是张冬忆和肖艺强，在此对他们表示诚挚的感谢。因为涉及的人较多且时间的跨度较长，这里就不一一列出姓名了。

本书虽做了大量的系统性研究，但仍存在一些问题有待我们深入探讨，疏漏之处在所难免，恳请广大读者批评指正。最后，笔者要对长期理解和支持自己的家人表示感谢！

王鹏

2021 年 10 月

第一章
绪论

金融学中使用计算手段解决问题的传统由来已久，而计算金融正是对其中的各种方法、模型或者算法系统性地梳理、总结而形成的一个金融学分支学科。

第一节　概念界定

自人类有金融活动以来，就离不开计算。在古代，金融活动表现出主要依靠经验再辅以计算的特点。但是在现代金融中，往往在开展新业务时不仅需要大量的计算，而且有些时候这些计算就是新业务本身，而依靠经验的情形在逐渐减少。因此，很有必要系统地梳理、总结金融学中的计算模型、方法。这就促成了计算金融这门分支学科的形成。

所谓计算金融（computational finance），目前存在的若干定义基本可以分为两类：一类认为计算金融是运用数值计算（numerical methods），实现对金融学中模型尤其是可以表示成方程的模型的求解；另一类认为方法不局限于传统的数值计算，也应该关注诸如数据处理（包括非结构化数据的处理）等问题，这就可以将人工智能、大数据处理等新兴方法概括进来。后者的外延显然比前者更为广泛。本书偏向于后者，认为计算金融是金融学的一个分支学科，它是指采用各种相关计算手段，包括传统数学（物理）模型和求解方法、计算机仿真程序、人工智能，甚至非结构化数据处理等，来解决金融领域实践和理论中遇到的资源配置、产品设计、风险管理、资产定价等问题，设计新的金融产品，创造性地提出新的解决方案、新的金融制度安排等的学问。

这里值得注意的是，“分支学科”和“交叉学科”是有区别的。本书认为，就计算金融而言，虽然也采用了大量的其他学科的模型和方法，但这些都是为解决特定的金融问题而服务的，所以计算金融的本质还是金融。而某些相关的交叉学科则不同。如近几年出现的类似“大数据金融”“金融智能”等提法，这一领域研究的问题看起来虽然也和金融学有关，但主要还是聚焦于人工智能、大数据处理等技术本身，实质上和金融的联系还不够紧密。本书则尽量比较紧密地把计算方法、模型和金融问题结合了起来。

第二节 历史沿革、现状及内容安排

金融学是有着悠久历史的学科。金融学的发展可以分为三个阶段（Rubinstein，2006）：①1950 年以前的古代时期；②1950—1980 年的古典时期；③1980 年以后的现代时期。在不同的时期，计算金融表现出不同的特点，其内容的侧重点也不尽相同。

在古代时期，早在 1202 年，斐波那契（Fibonacci）出版了著名的《算经》，开启了计算金融的序幕。在这部书中，他除了将阿拉伯数字引入欧洲，还出现了不少篇幅阐述终值、现值、利息等计算的原理，只是后者长期不为世人熟知。早期从事计算金融研究的不仅有金融从业人士，还有不少科学家。比如，1657 年，著名科学家惠更斯（Huygens）基于古典概率论，研究过投资问题，这甚至加速了随机数学学科的发展；1693 年，以其名为彗星命名的哈雷（Halley）基于概率理论编制了第一张生命表，成为人寿保险业务的基石。

进入 20 世纪，Bachelier 于 1900 年在其博士论文《投机理论》中把股票价格的波动类比为微粒在液体中的运动，最早得到了股价随机波动规律，独立于 Langevin、Wiener 等科学家发展出根植于金融领域的 Brown 运动理论。特别是得出波动幅度与时间区间的平方根成正比的结论。众所周知，这是维纳过程的一个显著的特点，这一成就足以令人吃惊。

进入 20 世纪 50 年代后，金融学的发展步入古典时期。现代金融更是以高度数理化、数量化的形态出现在世人面前。1952 年，Markowitz 基于运筹学中的规划模型提出了著名的均值—方差模型（mean - variance model）。1963 年，Sharpe 对 Markowitz 模型进行简化、优化，提出资本资产定价模型（capital asset pricing model，CAPM）。1973 年，Black 和 Scholes 在 Bachelier、Samuelson 等研究的基础上建立了现代期权定价理论，把复杂的期权定价问题转化为一个抛物型偏微分方程的求解问题。后来，Merton 进一步完善了这一理论，甚至拓展出了期权理论应用的不少非金融场景。

20 世纪 80 年代后，金融学发展的现代时期到来了。这个时期有着两个方面显著的特征。一方面，金融创新日新月异，伴随的对于交易策略、风险管理的计算需求与日俱增；另一方面，随着以人工智能、大数据等为代表的新技术的快速发展和普及，计算手段更为丰富。因此，计算金融在这一时期获得了更为快速的发展，新的发展方向主要集中在算法交易、量化交易和智能投资顾问三个方面。

（1）算法交易

算法交易是利用计算机执行算法模型的得天独厚的速度优势，帮助客户完成订单自动拆分、挂单、撤单等一系列交易步骤，实现减小市场冲击、降低交易成本、满足交易合规、完成复杂类型交易的目标。

这种交易方式主要面对那些交易量大、交易需求丰富、对交易成本比较敏感、对交易合规要求严的客户。算法交易的主要应用场景有大额交易、篮子交易等。

以篮子交易为例，由于构成组合的证券种类非常多，如果按传统做法，由交易员逐个买入或卖出，不仅工作量大，而且可能会延误最佳交易时机；而采用算法交易的新方式，就可以把低级的买入或卖出的工作交给计算机程序，交易员则可以专注于择价、择时等更重要的工作，这相当于“算法模型”和交易员之间进行了分工，从而使得交易可以用更为合理的方式完成。

市场上主流的算法种类有时间加权平均价格（time weighted average price，TWAP）、成交量加权平均价格（volume weighted average price，VWAP）等算法。

（2）量化交易

量化交易是和算法交易有着紧密联系同时又有区别的一种交易方式，它最主要的特点是交易员在基于数学模型的计算机程序的辅助下进行决策，改变了传统上交易员依靠经验工作的方式。因此，与算法交易完全由计算机完成不同，量化交易中有更多“人”的因素，多数决策还是需要人来完成，数学模型和计算机载体主要还是起到辅助作用。

量化交易的优点在于，它能够以数学模型的计算结果辅助人为的主观判断，这样就可以降低投资者作为一个自然人而产生的不可避免的情绪波动对决策的影响，尤其是避免投资者在市场极度狂热或悲观的情况下做出非理性的投资决策的情况。另外，决策者利用计算机技术从互联网数据搜集浩如烟海的数据尤其是非结构化数据，经过基于数学模型的计算机智能的处理，得到的结果可以拓宽其视野。

（3）智能投资顾问

智能投资顾问是近年来新兴的、关注度比较高的一种业务，它又被称为“机器人投资顾问（robot-advisor）”。智能投资顾问作为普惠金融的一种重要的品类，主要面向中等收入甚至低收入的人群进行理财服务。传统理财业务的门槛是很高的，只有高收入人群才能享受服务。但是随着新技术的出现，现在可以通过网络线上互动来完成服务，不像在传统业务中需要那么多的理财服务人员，降低了成本。

智能投资顾问的具体业务内容是：依据客户的风险偏好、财务状况和理财规划等，利用基于资产配置理论设计的计算机程序来为客户生成自动化、智能化、个性化的资产配置建议。这也是智能投资顾问的一种比较理想的业务状态。但在现实中更多的是计算机、互联网的参与，能够提高客户经理的工作效率，使一个客户经理能够比传统业务中服务数十倍甚至数百倍的人数，降低每项业务的成本。这完全脱离了客户经理自动化的投资建议，目前还有困难，也不一定可靠。

如果说，在金融学发展的1950—1980年的古典时期，更多的数学模型、方法逐渐参与进来，凸现出的是数学化的特征；那么在1980年以后的现代时期，计算机、互联网、物联网以及各种相关设备陆续参与进来，凸现出的就是计算化、智能化的特征。于是，不少人断言在金融市场交易中，机器会取代人。但实际上这一论断是有些问题的。以量化交易为例，它本身就是科学和艺术的结合，有这方面的专家甚至将其与文艺复兴相提并论。科学是指用到的方法，是辅助因素；艺术是指还是需要决策者的经验，这才是主导因素。我们认为，不能因为本书的主题是“计算”就一叶障目、以偏概全，甚至误导读者，读者应该对这个问题有一个清晰的认识。

前文是从计算金融中包含的方法的角度，以学科历史发展为脉络，对本书内容的阐述。事实上，从涵盖的内容来看，本书也有自身的特色。

其一，本书尽力在金融理论和计算实例之间取得平衡。本类书籍的内容安排有两种：一种是只讲计算方面，理论方面讲得很少甚至不讲，需要参考其他文献；另一种是自身形成闭环，读者可以尽量少地参考其他资料。本书倾向于后面一种安排，但是为了不冲淡主题，采用了简明扼要、浅显易懂的方式来对理论做必要的解释，避免篇幅过长。

其二，之前的相关书籍主要是以金融市场数据分析、资产定价、风险管理为主要讲述内容。在风险管理部分，它们主要关注的是投资领域的风险管理问题，即微观的风险管理问题。而本书除了包含以上内容，还加入了宏观的风险管理的部分，具体来讲是对系统性风险的测度方法。众所周知，防范和化解系统性风险是现阶段我国的三大攻坚战之一，向读者介绍系统性风险的相关理论非常必要。在对系统性风险的研究中，对风险的测度是一个基本而重要的问题，最后一章将向读者介绍 CoVaR 方法。

顺便说一下，本书的实例都是在 Matlab R2011b 这个版本上做出的，其中有不少命令在 Matlab 后续的仍然没有变。另外，本书选择 Matlab 的 R2011b 这个版本还有两方面的考虑：①互联网上关于 Matlab 的问题解答、相关资料，有很大一部分还是基于这个版本的；②Matlab 的出品公司 Mathworks 公司的官网上，提供了大量的、多方面的工具箱（toolbox）可供下载，不少工具箱也是基于这个版本开发的。

概括来讲，本书除了绪论，还包括三个部分的内容，分别讲述金融时间序列分析（第一部分）、衍生品定价（第二部分）和风险管理（第三部分）。第一部分包括第二章和第三章，主要讲述研究金融时间序列的传统与前沿方法，试图使读者通过这一部分的学习，掌握这一领域主要的一些方法。第二部分包括第四章、第五章和第六章，这部分是以衍生品中的重要部分——期权定价为主要讲述对象，包含了期权定价的 Black-Scholes 理论、二项式方法和 Black-Scholes 方程的数值求解。第三部分包括第七章、第八章和第九章，主要内容是风险管理，除了传统的投资组合理论、资本资产定价模型和 VaR 等外，考虑到宏观风险也是金融风险的重要组成部分，因此本书还对宏观风险进行了讲述。

第二章
金融时间序列：传统方法

本书第二部分包括第二章和第三章，主要介绍金融时间序列的传统与前沿处理方法。本章主要讲述以 ARMA 和对其改进模型 GARCH 为代表的传统分析方法。

第一节　ARMA 模型

时间序列数据是指将同一观察变量的实验数据按其发生的时间先后顺序排列而成的数列。金融时间序列数据可以分为平稳（stationary）和非平稳（non-stationary）两类。对于平稳的时间序列数据，ARMA 模型是非常好的分析、预测方法。

一、原理

ARMA 模型的全称是 auto-regressive and moving average model，这种方法由 AR（Auto-Regressive）和 MA（Moving Average）两种方法复合而成。AR 模型是 1927 年 G. U. Yale 提出的，p 阶模型 AR（p）如下：

$$y_t = \varphi_1 y_{t-1} + \varphi_2 y_{t-2} + \cdots + \varphi_p y_{t-p} + \varepsilon_t$$

其中，y_i 是时间序列数据，φ_i 是自回归系数，ε_t 是独立同分布的随机变量序列，且满足：

$$E(\varepsilon_t) = 0,\ \mathrm{Var}(\varepsilon_t) = \sigma_\varepsilon^2 > 0$$

AR 模型实质是把对随机数据的建模分为两个部分，即前 p 项确定性部分和最后一项随机性部分，这是人们对随机现象最朴素认知在数据科学中的体现，并且基于这一认知形成的 AR 模型被大量事实证明是非常有效的。

MA 模型是 1931 年 G. T. Walker 提出的，q 阶模型 MA(q) 如下：

$$y_t = \varepsilon_t - \theta_1 \varepsilon_{t-1} - \cdots - \theta_q \varepsilon_{t-q}$$

其中，y_i 是时间序列数据，θ_i 是移动平均系数，ε_t 是独立同分布的随机变量序列。

MA 模型实质是对随机现象组成结构的探索。从模型出现的先后顺序来看，MA 模型也可以说是对 1 阶 AR 模型结构的探讨。MA 模型认为，1 阶 AR 模型可以由若干随机（噪声）项经过线性组合而得到。这个模型实际是比较早地对随机现象内部结构有益探索的结果。

在以上两个模型的基础上，ARMA(p，q) 模型为

$$y_t = \varphi_1 y_{t-1} + \varphi_2 y_{t-2} + \cdots + \varphi_p y_{t-p} + \varepsilon_t - \theta_1 \varepsilon_{t-1} - \cdots - \theta_q \varepsilon_{t-q}$$

上式中的变量、参数含义同上。

值得注意的是，当 $p=0$ 时，ARMA(p, q) 就变成 MA(q)；当 $q=0$ 时，ARMA(p, q) 就变成 AR(p)。因此，无论 AR 模型还是 MA 模型，它们都是 ARMA 模型的特殊情形。

ARMA 模型主要用于处理平稳时间序列数据。时间序列是离散化的随机过程。根据随机过程理论（stochastic process），时间序列可以分为平稳（stationary）和非平稳（non-stationary）两类。平稳性的概念来自随机过程，它是指随机过程的统计特性不随时间的推移而变化；非平稳时间序列数据则相反。

非平稳的时间序列数据是个外延非常大的集合，有着很多子集。对于其中的一些子集，在数据经过某些预处理之后，仍然可以用 ARMA 模型来处理。有些非平稳时间序列数据可以通过所谓差分（difference）运算，即后面数据减去前一个相邻数据的运算，使得处理后的新数据的平稳性增强，从而得到平稳数据。我们在运用 ARMA 模型过后，要想还原，执行差分的逆运算即可。经过几次差分能够得到平稳的数据，就称原数据是几阶单整（integrated）的。因此，不少文献中提到的 ARIMA 模型，实质上还是 ARMA 模型，只是在运用模型前，加入了对非平稳数据差分运算的预处理步骤。

二、模型的识别与定阶

以上的三个模型（ARMA 模型、AR 模型和 MA 模型）在实际使用中各有优势，在不同的问题中发挥着不同的作用。那么，随之而来的问题就是，这三个模型的使用条件各是什么？最优的阶数又是多少？我们可以称之为模型的识别和定阶问题。

（一）模型的识别

Box et al.（2015）的名著《时间序列：预测与控制》给出了选择最合适模型的原则，即可以结合使用时间序列的自相关函数（auto-correlation function，ACF）和偏自相关函数（partial auto-correlation function，PACF）来判定，这里不妨称之为“B-J 方法”。具体来说就是：①当 ACF 拖尾、PACF 截尾时，选择 AR 模型；②当 ACF 截尾、PACF 拖尾时，选择 MA 模型；③当 ACF 和 PACF 均拖尾时，选择 ARMA 模型。模型选择原则如表 2-1 所示。

表 2-1　模型选择原则

ACF	PACF	选择模型
拖尾	P 阶截尾	AR（p）
q 阶截尾	拖尾	MA（q）
拖尾	拖尾	ARMA（p，q）

以上原则中的“拖尾”“截尾”是什么意思呢？这就要结合 ACF 和 PACF 的图形来说明。图 2-1 代表拖尾的情形，图 2-2 代表截尾的情形。

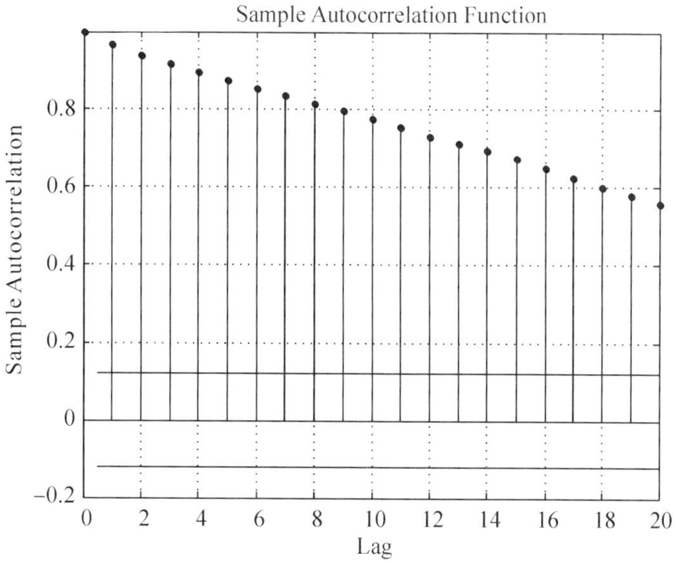

注：Sample Autocorrelation Function 表示样本自相关函数，
Sample Autocorrelation 表示样本自相关，Lag 表示滞后；下同。

图 2-1 拖尾[①]

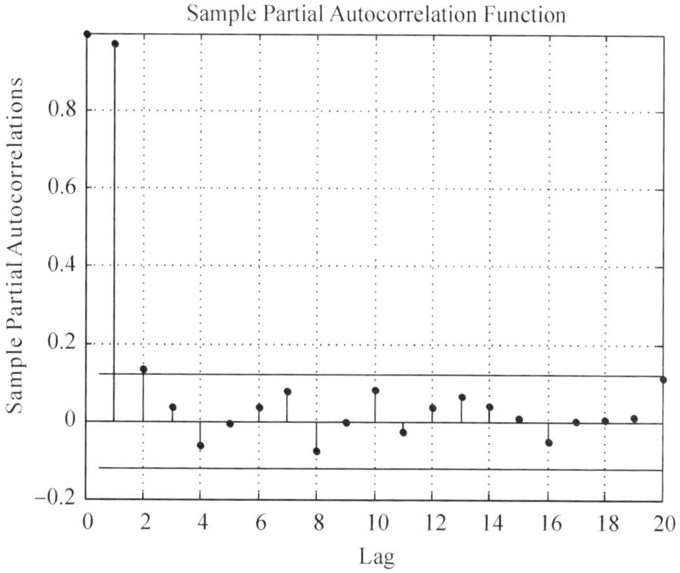

注：Sample Partial Autocorrelation Function 表示样本偏自相关函数，
Sample Partial Autocorrelations 表示样本偏自相关；下同。

图 2-2 截尾

① 因本书中的图形主要是用 Matlab 做的，这个软件输出的图形最好用英文表示，故此类图形相关英文术语参考对应的图注。

图 2-1 和图 2-2 分别是用 Matlab 函数 autocorr（）和 parcorr（）做出的，以 parcorr（）为例，讲一下它们的基本用法。

调用方式：

[*a*，*b*] = parcorr（Series）

[PartialACF，Lags，Bounds] = parcorr（Series，nLags，*R*，nSTDs）

输入参数：

series　　　　%时间序列数据

nLags　　　　%偏相关系数的阶数，默认值为 20

R　　　　%AR（*R*）模型时间序列的阶数 *R*，要求是非负整数，而且大于 nLags。当 *R*=［］时，系统默认为 0。在计算一般的偏相关系数时，我们假定 nLags 阶数以后不存在相关，但有时这并不符合实际情况。如果时间序列是 AR（10）时计算 2 阶偏相关系数，就不能假设大于 2 阶后的相关性为 0，而应该把 AR（10）模型告诉系统

输出参数：

A　　　　%阶数

B　　　　%与阶数相对应的偏相关系数

PartialACF　　　　%偏相后系数

Lags　　　　%滞后阶数

Bound　　　　%偏相关系数的置信区间

（二）模型的定阶

在确定了应该使用哪一种模型之后，由于只有以上三种模型处于最优的阶数时，才具有最佳的分析、预测性能，因此我们必须运用合理的方法确定模型的最优阶数。

最简单的定阶方法还是 B-J 方法，当然它只能确定 AR 模型或者 MA 模型的阶数。具体做法是，观察 ACF 或者 PACF 的截尾图，依据图形中截尾的阶数来确定 AR 模型或者 MA 模型的阶数。

能够普遍使用且更为科学和客观的方法是指标判定法。在这种方法中，我们通常会设定一个指标，当模型取某一阶数可以使得指标取得极值时，此时认为模型的阶数是最优的。常用的指标有 FPE（final prediction error）、AIC（akaike information criterion）和 BIC（bayesian information criterion）。其中 FPE 常用于 AR 模型的定阶，而 AIC 多用于 ARMA 模型的定阶。当这三个指标取最小值时，所对应的模型（无论是 AR、MA 或者 ARMA）的阶数是最优的。

三、计算实例：ARMA 模型预测股价

以下的两个实例中的数据都来自现实中的金融市场，这样距离实际的数据分析工作距离更近一些。其中，实例一中的数据出现了 ACF 拖尾而 PACF 截尾的情况，对于实际数据这种情况是很少见的。这里我们将它作为像 Box 和 Jekins 讲的用图形定阶的一个典型的例子，因此没有对数据的平稳性进行分析。

（一）实例一：中国石油（601857. SH）

在本实例中，我们选取的数据为 2012 年 3 月 26 日到 2013 年 5 月 24 日期间的

的“中国石油”的股票日收盘价。

1. 模型的识别和定阶

我们先观察数据的自相关系数 ACF 和偏自相关系数 PACF，判断该组数据适合什么模型。数据的自相关系数 ACF 和偏自相关系数 PACF 的计算结果如图 2-1 和图 2-2所示，是典型的 ACF 拖尾而 PACF 截尾（大致 2 阶截尾）的情形。根据表 2-1，我们可以用 2 阶 AR 模型。

2. 模型的估计

对 AR（2）模型的各项参数进行估计的命令是 ar（），在本例中的具体用法是：model = ar（y，2）。其中 y 是股票价格数据，2 是 AR 模型的阶数，运行这条命令后得到 AR（1）模型如下：

$$y_t = 0.8605\, y_{t-1} + 0.1395\, y_{t-2} + \varepsilon_t \tag{2-1}$$

另外，可以使用 get（）命令查看命令 ar（）运行输出的结果 model 的详细情况。运行命令 get（model），可以看出 model 是一个结构体。模型（2-1）的各项系数在 model.a 中，而 FPE 的值在 model. EstimationInfo. FPE 中。

3. 模型的运用

得出 model 后，我们就可以使用 predict（）函数来预测了，向 predict（）函数中输入参数 model 和预测步数 n，就可以得到预测值了。

“中国石油”股票价格预测值和真实值如图 2-3 所示。

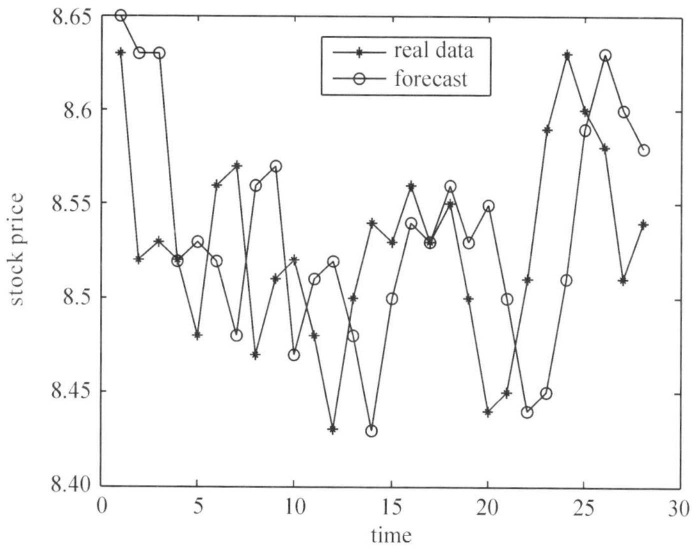

注：real data 表示真实值，forecast 表示预测值，stock price 表示股票价格，time 表示时间；下同。

图 2-3　“中国石油”股票价格预测值和真实值

4. 模型的评估

“中国石油”股票预测值的相对误差如图 2-4 所示。相对误差（relative error）是指计算值和真实值的绝对误差（统计学中称为残差）除以真实值的结果。我们通常认为，相对误差更能反映测量或测量的可信程度。从图 2-4 可以看出，大部分计算结果的误差小于1%，模型的预测效果较好。

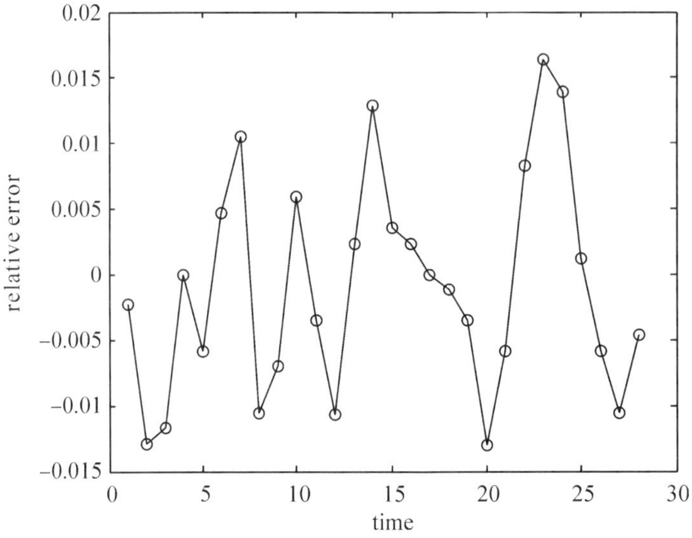

注：relative error 表示相对误差；下同。

图 2-4 “中国石油”股票价格预测值的相对误差

相对误差是衡量计算结果优度的一种方式，还有一种方式是看残差的 ACF 和 PACF 的值是否显著。我们看图 2-5 和图 2-6，它们分别是残差的 ACF 和 PACF，ACF 明显不显著，而 PACF 在高阶比较显著，说明模型还有可以改进的地方。这也说明用数据的 ACF 和 PACF 的拖尾、截尾情况来定阶，不一定准确。

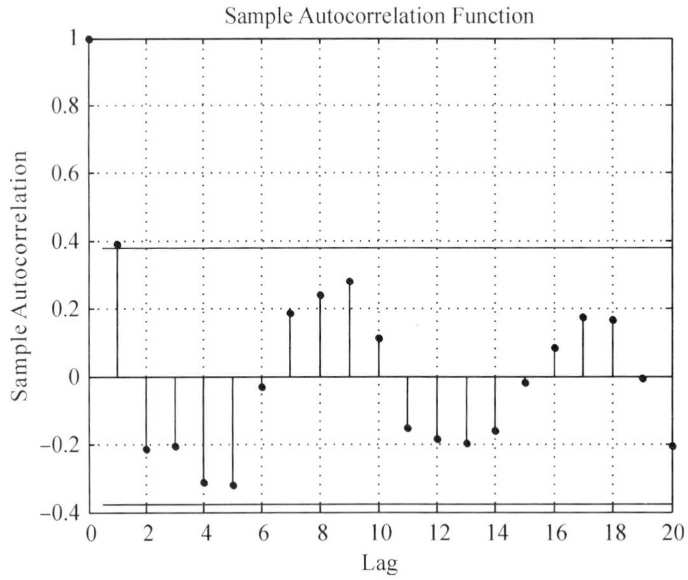

图 2-5 “中国石油”股票价格预测值残差的 ACF

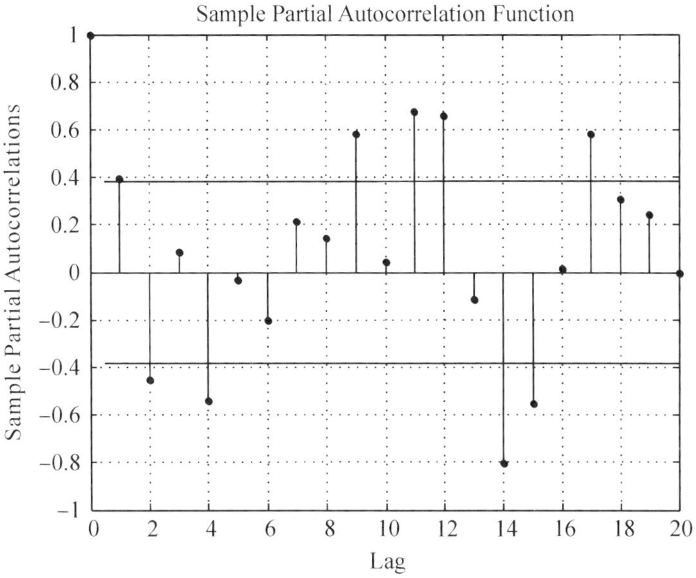

图 2-6　“中国石油”股票价格预测值残差的 PACF

（二）实例二：锦州港（600190. SH）

在本实例中，我们选取的数据为 2012 年 3 月 26 日至 2013 年 3 月 26 日期间的“锦州港”的股票日收盘价。

1. 数据的平稳性和预处理

我们对该时间序列数据作图，观察其变化特点（见图 2-7）。从图 2-7 可以看出，曲线在不同时间段明显带有趋势，或上升、或下降。由计量经济学的知识我们知道，该数据是非平稳的。

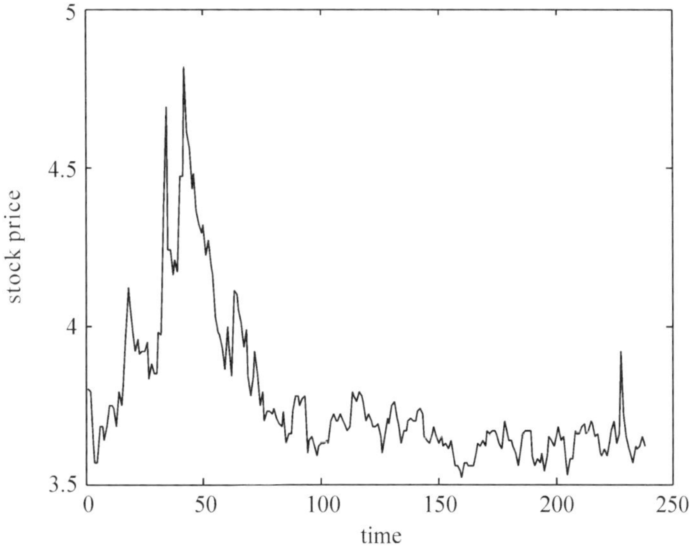

图 2-7　“锦州港”股票价格时间序列数据

常用的处理方法就是把该价格数据转化为对数收益率数据。对数收益率是除了常用的百分比收益率之外，最重要的一种收益率，它的定义是：

$$R_t = \ln P_t - \ln P_{t-1} = \ln \frac{P_t}{P_{t-1}}$$

其中，R_t 是对数收益率，P_t 是当期价格，P_{t-1} 是上一期价格。通常，经过这一处理之后，我们得到的新的数据序列的平稳性会好很多。在 Matlab 中，实现这一功能的函数是 Price2ret（），它的输入参数就是价格时间序列。

经过转换的新时间序列的图形见图 2-8，即“锦州港”股票对数收益率。

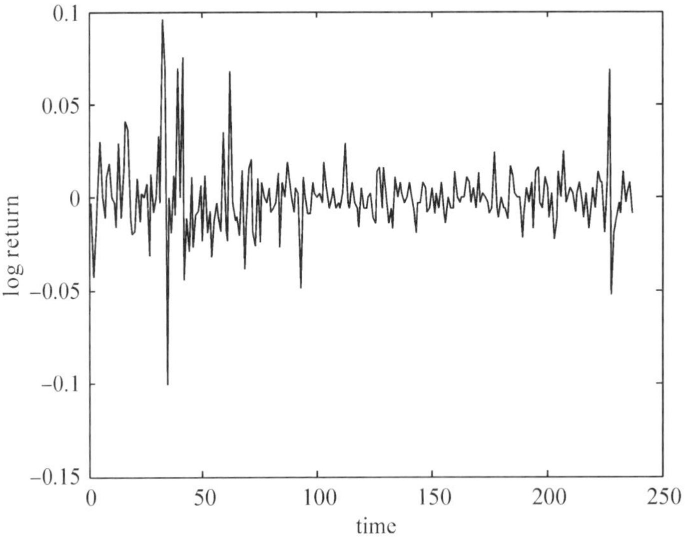

注：log return 表示对数收益；下同。

图 2-8 “锦州港”股票对数收益率

2. 模型的识别和定阶

在对数据做了适当的预处理之后，我们就需要确定合适的数据模型了。我们先观察数据的自相关系数 ACF 和偏自相关系数 PACF 的图形，从图 2-9 和图 2-10 可以看出，没有出现明显的拖尾或者截尾特征。通常这种情况下，我们应该采用 ARMA（p，q）模型。

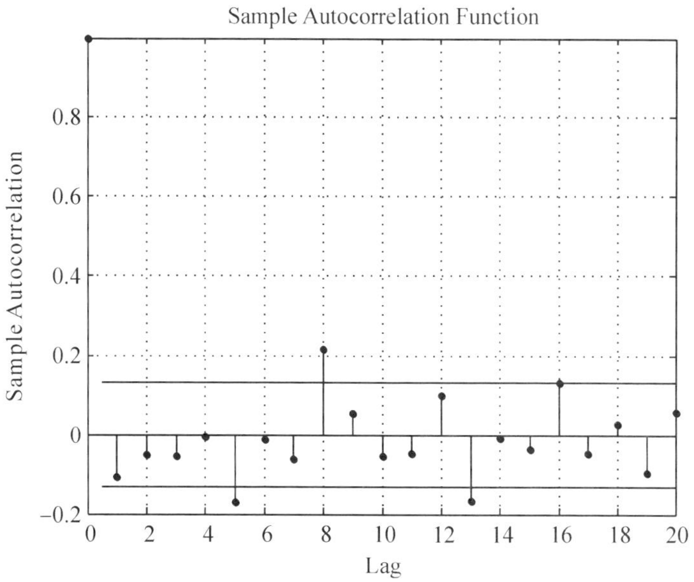

图 2-9　"锦州港"股票收益率的 ACF

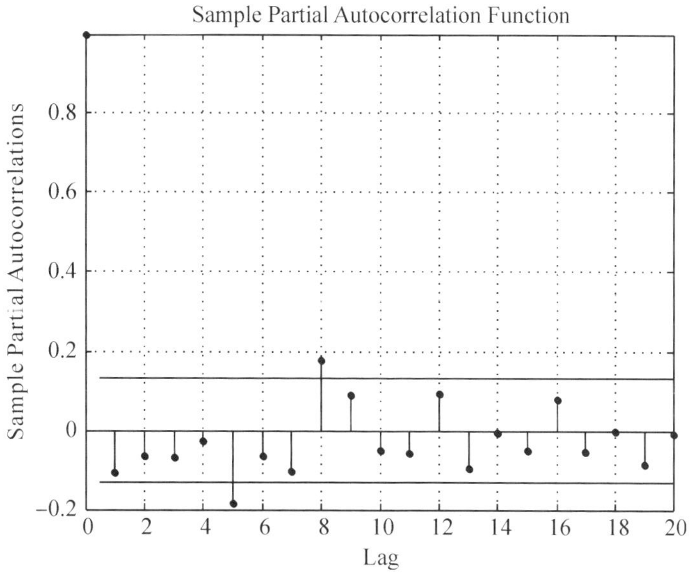

图 2-10　"锦州港"股票收益率的 PACF

我们在确定了模型之后，接下来就应该确定模型的阶数，即 ARMA（p，q）中的 p、q 分别应该是多少。根据前文的理论，我们此时可以采用指标判别法。这里用 FPE 指标来判别，能够使得 FPE 最小的模型阶数 p、q 就是最优的。在 Matlab 中建立 ARMA（p，q）模型的命令是 armax（），具体用法如下：

```
y=iddata (series);
armax (y, 'na', p, 'nc', q);
```

其中，series 是收益率序列，´na´是模型 AR 部分的阶数，p 是具体取值；´nc´是模型 MA 部分的阶数，q 是具体取值。

寻找最优的模型阶数的思路是，编写一段两重循环程序，在一定数量范围内逐个计算 p、q 各自取不同值时对应的 FPE 值（在前文“实例一”中讲述过如何得到 FPE 值），计算结束后自然就知道最小的 FPE 值对应的那组（p，q）了，这就是最优阶数。核心代码如下：

```
y=iddata (series);
for p=1: 10
    for q=1: 10
        m=armax (y, ´na´, p, ´nc´, q);
        fpe (p, q) = m. EstimationInfo. FPE;
    end
end
```

循环结束之后，比较矩阵 fpe 中各个矩阵元的大小，最小的矩阵元对应的行和列就是最优阶数。在本实例中，经过计算，确定最优的模型阶数是：$p=10$，$q=9$。

3. 模型的估计

在确定了最优阶数后，我们用命令 armax（）进行模型参数的拟合，结果如下：

$$y_t = 1.158\, y_{t-1} + 0.2039\, y_{t-2} - 0.05347\, y_{t-3} + 0.01677\, y_{t-4} + 0.05463\, y_{t-5} - 0.04553\, y_{t-6} - 0.08022\, y_{t-7} - 0.6834\, y_{t-8} + 1.011\, y_{t-9} - 0.2657\, y_{t-10} + \varepsilon_t - 0.3109\varepsilon_{t-1} - 0.01597\varepsilon_{t-2} - 0.0008999\varepsilon_{t-3} - 0.002794\varepsilon_{t-4} - 0.004025\varepsilon_{t-5} - 0.02861\varepsilon_{t-6} - 0.1402\varepsilon_{t-7} - 0.8895\varepsilon_{t-8} + 0.4839\varepsilon_{t-9}$$

4. 模型的运用

采用以上确定的模型，我们运用 predict（）函数进行预测，与对应的、数据集中最后 10 天的数据比较（图 2-11）。

5. 模型的评估

同前文实例一相同，我们还是用相对误差及其 ACF 和 PACF 值进行评估。

“锦州港”股票价格预测值的相对误差见图 2-12。从图 2-12 可以看出，大部分计算结果的误差小于 1%，模型的预测效果较好。

图 2-13 和图 2-14 分别是“锦州港”股票价格预测值残差的 ACF 和 PACF。图 2-13和图 2-14 显示 ACF 和 PACF 明显不显著，也说明了本实例采用的模型比较合适。

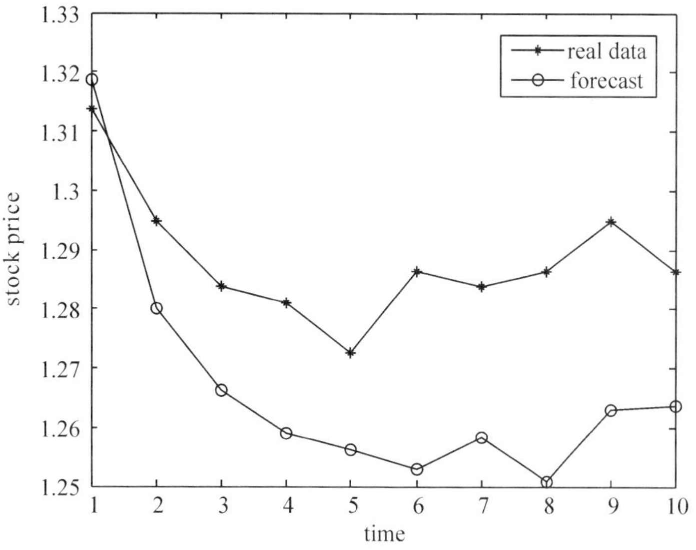

图 2-11　“锦州港”股票价格预测值与真实值

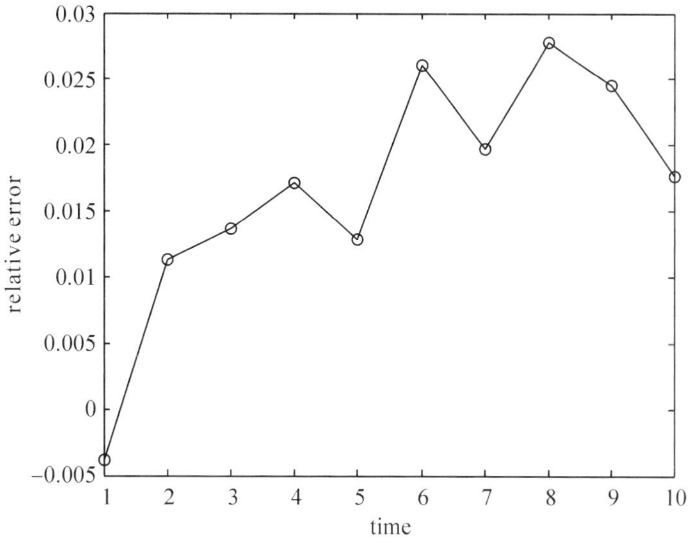

图 2-12　“锦州港”股票价格预测值的相对误差

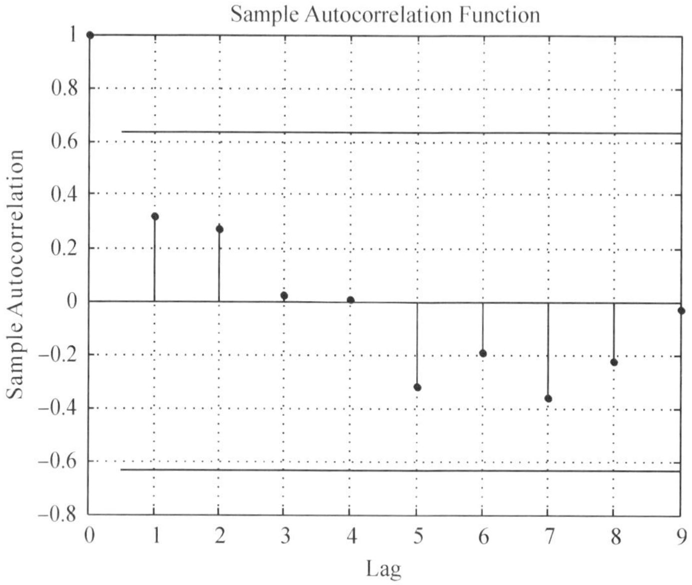

图 2-13 “锦州港”股票价格预测值残差的 ACF

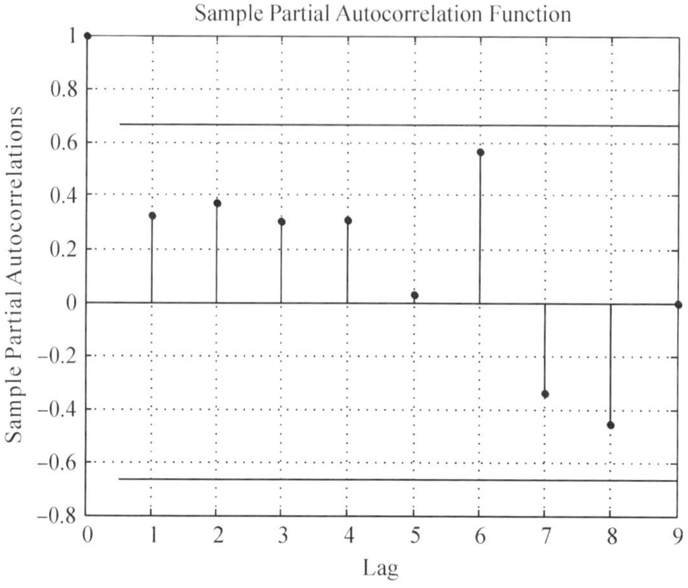

图 2-14 “锦州港”股票价格预测值残差的 PACF

第二节 GARCH 模型

ARCH（autoregressive conditional heteroskedasticity）模型由 Engle 于 1982 年提出，引起了业界和学界广泛的关注。特别是 1986 年 Boleslev 将其推广为 GARCH （generalized autoregressive conditional heteroskedasticity）之后，得到了更为广泛的应用。

一、原理

前文述及，金融时间序列数据分为平稳和非平稳两类。大量事实表明，来自资本市场的数据会呈现出尖峰厚尾和波动聚集两种特性，这是数据具有非平稳性的典型表现。对平稳的时间序列数据而言，使用 ARMA 模型处理会获得比较好的效果。但是对于非平稳的时间序列数据而言，尽管通过整合了单整（intearation）运算的 ARIMA 模型在一些情形下可以去除非平稳性，但是也不总是有效的。事实上，20 世纪 80 年代以前，鲜有能够较好处理非平稳时间序列数据的模型。

非平稳时间序列数据主要的特征就是分布函数会随着时间的推移而变化。有很多量可以刻画分布函数。由于正态分布的广泛应用，均值和方差是两个经常被提及的量。非平稳时间序列数据有一个很大的子集，那就是这类时间序列数据的分布函数的方差会随着时间的推移而变化，这就是对异方差性（autoregressive）的简单理解。这类时间序列数据的非平稳性不是最强的，相对易于处理。针对这类数据，Engle 在 1982 年研究通货膨胀问题时，开创性地提出了 ARCH 模型，取得了非常好的效果。1986 年，Engle 的学生 Bollerslev 进一步完善了这个模型，把前期波动率的平方和加入模型中，有效降低了模型求解时维数太高的问题。如今，模型已经获得了非常广泛的应用。Engle 为此于 2003 年获得了诺贝尔经济学奖。

大量实证工作表明，来自金融市场的数据有着尖峰厚尾、波动聚集等特性，这正是数据的异方差性的表现。因此，金融时间序列数据为 GARCH 模型提供了最好的应用场景。事实上，GARCH 模型也被广泛应用于风险管理、资产定价等多个领域。

通常，GARCH（p，q）模型的模型包括均值方程和方差方程两部分。均值方程为

$$y_t = C + \sum_{i=1}^{R} \varphi_i y_{t-i} + \varepsilon_t + \sum_{j=1}^{M} \theta_j \varepsilon_j$$

其中，C 是常数。不难看出，均值方程就是 ARMA（R，M）。

而方差方程为

$$\sigma_t^2 = K + \sum_{i=1}^{P} G_i \sigma_{t-i}^2 + \sum_{j=1}^{Q} A_j \varepsilon_{t-j}^2$$

其中，$\sum_{j=1}^{Q} A_j \varepsilon_{t-j}^2$ 是模型的 ARCH 部分，为 Engle 提出；$\sum_{i=1}^{P} G_i \sigma_{t-i}^2$ 是模型的 GARCH 部分，为 Bollerslev 提出。以上方差方程是 GARCH 模型的核心。

另外，均值方程和方差方程是怎么联系起来的？这是很多文献都忽略的地方，往往会给初学者造成困惑。事实上，两者由以下方程联系起来：

$$\varepsilon_t = \sigma_t \cdot \zeta_t$$

其中，ζ_t 是独立于 σ_t 服从标准正态分布的随机变量。

二、计算实例

本部分包含三个实例，它们和上一节的实例在方法上有一定的联系，如对数据集的分析和预处理、对计算结果的评估等，希望读者结合前后实例来学习。

（一）实例一：中信证券（600030．SH）

在本实例中，我们选取的数据为 2012 年 6 月 14 日到 2013 年 5 月 17 日期间的“中信证券”的股票日收盘价。

1. 数据的平稳性和预处理

我们对该时间序列数据作图观察其变化特点，如图 2-15 所示。从图 2-15 可以看出，曲线在不同时间段明显带有趋势，或上升、或下降。由计量经济学的知识我们知道，该数据的非平稳特征非常明显。

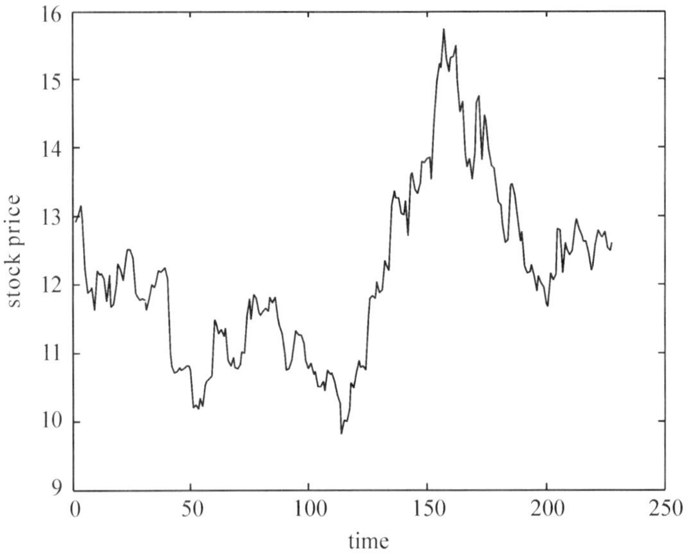

图 2-15 “中信证券”股票价格时间序列数据

与上一节实例中处理的办法一样，我们用 price2ret（）命令把该价格数据转化为对数收益率数据，经过转换的新时间序列图形见图 2-16。

由图 2-16 可以看出，经过转换的新数据集基本上是围绕固定的均值 0 做上下波动，平稳性改善了。

2. 模型的识别

我们在对数据做了适当的预处理之后，就需要确定合适的数据模型了。我们要先观察收益率的自相关系数 ACF 和偏自相关系数 PACF 的图形，从图 2-17 和图 2-18 可以看出，都是截尾的。通常这种情况下，我们应该采用 ARMA（R，M）模型。

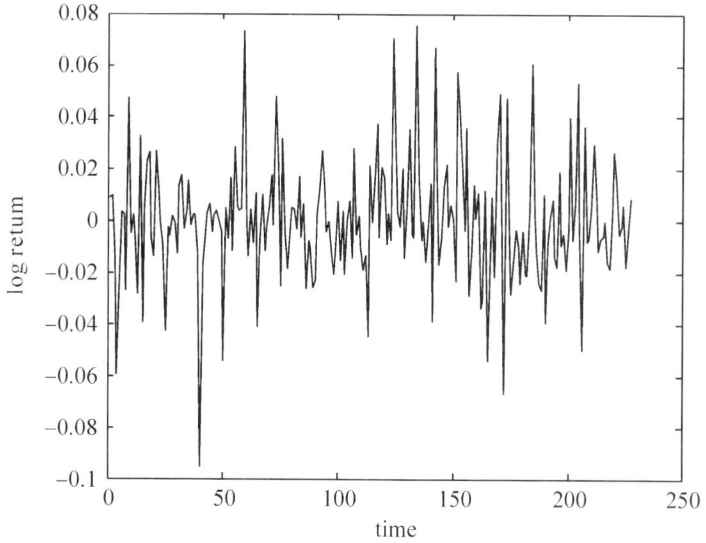

图 2-16　“中信证券”股票对数收益率

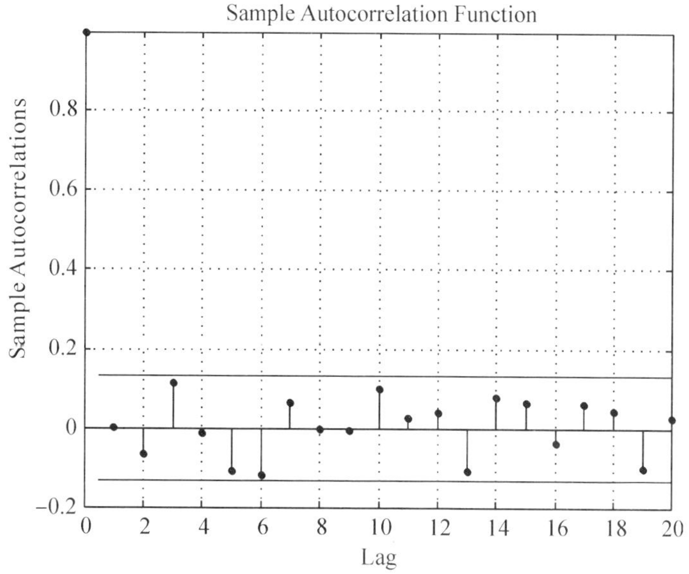

图 2-17　“中信证券”股票收益率 ACF

只看图 2-17 和图 2-18 还不够，另外图 2-19 也包含了数据特征的重要信息。图 2-19 显示，与标准正态分布（图形中的实线）相比，收益率的实际分布有着明显的“尖峰厚尾”特点。如果说这只是一个直观的感觉，不够精确，那么准确的统计指标计算结果则更有力地支持了这一观点。由计算得知，收益率的峰度是 5.194 7，而标准正态分布的峰度是 3，按照数理统计理论，该数据集存在尖峰厚尾特征。收益率序列具有尖峰厚尾特征，显然应该采用 GARCH 模型，而该模型中的均值方程正是 ARMA（R，M）模型。

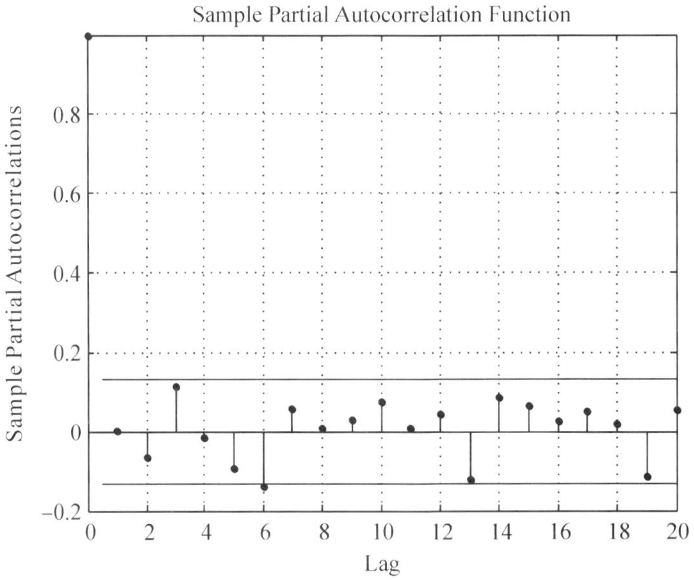

图 2-18　“中信证券”股票收益率 PACF

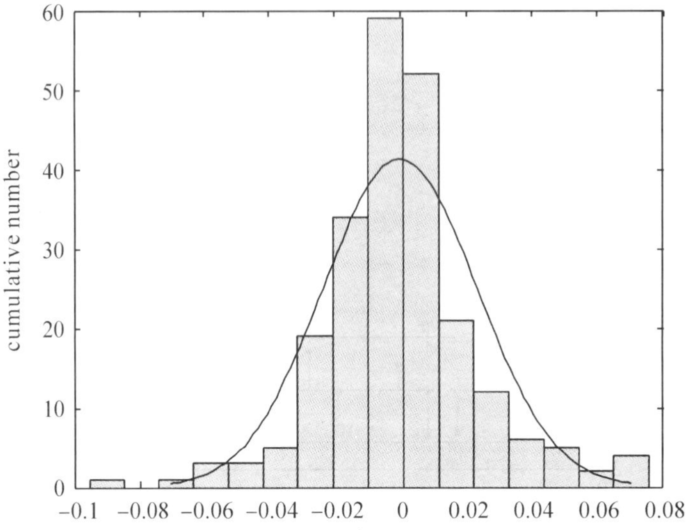

注：cumulative number 表示累计次数；下同。

图 2-19　“中信证券”股票收益率累积分布

这里顺便讲一下，Matlab 中计算数据峰度的命令是 Kurtosis（）。我们直接将数据作为文本数据输入，就可以得到数据的峰度值。

3. 模型的定阶

在确定了模型的类型以后，下一步就是给出模型的最优阶数了。因为 GARCH 模型中包含均值方程和方差方程两个方程，所以 ARMA（R，M）和 GARCH（P，Q）两个模型中的 R、M、P、Q 四个参数都需要确定。最优参数的选取原则和上一节中的实例相同，只是为了方便计算，这里把之前的 FPE 指标换成 AIC 指标了，计算步骤概括为设置 R、M、P、Q 四个参数的初始值，计算 AIC，搜寻最优的 R、M、P、Q 参数三点。

（1）设置 R、M、P、Q 四个参数的初始值

在 Matlab 中，设置参数的函数是 garchset（）。它的基本用法如下：

调用方式：

Spec =garchset（param1，val1，param2，val2,...）

输入参数：

Parameterl　%GARCH 模型中相关参数的名称，包括各个参数的内容。

Valuel　%对应参数的值

输出参数：

Spec　%MATLAB 中 garchset 函数可以识别的输入格式

因此，代码是：spec = garchset（´R´，1，´M´，1，´P´，1，´Q´，1）。其中，´R´和´M´是均值方程对应的阶数，´P´和´Q´是方差方程对应的阶数。

以上将均值方程和方差方程的初始阶数都设置为 1。

以上 i、j、s、t 表示均值方程和方差方程的阶数。

（2）计算 AIC

前文讲过，模型的 AIC 值和一组具体的参数是对应的。而最小的 AIC 值对应的参数是最优参数。要计算这一 AIC，我们需要用到 Matlab 函数 aicbic（），而使用这个函数需要三个输入参数，即 aicbic（LLF、NumParams 和 N），这三个输入参数分别表示模型的极大似然比（LLF）、参数个数（NumParams）和样本长度（N）。其中，极大似然比（LLF）可以通过函数 garchfit（）求得；而参数个数（NumParams）可以通过函数 garchcount（）求得，即 NumParams = garchcount（Coeff），输入参数 Coeff 也需要 garchfit（）求得。因此，我们在这里讲一下 garchfit（）的用法。

调用方式：

[Coeff，Errors，LLF] = garchfit（spec，Series）。

输入参数：

Spec　%GARCH 模型格式

Series　%时间序列观察值

输出参数：

Coeff　%模型的参数信息，为结构数组，garchcount（coeff）可以返回参数的个数

Errors　%估计的误差，为结构数组

LLF　%模型的极大似然比

（3）搜寻最优的 R、M、P、Q 参数

在有了以上知识的基础后，读者可以通过编写循环程序来确定最优的模型阶数 R、M、P、Q。核心代码如下：

```
for i=1: 3
    for j=1: 3
        for s=1: 3
            for t=1: 3
spec= garchset ('R', i, 'M', j, 'P', s, 'Q', t);
            [coeffX, errorsX, LLFX] = garchfit (spec, ret_ train);
            num = garchcount (coeffX);
            aic = aicbic (LLFX, num, 10000);
            end
        end
    end
end
```

使用以上程序就可以找到最优的 R、M、P、Q 参数，就完成了模型的定阶。

4. 模型的估计

在模型定阶时，我们已经用到了估计模型中各个参数的函数 garchfit ( )。现在最优阶数已经确定，还是要用函数 garchfit ( ) 来确定模型，我们只需要估计出模型中的参数（主要是两个方程中的各项系数）即可。

5. 模型的运用

在模型完全确定以后，我们就可以用它实现对中信证券股票价格的预测了。这里做了 23 次预测，我们把价格数据的最后 23 个作为测试集，和预测值做比较。“中信证券”股票价格预测值和真实值见图 2-20。

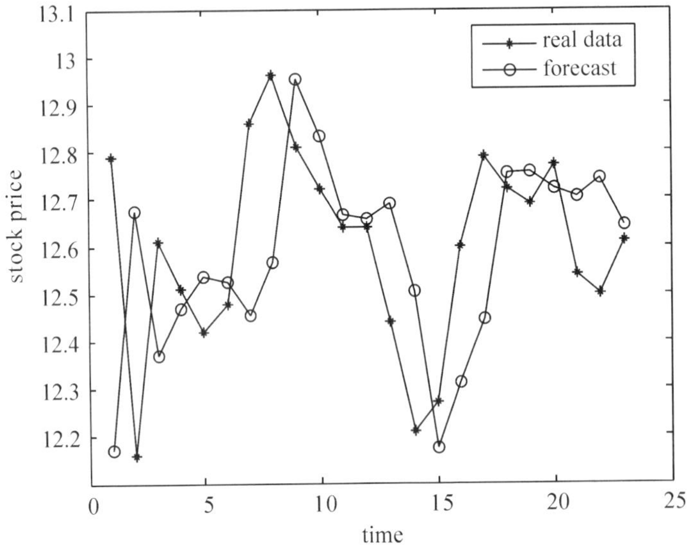

图 2-20 “中信证券”股票价格预测值和真实值

6. 模型的评估

和上一节的实例一样，我们用相对误差和残差的 ACF、PACF 作为主要的评价手段。图 2-21 是相对误差，可以看出相对误差集中在 5%和-5%，还是比较小的，模型的预测效果比较好。

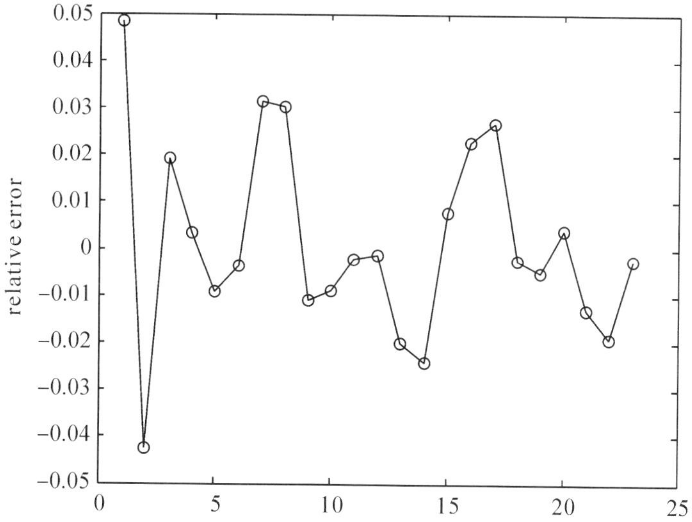

图 2-21 “中信证券”股票价格预测值的相对误差

另外，再看残差的 ACF、PACF 图形（见图 2-22 和图 2-23）。可以看出，在图 2-22和图 2-23 中，火柴棒基本都是在置信限以内，基本上可以判断残差序列没有自相关性，这也说明模型的预测效果比较好。

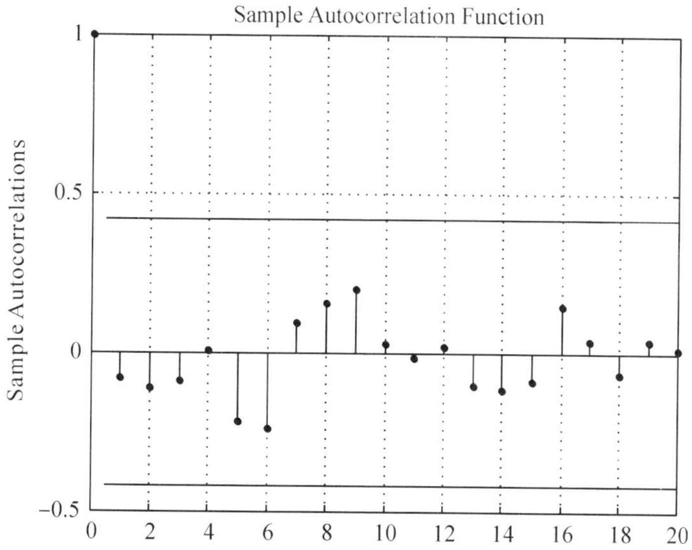

图 2-22 “中信证券”股票价格预测值残差的 ACF

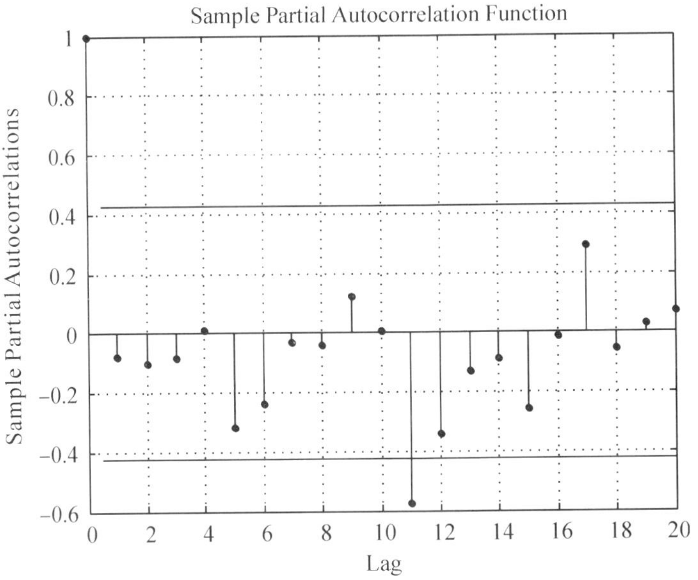

图 2-23 “中信证券”股票价格预测值残差的 PACF

（二）实例二：深交所指数

在本实例中我们选取的数据为 2012 年 1 月 4 日到 2014 年 12 月 19 日期间的深圳证券交易所（简称“深交所”）日收盘指数。

1. 数据的平稳性和预处理

我们对该时间序列数据作图观察其变化特点，如图 2-24 所示。从图 2-24 可以看出，曲线在不同时间段明显带有趋势，或上升、或下降。由计量经济学的知识我们知道，该数据的非平稳特征非常明显。

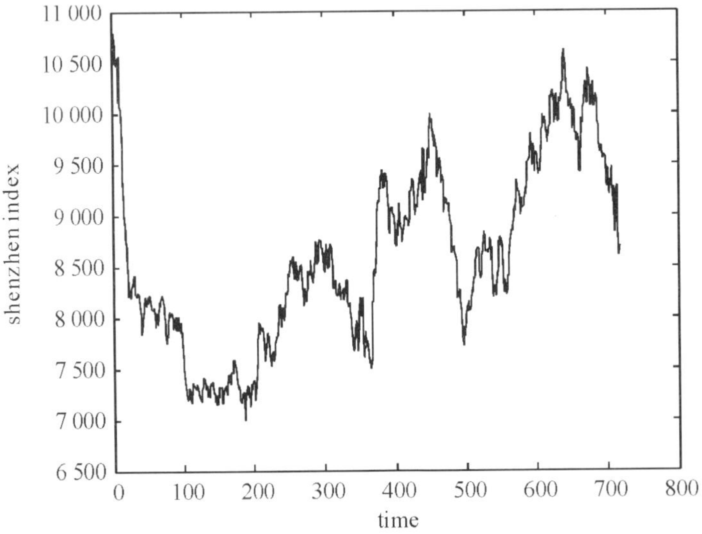

注：ShenZhen index 表示深交所指数；下同。

图 2-24 深交所指数时间序列数据

与上一节实例中处理的办法一样，用 price2ret（）命令把该价格数据转化为对数收益率数据，经过转换的新时间序列的图形见图 2-25。

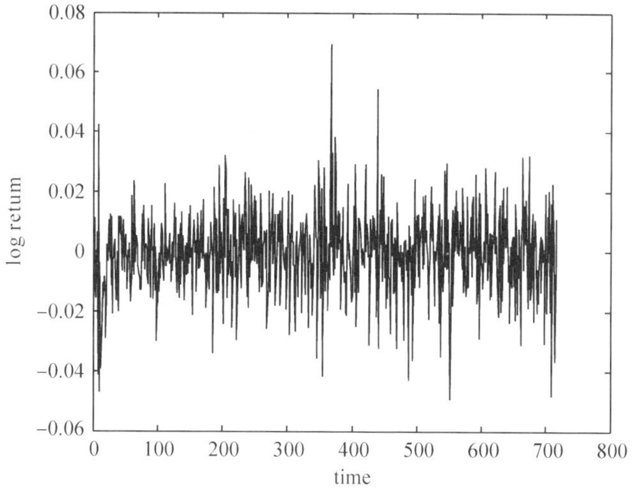

图 2-25 深交所指数的对数收益率

可以看出，经过转换的新数据集基本上是围绕固定的均值 0 上下波动，平稳性改善了。

另外，深交所指数收益率累积分布见图 2-26，其包含着数据特征的重要信息。图 2-26 显示，与标准正态分布（图形中的实线）相比，收益率的实际分布有着明显的"尖峰厚尾"特点。如果说这只是一个直观的感觉，有不够精确之嫌，那么准确的统计指标计算结果则更有力地支持了这一观点。由计算得知，收益率的峰度是 4.776 2，而标准正态分布的峰度是 3，按照数理统计理论，该数据集存在尖峰厚尾特征。收益率序列具有尖峰厚尾特征，显然应该采用 GARCH 模型。

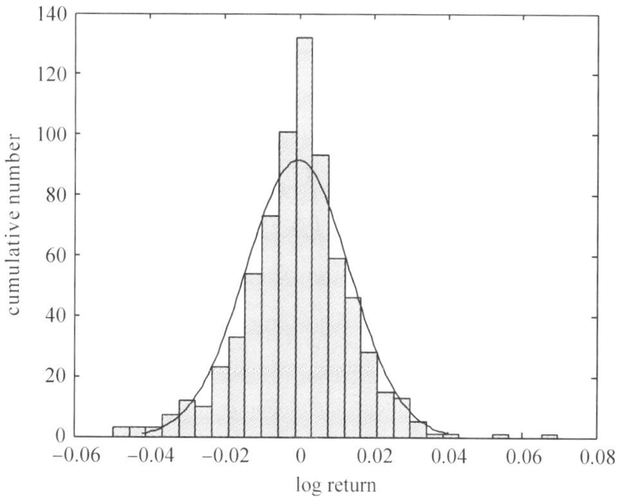

图 2-26 深交所指数收益率累积分布

2. 预测

采用与“实例一”一样的处理方式，在确定了最优模型以后，我们就可以用它实现对股票指数的预测了。这里做了 72 次预测，我们把价格数据的最后 72 个作为测试集和预测值做比较。深交所股票价格指数预测值和真实值如图 2-27 所示。

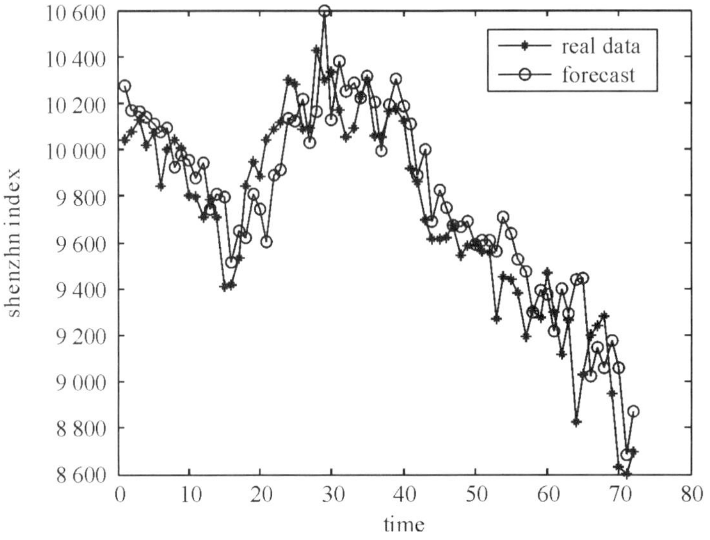

图 2-27　深交所股票价格指数预测值和真实值

3. 模型的评估

和上一节的实例一样，我们用相对误差和残差的 ACF、PACF 作为主要的评价手段。图 2-28 是深交所股票指数预测值的相对误差，可以看出相对误差集中在 5% 和-5%，还是比较小的，模型的预测效果比较好。

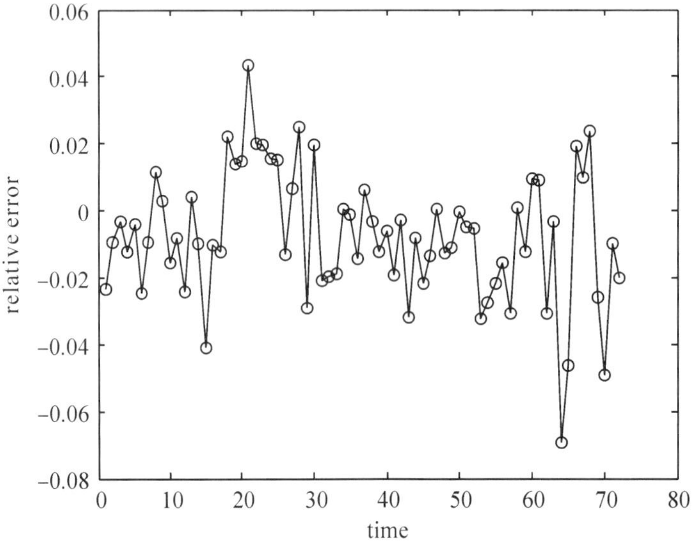

图 2-28　深交所股票指数预测值的相对误差

另外，再看残差的 ACF、PACF 图形（见图 2-29、图 2-30）。由图 2-29、图 2-30可以看出，火柴棒基本都是在置信限以内，基本上可以判断残差序列没有自相关性，这也说明模型的预测效果比较好。

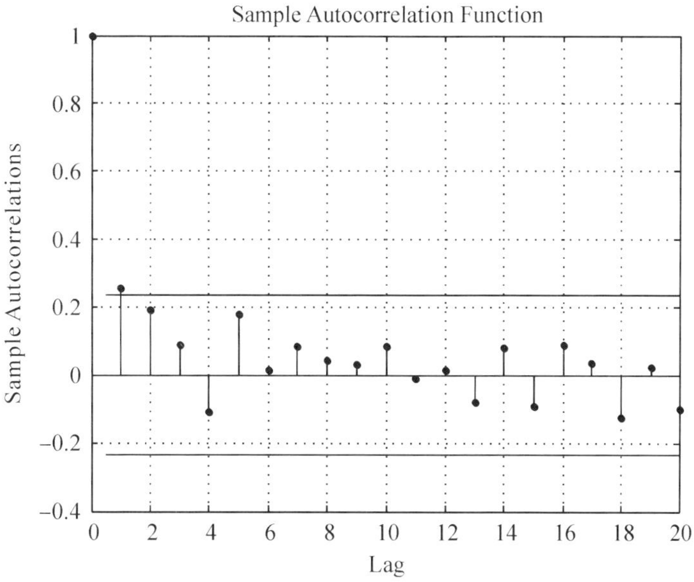

图 2-29　深交所股票指数预测值残差的 ACF

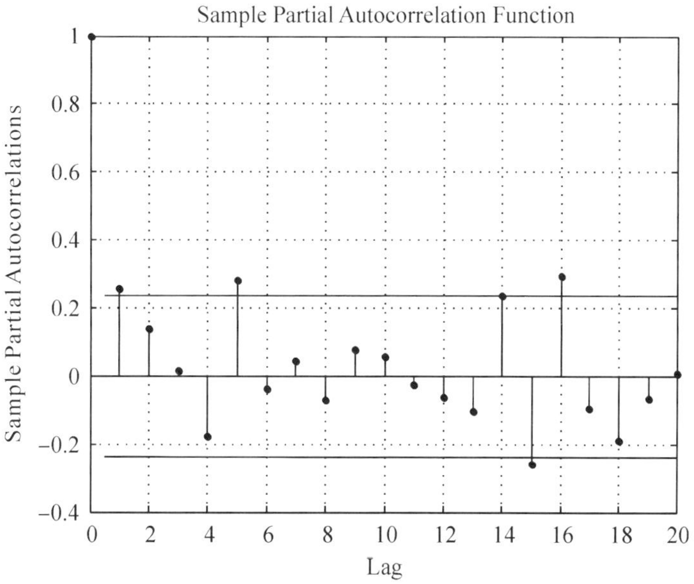

图 2-30　深交所股票指数预测值残差的 PACF

（三）实例三：沪深 300 指数

有证券市场就有指数。1991 年上证、深证综合指数诞生，1992 年上证 A 股、B 股指数陆续推出，后来陆陆续续又有一些指数被推出，中国证券市场指数体系建设逐步在完善。但是这些指数都是沪深两市各自的指数，国内逐步升级的投资者迫切需要一些同时覆盖沪深两市的指数产品。在这样的背景下，沪深两地证券交易所于2005年4月8日联合发布沪深300指数。该指数样本选自沪深两个证券市场，覆盖了大部分流通市值，为指数化投资和指数衍生产品创新提供基础条件。

本实例的计算对象就是沪深300指数。我们选取从2012年7月2日至2014年7月14日448个沪深300指数的日收盘价数据作为样本，数据来源CSMAR系列研究数据库。

由于原始数据集有着较强的非平稳性，本实例按惯例对数据集进行预处理，计算其对数收益率，得到等价的数据集。令第 t 日的沪深300指数为 P_t，则第 t 日的对数收益率为 $R = \ln(P_t) - \ln(P_{t-1})$。沪深300指数基本统计特征如表2-1所示。

表2-1　沪深300指数基本统计特征

均值	标准差	偏度	峰度	JB统计量
-0.000 3	0.012 8	-0.002 6	5.706 2	133.651 6

从表2-1可以看出，收益率序列的偏度小于0，峰度大于3，JB统计量显著，故收益率序列不服从正态分布，呈现出尖峰厚尾的特征，初步判断存在ARCH效应。

沿用上一章的方法，我们用GARCH模型对收益率序列建模。我们根据AIC准则或者BIC准则计算各阶均值方程和方差方程的AIC值和BIC值（见表2-2）。核心Matlab代码如下：

```
for i=1：m
  for j=1：n
    for s=1：x
      for t=1：y
        spec = garchset（'R'，i，'M'，j，'P'，s，'Q'，t）;
        [coeff，errors，LLF] = garchfit（spec，rhs）;
          [AIC，BIC] = aicbic（LLF，garchcount（coeff），L）;
    end
  end
end
end
```

其中，函数garchfit（）的作用是用数据集对模型的参数进行拟合，在此之前要用garchset（）命令设置模型的关键信息如均值方程和方差方程各自的阶数，得到spec这个变量的值。在拟合时，我们需要输入设置好的模型spec和收益率数据rhs，返回的结果有3个：模型中各项系数coeff、误差errors和极大似然值LLF。最后使用函数aicbic（）得到aic和bic的值，用于判断模型的最优阶数，该命令的输入有LLF、参数数量garchcount（coeff）和序列长度 L。由于均值方程和方差方程各自都有两个阶数，因此以上程序只能采用四重循环的结构。

表 2-2　模型中的部分 AIC 值、BIC 值与阶数的对应关系

模型	AIC 值	BIC 值
ARMA（0，0）— GARCH（1，1）	-2 577.8	-2 561.5
ARMA（1，1）— GARCH（1，1）	-2 574.0	-2 549.5
ARMA（0，1）— GARCH（1，1）	-2 575.8	-2 555.4
ARMA（1，0）— GARCH（1，1）	-2 575.8	-2 555.4
ARMA（0，0）— GARCH（1，2）	-2 577.4	-2 557.0
ARMA（1，0）— GARCH（1，2）	-2 575.4	-2 550.9
ARMA（1，1）— GARCH（2，1）	-2 576.2	-2 547.6

从表 2-2 不难看出，根据 AIC 准则，我们应该采用 ARMA（0，0）对收益率均值建模，方差用 GARCH（1，1）建模。在确定了阶数后，我们用数据集对模型进行拟合，拟合的结果就是得到如下的均值方程和方差方程：

$$y_t = -0.000\,298\,62 + \varepsilon_t$$

$$\delta_t^2 = 2.571\,5e - 006 + 0.956\,8\,\delta_{t-1}^2 + 0.027\,392\,\varepsilon_{t-1}^2$$

以上模型中各个参数均显著，通过对模型残差进行 ARCH-LM 检验，其 1 阶与 10 阶滞后残差的 F 统计量与 LM 统计量均不显著，说明残差已不存在 ARCH 效应。图 2-31 为拟合的新息、条件标准差和收益率序列，即 GARCH 拟合结果。

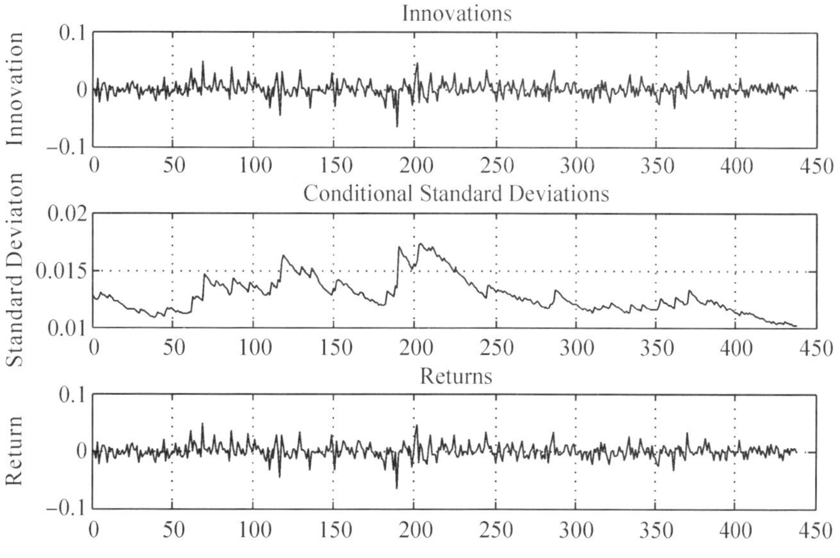

注：Innovations 表示新息，Standard Deviaton 表示标准差，
Conditinal Standard Deviations 表示条件标准差，Returns 表示收益；下同。

图 2-31　GARCH 拟合结果

图 2-31 参数估计的结果分析可得到以下结论：

（1）ARCH 项与 GARCH 项均大于 0，且 t 统计量非常显著，说明条件异方差明显，存在波动聚集性。

（2）ARCH 项大于 0，表明外部的冲击会加剧沪深 300 指数收益率的波动。GARCH 项大于 0，表明沪深 300 指数波动具有长记忆性，即收益率序列不仅具有短期的相关性，且具有长期的相关。

（3）两项系数之和小于 1，表明过去波动和外部冲击对收益率波动的影响持久，继续性强。

接下来，我们基于以上模型对沪深 300 指数 2014 年 7 月 1 日至 2014 年 7 与 14 日期间共 10 个工作日的数据预测，核心 Matlab 代码为

```
[sigma, mean] = garchpred (Spec, rhs, N)
```

其中，garchpred（）的功能是基于确定的模型进行预测，需要三个输入参数：确定的模型 Spec、收益率序列 rhs 和预测步长 N。返回的结果有两个：预测结果的期望值 mean 和方差 sigma。

其结果如下：

表 2-3 为 GARCH 模型预测的收盘价与真实值的比较及误差。

表 2-3　GARCH 模型预测的收盘价与真实值的比较及误差

时间	真实值	GARCH 模型预测值	误差率
2014-07-01	2 164.56	2 163.82	-0.000 3
2014-07-02	2 170.87	2 164.25	-0.003
2014-07-03	2 180.19	2 162.31	-0.008 2
2014-07-04	2 178.7	2 163.17	-0.007 1
2014-07-07	2 176.29	2 161.44	-0.006 8
2014-07-08	2 180.47	2 161.66	-0.008 6
2014-07-09	2 148.71	2 162.31	0.006 33
2014-07-10	2 142.85	2 159.28	0.007 67
2014-07-11	2 148.01	2 160.36	0.005 75
2014-07-14	2 171.76	2 162.31	-0.004 4

沪深 300 指数预测值和真实值见图 2-32。

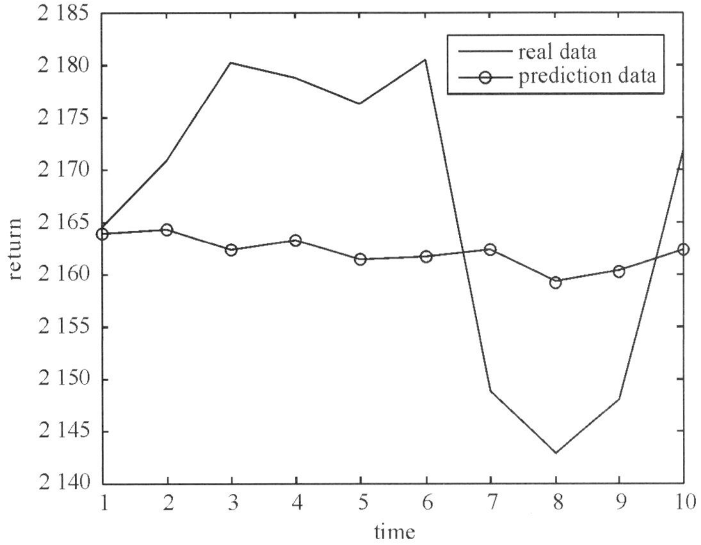

图 2-32　沪深 300 指数预测值和真实值

第三章
金融时间序列：非传统方法

近20年来时间序列数据处理方法突飞猛进，有不少不同于传统统计方法的新的方法诞生和逐渐成熟。这一类方法比较多，本章主要选择人工神经网络、相空间重构和小波方法作为代表来讲述。

第一节　人工神经网络

近年来，人工智能等新兴技术已经逐渐成为数字经济的引擎之一。人工神经网络（artificial neuron network）作为人工智能中最为重要的部分，也成为分析数据的一种重要方法。一些实践证明，把这种方法用于时间序列分析，很多实践证明往往取得了意想不到的良好效果。当然，我们也需要避免将其神化的倾向。

一、原理

人工神经网络方法的提出，可以说是仿生学发展的结果，而这个方法的载体往往是计算机，因此有时会造成误解——人工神经网络只是计算机科技的一个分支。实际上，人工神经网络是一个交叉学科，数学（包含数理统计）、物理学的理论和模型往往发挥着更大的作用，这是值得人工神经网络的初学者注意的，以免陷入一叶障目的境地。由于人工神经网络种类很多，这里以最常用的BP（back propagation）神经网络为例分析其工作原理。

（一）人工神经网络的工作原理

我们来简要了解生物体中神经系统的工作原理（见图3-1），这样可以更好地理解人工神经网络。在生物体中，神经细胞是构成神经系统的基本单元，亦称为“生物神经元”，简称“神经元”。神经元主要由三部分构成：①细胞体；②轴突；③树突。树突可以理解为接受输入端，它接受外界刺激并将冲动传入细胞体。轴突的主要功能则是将处理完毕外界刺激进而产生的神经冲动由胞体传至其他神经元。正是大量的神经元相互连接在一起，构成了生物体中非常复杂的神经网络。

人工神经网络是参照这一工作过程而设计的。构建一个典型的人工神经元，我们需要完成三个方面的工作：①对输入的处理；②阈值；③输出的方式。

设外部输入为 $X=\{x_1, x_2, \cdots, x_j, \cdots, x_n\}$，人工神经元 i 会先把这些输入信

号做加权求和处理，即

$$\sum_{j=1}^{n} \omega_{ij} x_j$$

其中 ω_{ij} 是赋予输入分量的 x_i 权重，最优的权重需要通过对其训练获得。在加权求和处理之后，我们需要把结果与预先设定的阈值进行比较，得到神经元 i 的净输入 I_i，即

$$I_i = \sum_{j=1}^{n} \omega_{ij} x_j - \theta_i$$

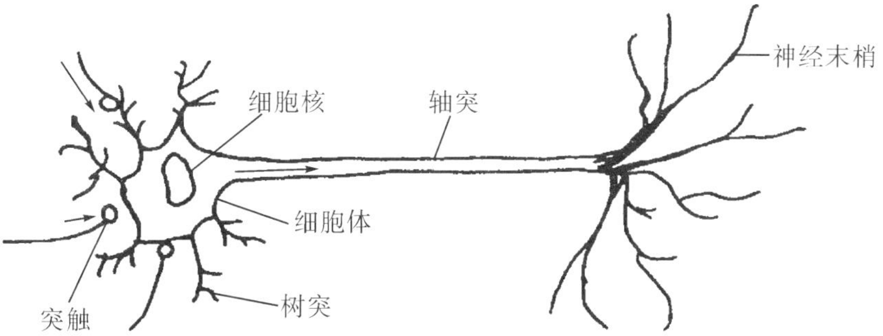

图 3-1 生物体中神经系统示意

净输入 I_i 会被代入传递函数（有时又可以称为“激发函数”）$f(\bullet)$ 中，从而得到神经元 i 的输出，即

$$y_i = f(I_i)$$

传递函数 $f(\bullet)$ 可以有阈值型函数、饱和型函数、双曲函数、S 型函数和高斯函数等类型。

（二）多层神经网络

早期的人工神经网络模型除了输入层（input layer）外，只有输出层（output layer），因此被称为“单层网络”。单层网络可处理的问题极其有限，连（00，0），（01，1），（10，1），（11，0）这样的模式对“异或”问题的处理，结果都不尽如人意。不少情形下，无论怎样调节连接权重，我们都不能获得要求的网络。单层网络有着很大的局限性。

Minsky 和 Papert（1969）在 *Perceptrons*（感知机）一书中指出，造成这一问题的主要原因是网络无中间隐单元作为输入模式的“内部表示”。唯一有效的途径是给网络加上一些隐单元，使单层网络变成多层网络，丰富它的功能。

由隐单元组成的层级可以称为“隐含层”（hidden layer），它是介于输入层和输出层之间的中间层次。需要设置多少层的隐含层，由输入单元、输出单元的个数以及研究问题本身等因素来决定。

人工神经网络需要训练才能够投入使用。训练的过程需要对比输出和目标数据（正确的结果）之间的差别，据此来不断调整、优化对输入信号 x_i 的权重 ω_{ij}。然而，对于加入隐单元的多层神经网络，当输出存在误差时，如何确定是哪一个权重的“过错”并调整它，这在当时是没有解决的问题。BP 算法为解决这一问题提供了可能。

（三）BP 神经网络

1. BP 神经网络原理

BP 神经网络模型是 1986 年由 Rumelhart 和 McCelland 为首的科学家小组提出的。它是一种按误差逆传播算法训练的多层神经网络，是目前应用最广泛的神经网络模型之一。

BP 神经网络的核心是 BP 算法。这一算法可以解决训练过程中如何根据误差来调整权重的问题。具体来讲，就是把网络输出出现的误差归结为各连接权的“过错”，通过把输出层单元的误差逐层向输入层逆向传播以“分摊”给各层单元，从而获得各层次单元的参考误差，以便调整相应的连接权。

BP 网络的训练（或者学习）过程，由信息的正向传播和误差的反向传播两个过程组成。输入层各神经元负责接收来自外界的输入信息，并传递给中间层各神经元；中间层是内部信息处理层，负责信息变换，根据信息变化能力的需求，中间层可以设计为单隐含层或者多隐含层结构；最后一个隐含层传递到输出层各神经元的信息，经过进一步处理后，完成一次学习的正向传播处理过程，由输出层向外界输出信息处理结果。当实际输出与期望输出不符时，就进入误差的反向传播阶段。误差通过输出层按误差梯度下降的方式修正各层权值，向隐含层、输入层逐层反传。周而复始的信息正向传播和误差反向传播过程，是各层权值不断调整的过程，也是神经网络学习训练的过程，此过程一直进行到网络输出的误差减少到可以接受的程度，或者预先设定的学习次数为止。

BP 神经网络结构示意如图 3-2 所示。

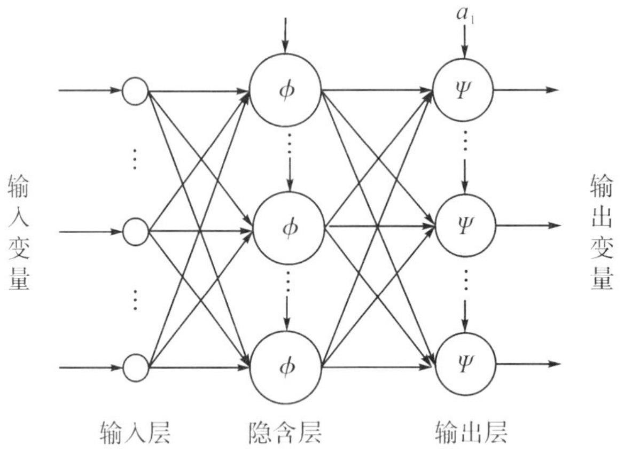

图 3-2　BP 神经网络结构示意

由此可见，BP 神经网络在很多问题中都表现出优秀的适应性和良好的性能。

2. Matlab 实现 BP 神经网络的命令

Matlab 中实现 BP 神经网络的命令主要集中在神经网络工具箱（neural network toolbox）中，其常用的命令如表 3-1 所示。其中一些常用的命令的用法将在案例部分作详细的讲解。

表 3-1　BP 神经网络常用函数

前向网络创建函数	newcf	创建级联前向网络
	newff	创建前向 BP 网络
	newffd	创建存在输入延迟的前向网络
传递函数	logsig	S 型对数函数
	dlogsig	logsig 的导函数
	tansig	S 型正切函数
	dtansig	tansig 的导函数
	purelin	纯线性函数
学习函数	learngd	基于梯度下降法的学习函数
	learngdm	梯度下降动量学习函数
性能函数	mse	均方误差函数
	msereg	均方误差规范化函数

二、实例

本实例的研究对象是 2012 年 6 月 14 日到 2013 年 5 月 17 日期间中信证券的日收盘价数据集合。我们主要运用 BP 神经网络的方法对价格数据进行预测，使读者在这个过程中学习到关键命令的用法。

（一）时间序列特点

从图 3-3 中我们发现，中信证券从 2012 年 12 月起开始呈现一个强势的涨幅，而从之前的 6—12 月却是以一个较低的价格平稳地进行波动。

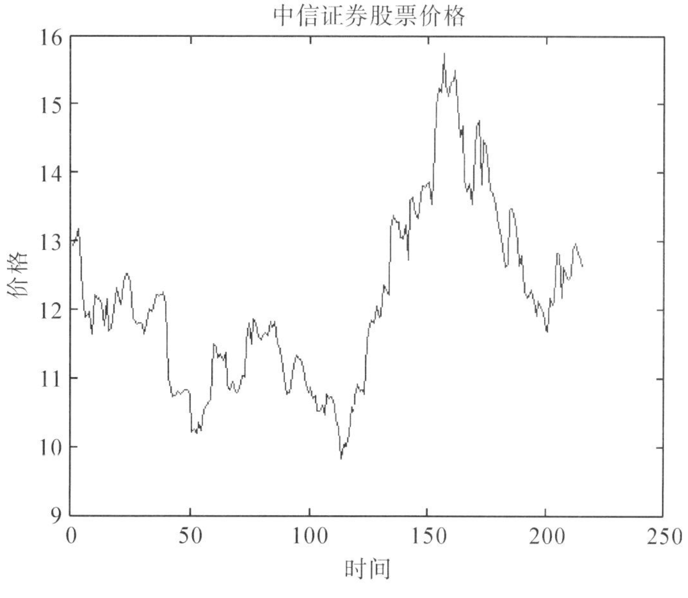

图 3-3　价格序列

（二）时间序列数据统计特征

对于以上时间区间内的股票价格，我们分别进行了表示位置、表示变异程度和表示分布情况三类统计量的分析。其中，表示位置的统计量有平均值和中位数，表示变异程度的统计量有标准差、方差和极差，表示分布形状的统计量有偏度和峰度。这里，我们假设代表价格时间序列的变量名是 tsmat。

1. 表示位置的统计量：平均数和中位数

mean（tsmat）——12.147 5

median（tsmat）——12.05

2. 表示变异程度的统计量：标准差、方差、极差

var（tsmat）——1.605 7

std（tsmat）——1.267 2

range（tsmat）——5.94

3. 表示分布形状的统计量：偏度和峰度

skewness（tsmat）——0.607

kurtosis（tsmat）——2.976 9

以上计算说明：数据的偏度为 0.632 2，表明该对数收益率分别具有右偏的特点；峰度为 2.948 1，表明该股票的价格差异幅度较大，更多的收益率取值聚集在均值 12.134 2 周围，同时部分价格又远离均值，呈现出上升趋势。股票价格的累积分布见图 3-4。

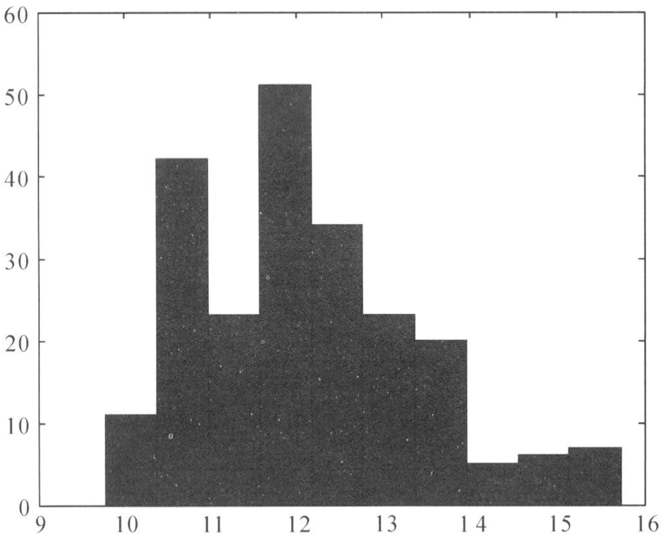

图 3-4　股票价格的累积分布

（三）BP 神经网络的创建、重构和预测

1. 数据的预处理

此次我们的样本共选取了 222 个数据，其中输入向量中的元素有 198 个，输出向量与目标向量为 24 个数据。原始数据价格的浮动变化太大，如果直接使用，值比

较大的数据会垄断神经网络的学习过程，这样训练出来的结果不能反映价格比较小时股票价格的变化。因此，我们对原始数据做归一化处理，使数据全部处于（0, 1）的范围内。如果整个数据集命名为 A，那么归一化公式为 $x(i) = (A(i) - \min(A))/(\text{msx}(A) - \min(A))$。核心代码如下：

```
x=zeros (222, 1);
for i=1: 222
    x (i) = (A (i) -min (A) ) / (msx (A) -min (A) )
    i = i+1;
end
```

2. 确定 BP 网络隐含层神经元数

在 BP 网络的理论中有一个非常重要的定理，即对于任何闭区间内的一个连续函数都可以用单隐层的 BP 网络逼近，因为一个三层 BP 网络就可以完成任意 n 维数据集到 m 维数据集的映射。对于隐含层的神经元的最优数目的确定，是一个十分复杂的问题，往往需要根据设计者的经验和多次试验来确定，因而不存在一个现成的、理想的公式。隐层单元的数目与问题的要求、输入/输出单元都有着直接关系。隐层单元数目太多会导致学习时间过长、误差不一定最佳，也会导致容错性差、不能识别以前没有看到的样本。虽然没有完美的确定理论，但是有以下两个公式作为参考，n 表示隐层单元数目。

（1）$n = \sqrt{s+t} + a$，其中 s 为输出神经元数，t 为输入神经元数，a 为［1, 10］的常数。

（2）$n = \log_2 t$，其中 t 为输入单元数。

根据本实例各方面情况，我们确定网络中间层（隐层）的神经元个数应该在 3~14。我们可以利用下列程序完成隐层神经元个数的确定，通过训练误差、训练速度、训练精度等多方面考虑，确定最佳的神经元个数。核心代码如下：

```
s = 3: 14; res1= zeros (1, 12)
for i = 1: 12
    net = newff (minmax (P), [s (i), 1], {'tansig', 'logsig'}, 'traingdx');
    net. trainParam. epochs = 1000;
    net. trainParam. goal=0. 003;
    net = train (net, P, T);
    y=sim (net, P);
    error1=y (1,:) -T (1,:)
    res1 (i) = norm (error1);
    i =i+1;
end
res1
```

在程序中，以下语句中 newff（）的作用是按参数生成一个 BP 神经网络：

“net=newff（minmax（P），［s（i），1］，{'tansig'，'logsig'}，'traingdx'）”

这是生成一个新的神经网络，网络隐含层神经元的传递函数采用 S 型正切函数 tansig，输出层神经元传递函数采用 S 型对数函数 logsig。这是因为函数的输出位于区间［0，1］中，正好满足网络输出要求。‘traingdx’表示采用自适应学习速率动量梯度下降反向传播算法对网络进行训练。traindx 函数结合了动量梯度下降算法和自适应速率梯度下降算法，从而使网络的训练速度和稳定性有了进一步的提高。

根据 res1 和 res2 的显示输出以及训练速度和训练精度，隐含层神经元的最佳个数为 12 个。

3. 神经网络的训练

在确定了隐含层神经元个数后，我们可以用数据中的一部分训练建立好的 BP 神经网络，核心代码如下：

```
net_ 1=newff (minmax (P), [40, 1], {´tansig´, ´logsig´}, ´traingdm´);
net_ 1.trainParam. show = 50;     %两次现实之间的训练步数
net_ 1.trainParam. lr = 0.05;     %学习速率
net_ 1.trainParam. mc = 0.95;     %动量系数
net_ 1.trainParam. epochs = 10000;     %最大迭代次数
net_ 1.trainParam. goal = 1e-4; %目标均方误差 MSE
net_ 1=train (net_ 1, P, T)     %神经网络训练
```

训练结果：

我们可以看出，经过 7 210 次训练，误差达到要求。训练过程中的误差曲线见图 3-5。

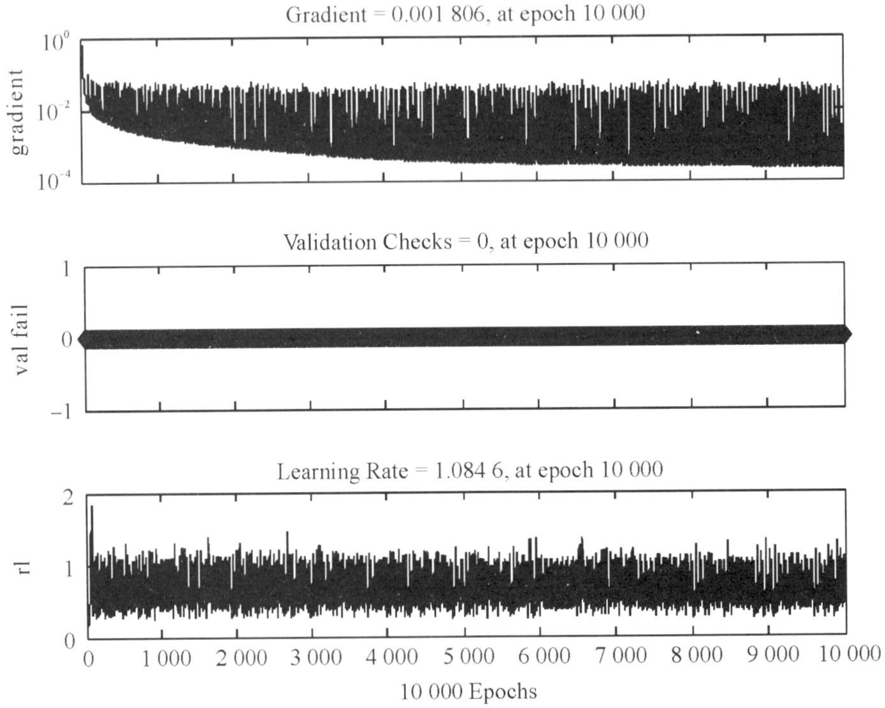

注：Gradient 表示梯度值，epoch 表示学习次数，Validation Checks 表示有效性检验，Learning Rate 表示学习率；下同。

图 3-5　训练过程中的误差曲线

更详细的训练情况见图 3-6，即 BP 网络训练参数。梯度、学习率等参数见图 3-7。

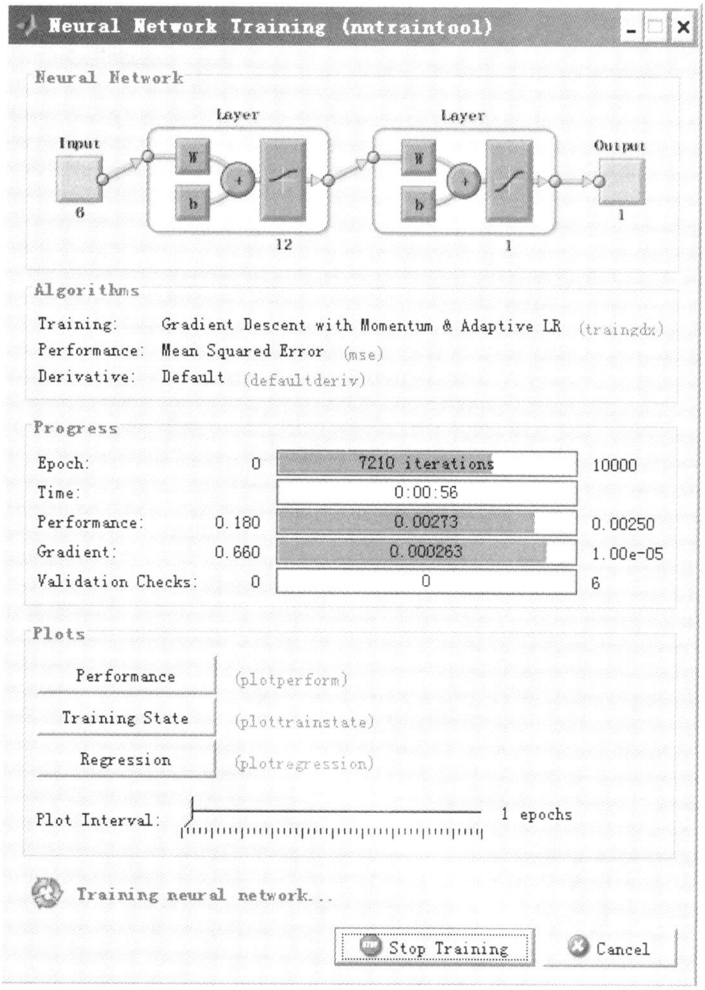

图 3-6 BP 网络训练参数

4. BP 神经网络仿真

在训练好神经网络后，我们可以通过 sim（）函数对数据进行重构（reconstruction），其主要输入参数有两个：一个是训练好的网络模型；另一个是输入数据。例如，这里可以表示为 x= sim（net_ 1，P），其中是训练好的网络，P 是输入数据，x 则是重构数据。重构数据和真实数据越接近，说明通过训练，神经网络学习到了真实数据背后的变化规律，效果就越好。当然，我们后续利用这个训练好的神经网络得到的结果就越准确。重构曲线与原始曲线见图 3-8。

利用训练好的神经网络进行重构，将重构结果与真实数据进行比较可以得出均方误差是 0.002 5，仿真结果的相对误差是 0.004 2，效果很好，说明 BP 神经网络逼近能力很强。

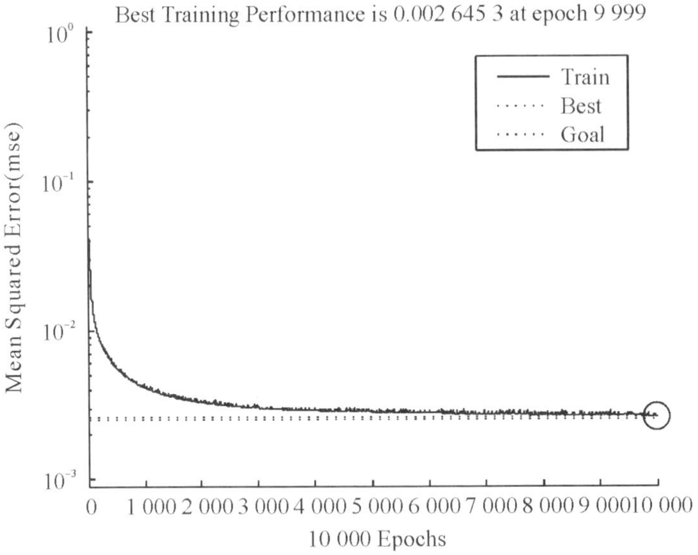

注：Mean Squared Error 表示均方误差，Best Training Performance 表示最优训练表现，Train 表示训练，Best 表示最优，Goal 表示目标；下同。

图 3-7　梯度、学习率等参数

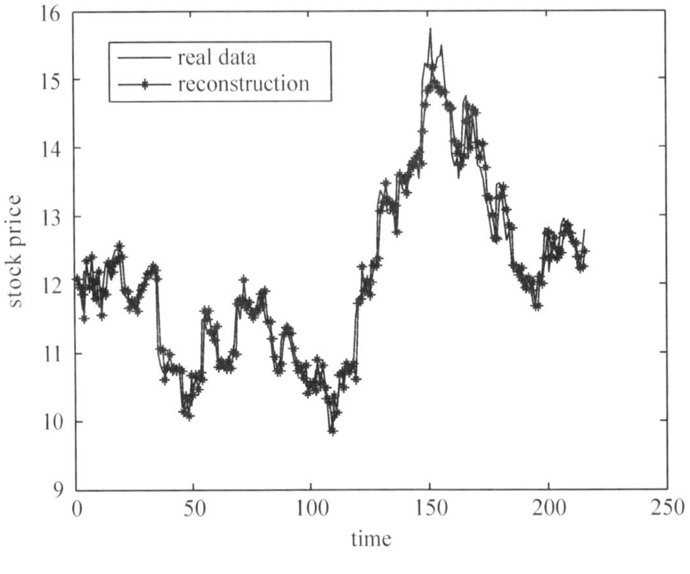

注：reconstruction 表示重构；下同。

图 3-8　重构曲线与原始曲线

5. BP 神经网络预测

此处，我们采用的滚动预测法，即每一次用前 6 个数据预测第 7 个数据；然后又将预测出来的第 7 个数据作为历史数据，进行第 8 个数据的预测，以此类推，得到未来 6 天的预测值。预测曲线与原始曲线见图 3-9。

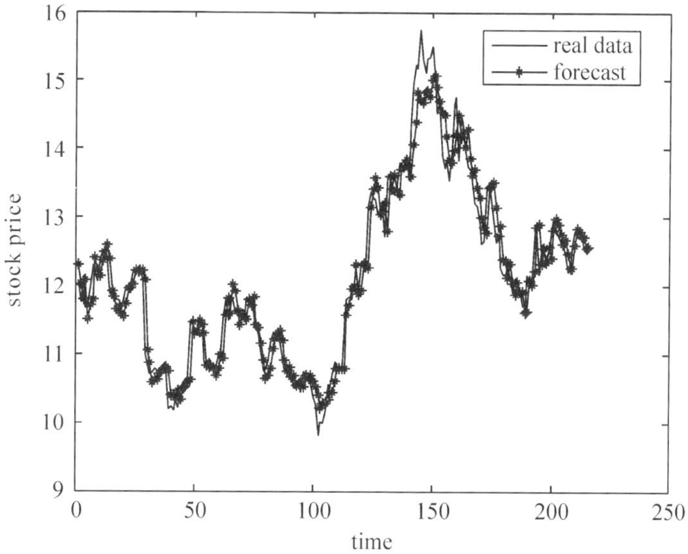

图 3-9　预测曲线与原始曲线

从以上的计算过程中可以看出，BP 网络的仿真效果与实际数据相当接近，说明它的非线性逼近能力非常好，适合用于趋势的预测估计等方面。

对于 BP 网络来说，网络的结构对网络的效果有非常大的影响。如何适当地选择隐层神经元的个数和传递函数的类型都是值得研究的问题，目前还无统一定论，但是从经验来说，隐层神经元的个数去输入神经元数目的 2~3 倍为宜。对于我们此次的网络训练，12 个隐层神经元的误差最小。因此，并不是隐层神经元越多越好，因为神经元越多，训练所花的时间就越长，可能误差还更大。

BP 网络训练的数据也不能太多，如果训练数据达到 2 000 个以上的话，我们几乎得不到有价值的数据，训练过度也会使网络追踪细微的变化而不能反映整体。

第二节　相空间重构

相空间重构是近些年新兴的时间序列数据的处理方法，它的理论基础是混沌（chaos）理论。“混沌”一词的词源是希腊语。根据古希腊著名历史学家赫西奥德（Hesiod）的《神谱》和早期希腊神话记载，宇宙之初只有卡俄斯（Khaos），是一个无边无际、一无所有的、混乱的虚空。这与中国神话盘古开天辟地之前的宇宙状态类似。而中国的古代典籍称此种状态为“混沌”，表示一种混乱、无秩序的状态，因此现代的科学研究文献也把一种由非线性支配的、表现出杂乱无章的现象翻译为“混沌”。混沌理论是非线性科学中最重要的分支之一。

一、混沌时间序列数据及其特征

混沌现象背后的理论是非常艰深的，涉及现代数学、物理学的许多知识，如微分方程定性理论、指标理论、KAM 定理等。为了使读者更容易理解，本部分采用通俗易懂的差分方程——Logistic 映射作为基本模型来讲述。

Logistic 映射是理解具有混沌特征的时间序列数据的一个非常好的切入点。这个映射源于 Verhulst 方程，是荷兰科学家 Verhulst 于 1840 年提出的，经过离散化就可以得到这个映射。它本来用于描述昆虫数量随时间而变化的规律，因此有时又被称为“虫口模型”。从数学的角度来看，它是一个一元二次差分方程，有如下形式：

$$x_{n+1} = \alpha x_n(1 - x_n) \tag{3-1}$$

其中 x_n 是第 n 期的数量，x_{n+1} 是第 $n+1$ 期的数量，α 是在闭区间［0，4］内的参数。

May 最先研究了 Logistic 映射中的混沌现象。他发现，当参数 α 在区间［0，4］取不同值的情况下，尤其是当 α 的取值接近 4 的时候，表现出了一些奇异的现象。运用 Matlab 编程，我们可以把这个过程清晰地展现出来。用于计算 Logistic 映射迭代过程的关键代码如下：

```
function a=Chaos (x0, R, n)
a= [ ];
a (1) =x0;
n=n-1;
for j=1: m
    a= [ ];
    a (1) =x0;
    for i=1: n
    a (i+1) =R (j) *a (i) * (1-a (i) );
    end
end
```

其中，需要输入的参数是 x 的初值、参数 α 和需要迭代的次数 n。

运行以上函数可以逐步产生 α 取不同值时的时间序列数据 $\{x_n\}$，从而观察 Logistic映射相应的表现。当 $0 < \alpha < 1$ 时①，它的时序如图 3-10 和图 3-11 所示。其中图 3-10 和图 3-11 分别是 x 的初值取 0.1 和 0.5 的两种情况。因此，从以下过程中不仅可以观察参数 α 取不同值时的不同情况，还可以反映出在 α 取相同值而 x 取不同值时，有没有不同寻常的情况发生。

从图 3-10 和图 3-11 可以看出，当 $0 < \alpha < 1$ 时，无论具体取什么值，也不论 x 的初值取什么值，经过若干次迭代后，映射产生的值会稳定在 0 上，图中也显示曲线落在横轴上。从迭代的角度来讲，这相当于输入值和输出值相等了（$x_{n+1} = x_n$），即 $x_n = x_{n+1} = \alpha x_n(1 - x_n)$，我们称这种情况为 Logistic 映射出现了不动点（fix point）。图 3-10 和图 3-11 对应的不动点是 $x^* = 0$。

① 情况一。

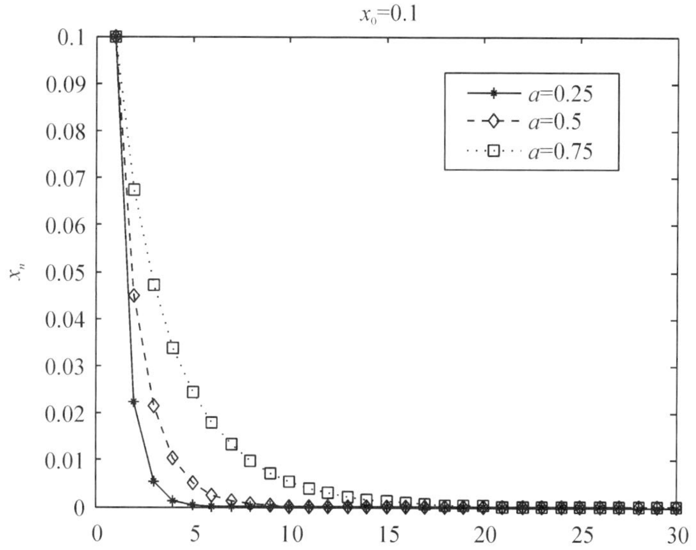

图 3-10　当初值为 0.1 且 0 < α < 1 时，Logistic 映射在不同参数下的时序

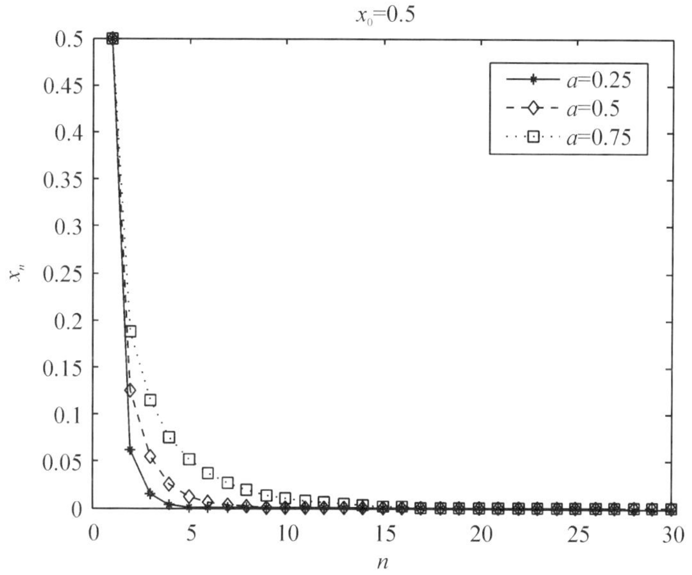

图 3-11　当初值为 0.5 且 0 < α < 1 时，Logistic 映射在不同参数下的时序

从图 3-12 和图 3-13 可以看出，当 1 < α < 3 时①，无论具体取什么值，也不论 x 的初值取什么值，经过若干次迭代后，映射产生的值会稳定在一个常数值——不动点上。与 0 < α < 1 时不同的是，这个不动点不一定是 0，它和 α 的取值有关。同时，经过观察也可以发现，不动点的取值和 x 取什么初值是没有关系的，只和 α 有关。

① 情况二。

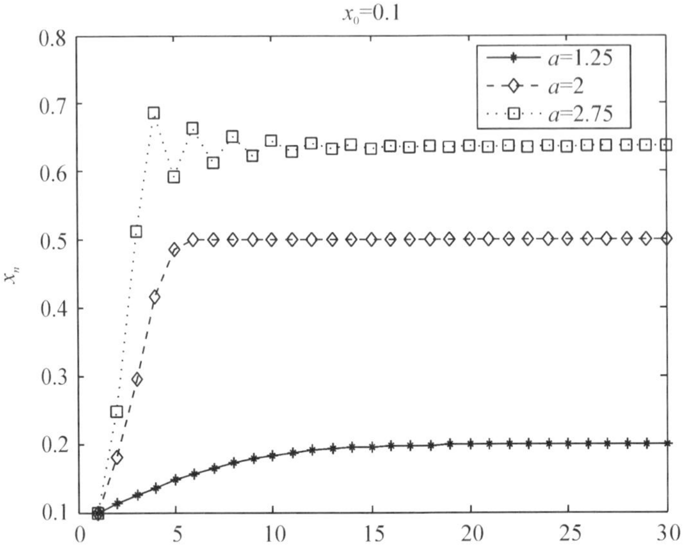

图 3-12　当初值为 0.1 且 1 < α < 3 时，Logistic 映射在不同参数下的时序

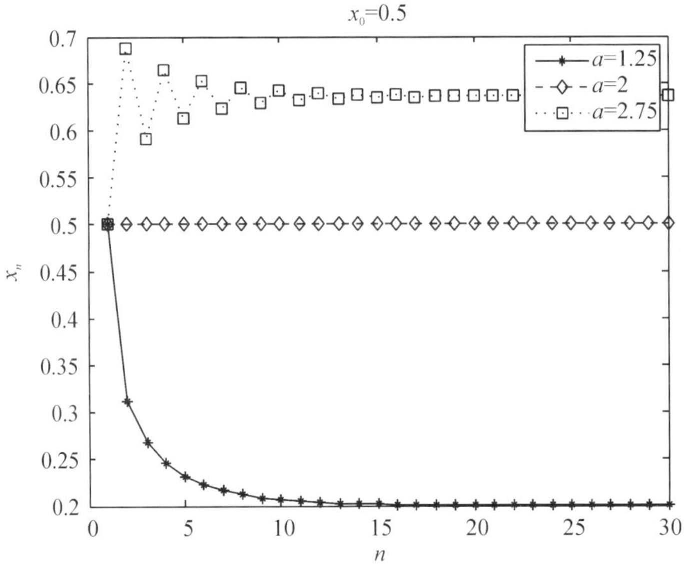

图 3-13　当初值为 0.5 且 1 < α < 3 时，Logistic 映射在不同参数下的时序

从图 3-14 和图 3-15 可以看出，当 $3 < \alpha < 1 + \sqrt{6}$ 时①，无论具体取什么值，也不论 x 的初值取什么值，经过若干次迭代后，映射产生的值会稳定在两个常数值上——0. 513 044 51 和 0. 799 455 49，更确切地说是在两个固定数值之间作振荡，这就出现了一种周期运动。这两个数值在图 3-14 和图 3-15 中是不同的，它取决于 α 并且只和 α 的取值有关，和 x 取什么初值没有关系。

① 情况三。

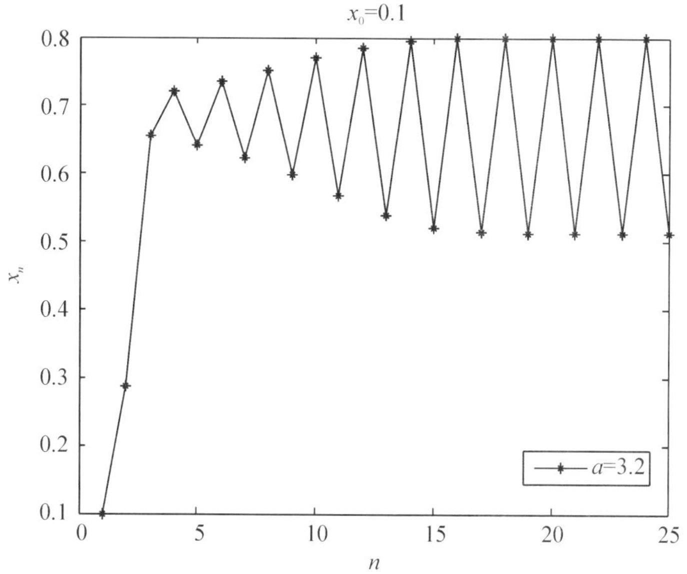

图 3-14　当初值为 0.1 且 $3 < \alpha < 1 + \sqrt{6}$ 时，Logistic 映射在不同参数下的时序

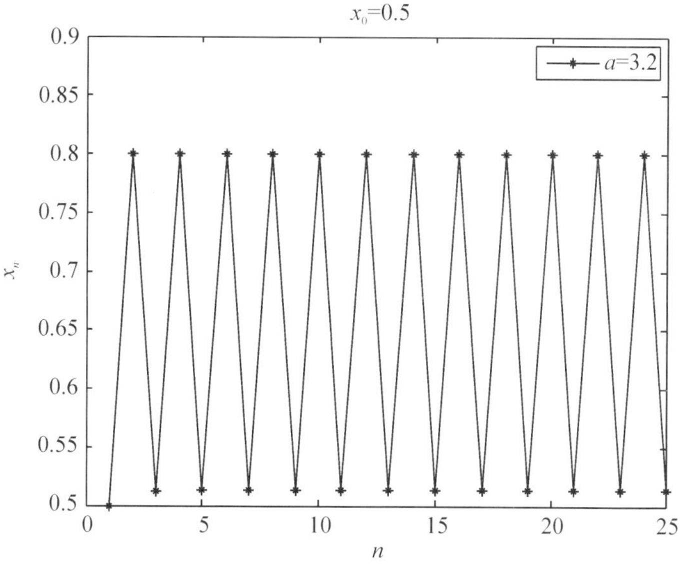

图 3-15　当初值为 0.5 且 $3 < \alpha < 1 + \sqrt{6}$ 时，Logistic 映射在不同参数下的时序

从图 3-16 和图 3-17 可以看出，当 $1 + \sqrt{6} < \alpha < 3.5440903506$ 时①，无论具体取什么值，也不论 x 的初值取什么值，经过若干次迭代后，映射产生的值会稳定在 4 个常数值上——0.445 967 67、0.852 427 75、0.433 991 65 和 0.847 468，更确切地说是在 4 个固定数值之间做振荡。这也是周期运动，但不同于 $3 < \alpha < 1 + \sqrt{6}$ 时的单周

① 情况四。

期的情况，现在是双周期运动。同样，不动点取决于 α 并且只和 α 的取值有关，和 x 的初值无关。

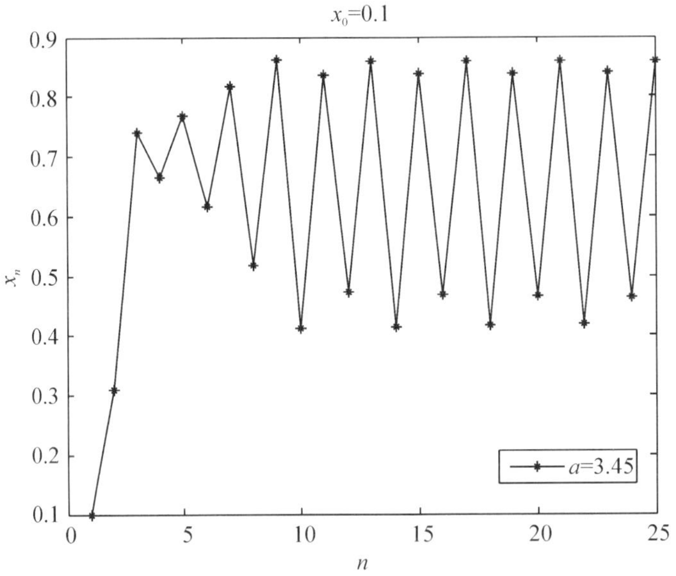

图 3-16　当初值为 0.1 且 $1+\sqrt{6}<\alpha<3.5440903506$ 时，Logistic 映射在不同参数下的时序

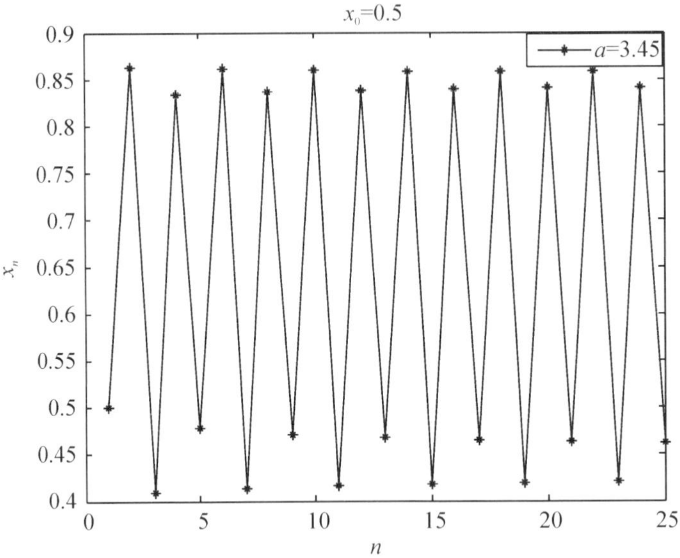

图 3-17　当初值为 0.5 且 $1+\sqrt{6}<\alpha<3.5440903506$ 时，Logistic 映射在不同参数下的时序

从图 3-18 和图 3-19 可以看出，当 $3.5440903506<\alpha<3.5644075061$ 时[①]，无论具体取什么值，也不论 x 的初值取什么值，经过若干次迭代后，映射产生的值会稳定在 8 个常数值上——0.550 880 97、0.880 783 61、0.373 813 67、0.833 314 16、

① 情况五。

0. 494 489 96、0. 889 891 92、0. 348 824 08 和 0. 808 639 2，更确切地说是在 8 个固定数值之间做振荡。这也是周期运动，但不同于 $1+\sqrt{6}<\alpha<3.5440903506$ 时的双周期的情况，现在是四周期运动。同样，不动点取决于 α 并且只和 α 的取值有关，和 x 的初值无关。

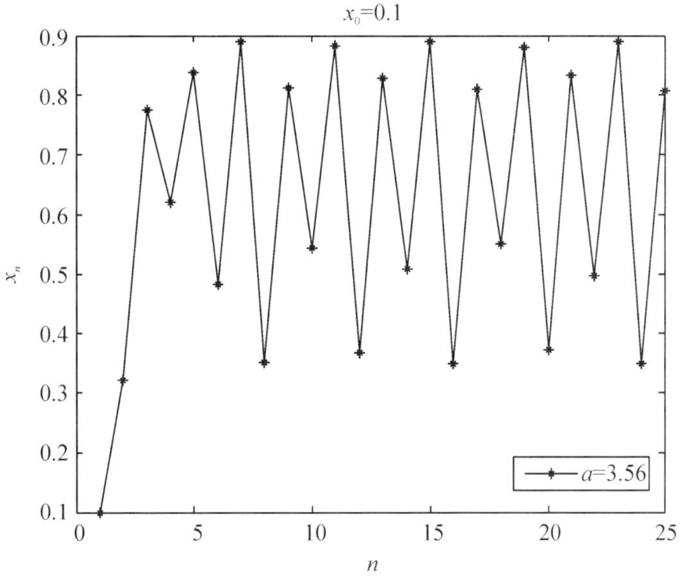

图 3-18　当初值为 0. 1 且 $3.5440903506<\alpha<3.5644075061$ 时，Logistic 映射在不同参数下的时序

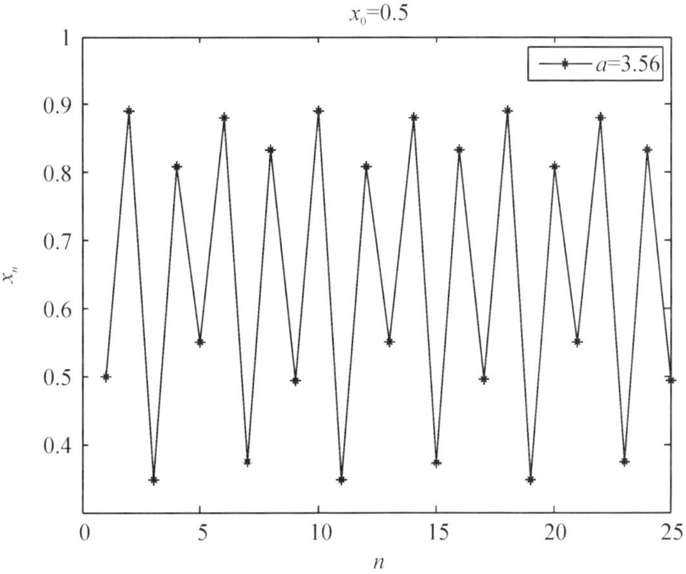

图 3-19　当初值为 0. 5 且 $3.5440903506<\alpha<3.5644075061$ 时，Logistic 映射在不同参数下的时序

从图 3-20 和图 3-21 可以看出，当 $3.5644075061 < \alpha < 3.569945557391$ 时[1]，无论具体取什么值，也不论 x 的初值取什么值，经过若干次迭代后，映射产生的值会稳定在 16 个常数值上——0.550 661 34、0.882 595 04、0.369 616 23、0.831 111 26、0.500 683 15、0.891 748 34、0.344 334 07、0.805 314 88、0.559 244 33、0.879 230 22、0.378 759 9、0.839 318 09、0.481 057 16、0.890 470 05、0.347 900 71 和 0.809 230 33，更确切地说是在 16 个固定数值之间振荡。这也是周期运动，但不同于 $3.5440903506 < \alpha < 3.5644075061$ 时的四周期的情况，现在是八周期运动。同样，不动点取决于 α 并且只和 α 的取值有关，和 x 的初值无关。

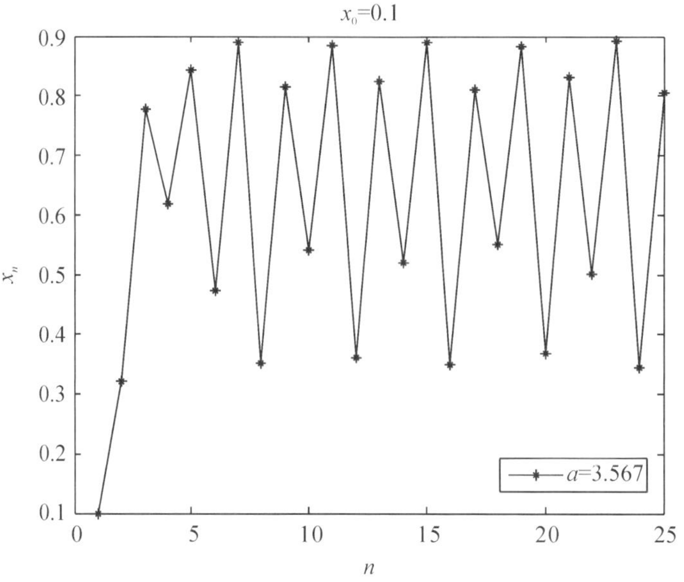

图 3-20　当初值为 0.1 且 $3.5644075061 < \alpha < 3.569945557391$ 时，Logistic 映射在不同参数下的时序

以上 6 种情况显示出，随着 Logistic 映射中的关键参数 α 的逐渐增大，运动表现出了周期加倍的特点，即“倍周期”的特点。

从图 3-22 和图 3-23 可以看出，当 $3.569945557391 < \alpha < 4$ 时[2]，没有出现之前的周期运动情况了，取而代之的是一种杂乱无章的运动，没有固定周期。在相关的文献中，称此时映射表现出的状态就是“混沌”，产生的数据就是具有混沌特性的数据。

① 情况六。
② 情况七。

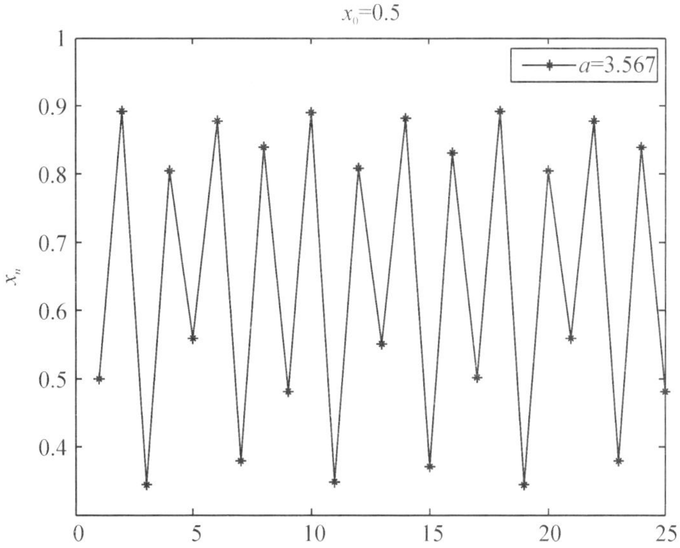

图 3-21　当初值为 0.5 且 3.564 407 506 1 < α < 3.569 945 557 391 时，Logistic 映射在不同参数下的时序

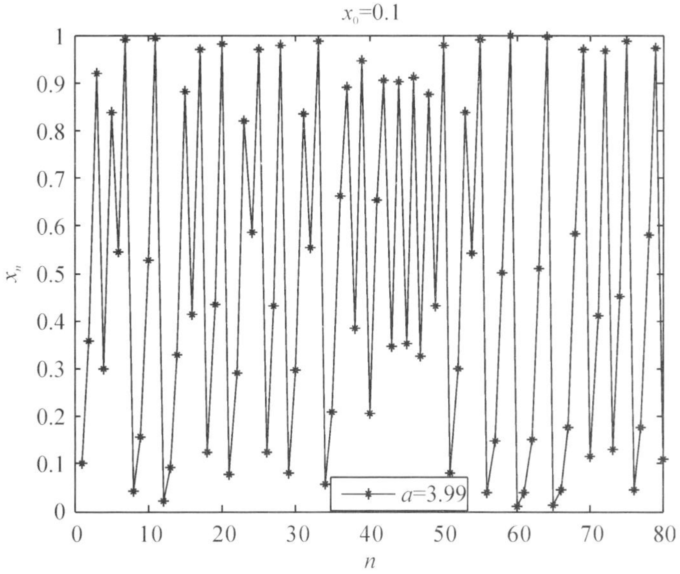

图 3-22　当初值为 0.1 且 3.569 945 557 391 < α < 4 时，Logistic 映射在不同参数下的时序

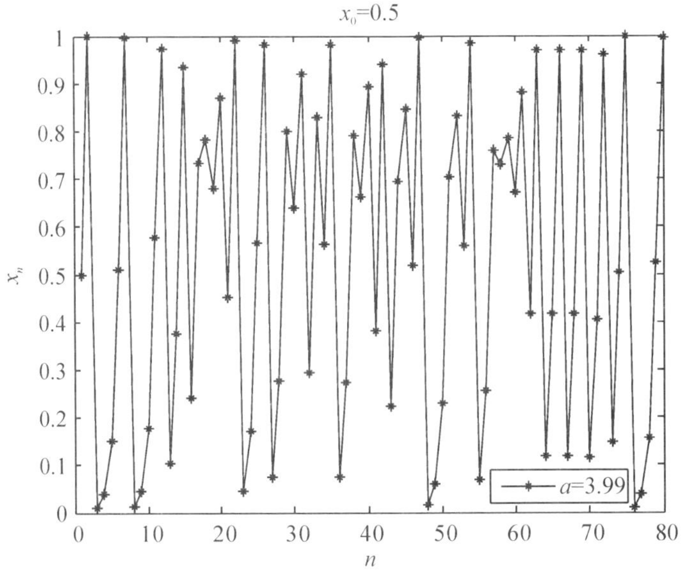

图 3-23　当初值为 0. 5 且 3. 569 945 557 391 < α < 4 时，
Logistic 映射在不同参数下的时序

以上内容展示了 α 取不同值时，Logistc 映射运行的不同特点。我们在运行程序得到的结果的基础上，结合前人严格的研究成果可以得知，当 α > 3. 569 945 557 391 时，系统会从倍周期分叉走向混沌，倍周期分叉现象突然中断，周期变成无穷大，其实就是没有周期，周期性让位于混沌。

另外，不难看出，决定 Logistic 映射是单周期还是多周期、是周期还是非周期运动的关键是参数 α 的取值。为了能够更准确、更直观地说明这一问题，我们有必要绘制出 Logistic 映射的分叉（bifurcation）（见图 3-24）。

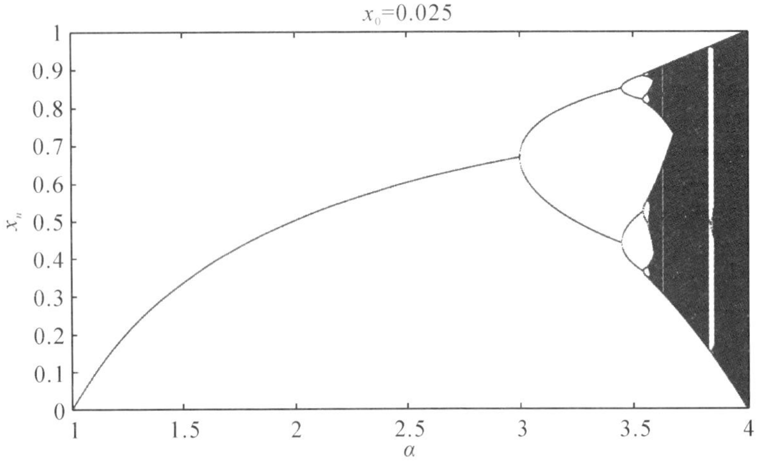

图 3-24　Logistic 映射的分叉（bifurcation）

图 3-24 中的横轴代表 α，变化范围是 [0，4]；纵轴代表映射中的 x 的值。“分叉”是比较通俗的叫法，从图 3-24 可以看出，当 $\alpha > 3$ 时，同一个 α 会对应两个甚至多个 x 的值，从图形看起来是分叉了。将图 3-24 中 α 的不同取值区间和前文的 7 种情况相互比较、印证，能够加深对从倍周期分叉走向混沌的过程的理解，可以得知混沌的成因。

混沌时间序列数据有着一个非常特别的特征——初值敏感性，即对于 x 的初始取值具有非常敏感的依赖性。图 3-25、图 3-26 都是在 $\alpha = 3.99$ 时，x 取差别非常小的初值，Logistic 映射的表现。

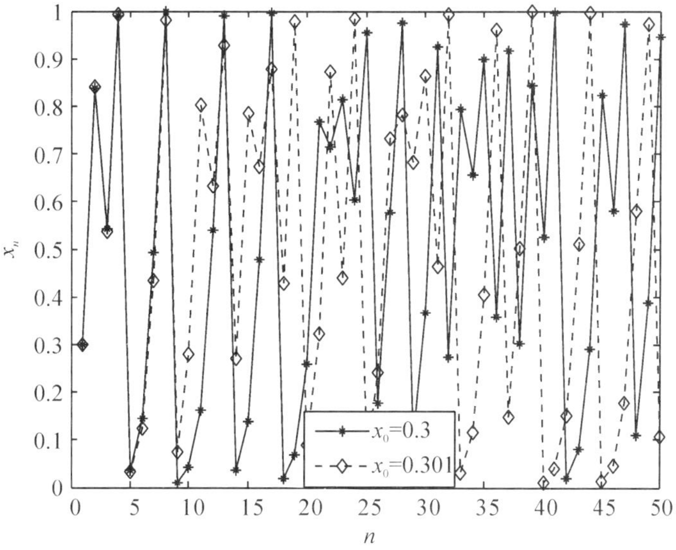

图 3-25　初值敏感性（a）

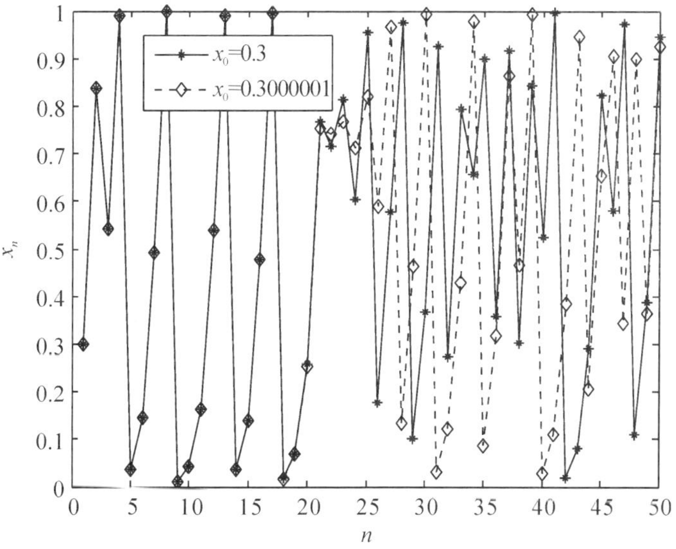

图 3-26　初值敏感性（b）

图 3-25 中，x 的初值分别是 0.3 和 0.301，可以说非常小，在一定精度下（如 0.01 的精度），两者甚至可以认为是相等的。但实际上，两者在开始几步迭代过程中展现出几乎相同的情况后，很快就分道扬镳，差别非常大。图 3-26 中，x 的初值差别就更小，分别是 0.3 和 0.300 000 1，几乎是相等的，但同样也展现出和图 3-25 中相似的情形。以上混沌的初值敏感性特征用一句成语来概括，就是“失之毫厘，谬以千里”。究其主要原因，就是非线性映射对于初始条件的细微差别，在一步步迭代过程中逐渐地放大作用。

二、预测科学的反思

前文提及的混沌的初值敏感性引出一个问题，那就是混沌与确定性、随机性的关系。Logistic 映射的迭代规则或者随时间的演化规则是确定的，原则上讲，只要初值相同，后续迭代得到的所有的值都应该相同。从这个角度来讲，混沌是确定性运动。但是，混沌又有着初值敏感性。如果初值的差别非常小，如图 3-26 显示出的 $x_0 = 0.3$ 和 $x_0 = 0.3000001$，在一定精度下，完全可以认为这一微小差别是测量的“误差”，可以忽略，那么这两个初始条件就是一样的。在一样的初始条件下，迭代却出现了不同的结果，从这个角度来讲，混沌似乎又有着随机性。更何况混沌的时序图（见图 3-25、图 3-26）也是杂乱无章的，和随机的情形也非常像。那么，混沌到底是确定性还是随机性的呢？不仅这个问题本身很重要，同时也会对整个预测科学的根本理念产生很大的影响。

（一）预测科学与混沌

预测活动古已有之。商周时期的甲骨文就有着大量的对于未来事件的预测的记载，甚至当时的人们书写甲骨文就是为了用于预测。在这一时期，祭司们有着很高的地位。虽然帝王将相们掌握着政权，但是祭司们掌握着神权，被认为是人间唯一能和上天直接沟通的群体。商周之后，无论秦汉、魏晋至唐宋元明清，甚至到民国时期，民间始终有“算命”的职业，算得准的往往被称为“半仙”。之所以说这些，是因为这些历史透露出，在古代乃至近代人们都认为“神”和“人”最大的区别之一就是预测能力。

时间序列数据是数据中常见的，几乎是最重要的类型。为什么这样说呢？因为在数学高度发达的今天，几乎所有事件都可以定量化、模型化，也就是说几乎所有和时间演化有关的事件都可以转化为时间序列来研究。既然这样，那么从古至今神秘的预知未来、预测事件的种种举动，都可以等价于对时间序列数据的预测工作。既然小说中的神仙的主要能力之一就是预知未来，那么能够准确地预测时间序列数据的人，在古人的眼中就像神仙一样。

时间序列数据的预测工作是如此重要和神圣，做好这一工作的难度可想而知。在数学理论、信息技术高度发达，人工智能、大数据大行其道的今天，至少至今仍然没有催生出一套真正有效的时间序列预测方法，连各个领域内特定的预测问题也缺乏有效性比较高的手段，更遑论古代、近代了。最好的情况，是在特定问题上出现过一些针对部分数据有效的方法，但是随着数据的更新，方法的准确性又变得不稳定了。因此，探索时间序列的预测方法是人类艰巨而漫长的任务，“路漫漫其修远兮，吾将上下而求索”。

时间序列数据的预测之所以非常困难，主要就是因为数据有着很强的随机性。随机性是和确定性相对的概念。确定性是指事件在相同的前提条件下只有一种结果，而且必然发生；而随机性是指事件在相同的前提条件下会有两种或者更多种结果出现，没有哪一种结果是必然发生的这样一种不确定性。正是这种不确定性造成了预测的困难。

现阶段，人类经过多年探索获得的、用于解释和处理不确定性的科学理论，主要是数学的随机分析分支，包括概率论及数理统计、随机过程、随机微积分和随机微分方程等。统计物理学中也有一些随机分析以外但又独立存在的知识。所有这些，我们姑且统称为“随机理论”。现有的随机理论内容虽然非常复杂，但是概括来讲，它处理不确定性的思路实际可以归结为一条，那就是先要找到一类随机现象的统计规律性，然后以此为基础提出解决办法。统计规律性是指在事件大量的重复发生的过程中呈现出的固有规律性。有了统计规律性才有概率分布，然后才有衍生出来的各种随机理论中的知识。

统计规律性被人们接纳并经历了一个比较长的过程，这主要是因为统计规律性与人们讲的通常意义上的规律有比较大的差别。后者是确定性的规律，前提条件和结果之间是一一对应的映射关系，即一个理论必须能够讲出：出现了某种前提条件就一定会有什么结果。多数人认为这种发现或者经验才能被叫作“规律”。统计规律性虽然还是能够准确描述出事件在大量重复过程中的规律，但是这通常还不符合人们对规律的普遍认知，不能满足人们对规律认知的“需求”。有一些科学家对现有的随机理论就是不满意的，如 Einstein 说出那句名言“我不相信上帝会掷骰子”，虽然是针对量子力学而发，但从根源上讲，实际也是对整个概率理论的质疑。著名物理学家 Bohm 提出隐变量理论，虽然不够完善，但从某种意义上讲，这实际也是表达出了对现有解决方案的不满意。当然，这些努力也还不足以提出一个能够替代现有概率理论的、行之有效的新理论。

20 世纪 70 年代以后，随着混沌现象的发现以及混沌系列理论的提出，不仅混沌被视为确定性和随机性之间的桥梁，而且人们发现原来很多貌似随机的现象实际并不一定真是随机的，它还有可能像前文讲的 Logistic 映射那样，背后由确定性的规律支配着。这对于探索解决随机问题的、概率论之外的新理论来说，无疑是“柳暗花明又一村”。

正如前文提到的，随机性是指同样的条件下会出现不同的结果。从上一部分关于对 Logistic 映射种种模拟的结果尤其是初值敏感性的计算结果来看，在一定精度、允许误差的情况下，两个不同初值的微小差别可以忽略，可以认为两个初值是相同的，然而系统的长时间运行却产生了差异非常大的结果，这不正是随机性的特点吗①？在现实的行为中，无论什么行为，如果做两次或者多次，行为每次之间的误

① 再次强调，是在一定的精度规定下。

差是不可避免的，这不正是与初值的细微差别类似吗？因此从这个角度来讲，混沌就是随机的。

然而混沌又是确定的。以 Logistic 映射为例，在 $\alpha > 3.5699$ 时，它会进入混沌状态。然而，即使进入混沌区，它本身的迭代规则或者随时间演化的规则是确定的。这意味着只要向系统输入完全相同的 x_n，就会得到完全相同的 x_{n+1}。因此，混沌又具有确定性。混沌的确定性可以从相图中更好地理解。与前文时序图对应的，还有一种图——相图，能够从不同的角度让我们更好地认识混沌现象，弄清它和确定性、随机性的关系。设 $\alpha = 3.99$，初值 x_0 取 0.1、0.5，Logistic 映射的相图见图 3-27。

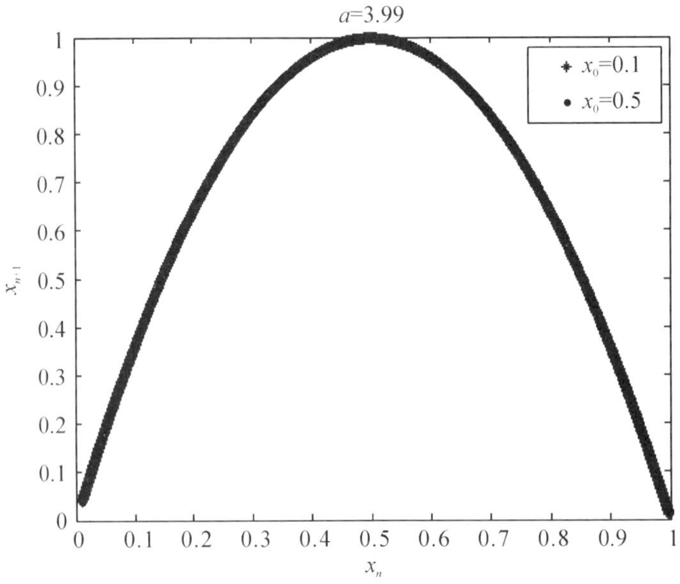

图 3-27　Logistic 映射的相图

由图 3-27 可以看出，相图的横轴代表映射的输入集合 $\{x_n\}$，纵轴代表映射的输出集合 $\{x_{n+1}\}$。在 α 取大于 3.5699 的值时，无论时序图（如图 3-23）中表现得再杂乱无章，输入集合 $\{x_n\}$ 和输出集合 $\{x_{n+1}\}$ 之间总是成二次抛物线关系，这是由映射本身的二次幂形式决定的。同时，我们使用 Matlab 产生（0，1）均匀分布随机数的函数 rand（）产生 100 000 个随机数，分别画出他们的时序图和相图（见图 3-28和图 3-29）。

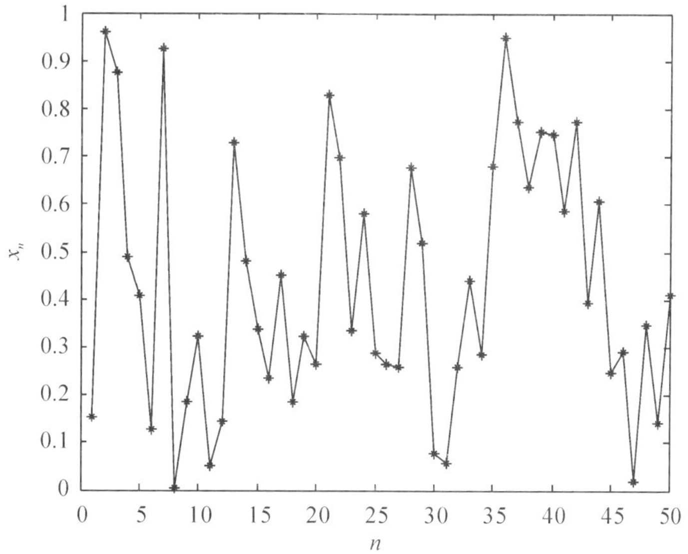

图 3-28　均匀分布随机数的时序

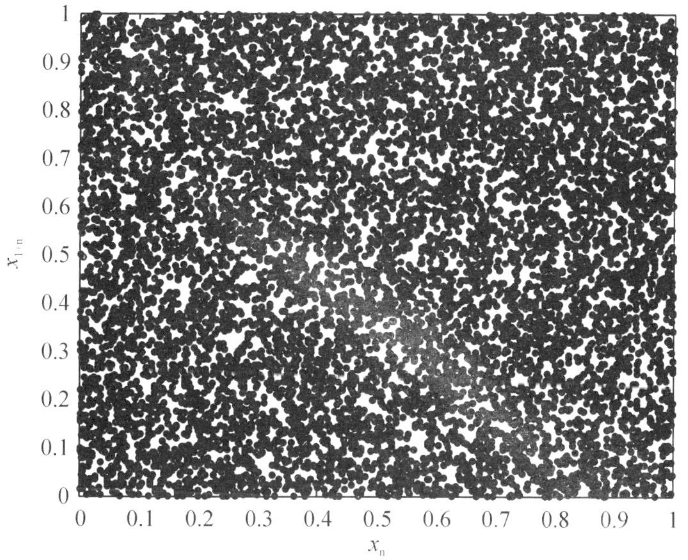

图 3-29　均匀分布随机数的相图

随机数的时序图（见图 3-28）与 Logistic 映射进入混沌区后的时序图（见图 3-23）很像。但是，比较图 3-27 和图 3-29 可以看出，它们的相图区别很大。混沌性数据的相图是一条规则函数曲线，而随机性数据的相图和其时序图一样乱，基本均匀地散落在图形中的各个位置，没有规律。从以上对比我们就可以更清楚具有混沌性质的数据和随机性数据之间的区别。这两者在时序图中都表现得杂乱无章，这一点是两者的相似性。但是两者的相图有着非常大的区别，那就是混沌数据的相图会呈现出一条规则的、确定性的曲线，而随机性数据仍然表现得杂乱无章。这已经显露出混沌是确定性和随机性的中间形态的端倪。从相图的角度来讲，我们又多了一个认识混沌性和随机性关系的维度。

综合以上两个方面，混沌是传统认识中的随机性和确定性之间的一种状态。在发现混沌及其深层次含义之前，人们更普遍的认识是确定性、随机性是非黑即白、不能融合的，不存在中间状态。随机现象背后只存在统计规律性。混沌的发现颠覆了这一传统认识。虽然说随机性是指相同的前提条件会产生不同的结果，但是对于日常每次行为之间的误差，谁能保证看似相同的前提条件一定相同、没有误差？如果有误差，哪怕再小，根据以上对混沌初值敏感性现象的展示，那么这原先被认为是“随机”的现象，很可能就是这里所说的混沌，那么它背后就有着确定性的支配规则，我们只要找到了这个规则，就可以对系统做出准确的预测。

确定性意味着相关性。从事件之间关联性的角度来讲，混沌也揭示了貌似没有关联的事件之间实际可能是有关联的。这就和概率理论中的 Markov 性的概念不谋而合。实际上，人们在对概率理论的深入研究过程中就发现，像纯粹的白噪声那样前后完全无关联的事件是非常少的，更多的是前后会有一定的关联性，至少相邻的两次事件很多情况下是存在关联性的，这就是 Markov 性。混沌现象的发现使人们更加确信了这一点。以前文的 Logistic 映射为例，序列中相邻的数据显然有关联性，关联的规则是 $x_{n+1}=\alpha x_n(1-x_n)$。这不仅与传统理论中的 Markov 性是不谋而合的，而且还以人们更熟悉的、更希望看到的方式揭示了这种关联。

于是，如果以混沌理论为基础，对于不少貌似随机的现象，就出现了一种新的希望，那就是也许能够找到比统计规律性更好、更准确的解决办法。在其他的研究方向都没有明显进展的情况下，基于混沌理论的预测方法就成为最有可能取得突破的方向，无论学界还是业界都倾入了极大的热情。下面我们要讲的相空间重构方法就是在这样的背景下提出的。

在预测界，中国的源于《易经》的卦术、天象学等都是理论中的瑰宝，此外西方的占星术等也占有重要地位。在近现代学术界，除了第二章讲过的传统的统计学中的 ARMA、GARCH 等方法和本章中比较前沿的人工神经网络等方法之外，还有另一种方法，那就是基于混沌思想的方法。基于混沌思想的方法主要源于对于确定性和随机性认识的转变。如果现实中很多貌似随机的现象实际是混沌的，那么现象的背后就存在着确定性的规律，这不仅给了人们进一步认识规律的信心，同时也昭示了进一步提高预测能力的途径。下一部分的相空间重构方法就是以此为指导思想的。

（二）随机现象的可知性：测不准原理和热力学第二定律

前文主要讲述了貌似随机、实则混沌的现象，其研究出现了曙光。下面讲一下随机性比较强的事件，它的可知性到底怎么样。

我们先谈一个著名的原理——测不准原理和随机性的关系。测不准原理是说，在尺度非常小（一般是指纳米以下量级）的微观世界中，一个粒子（如电子）的位置 x 和速度 v 无法同时确定。这在很多随机性很强的事件中也是类似的，如买彩票，其特定的号码 n 和出现的时间 t 是无法同时确定的。仿照测不准原理，我们用 Δn 代表号码的不确定度，Δt 代表出现时间的不确定度，那么有 $\Delta n\times\Delta t\leqslant\alpha$，$\alpha$ 是一个常数。用这个不等式可以看得更清楚，如果号码完全确定，即号码不确定度 Δn 等于 0——买彩票的人只买 1 注确定的号码，那么号码出现时间的不确定度 Δt 就会变得无穷大——不知道这1注号码什么时候会出现；而如果号码出现时间的不确定度 Δt 等于0，那么号码不确定度 Δn 就会变得无穷大——买彩票的人不知道应该买哪一注。

如果取一个平衡状态，允许 Δn 和 Δt 都不等于0，其现实意义就是在一定的时间段 Δt 内会出现一个彩票号码集 Δn，这种状态在量子力学中叫作相干态。而如果想进一步减少号码的不确定度 Δn 或者出现时间的不确定度 Δt，当然不能减少为0，那么相伴随的另一个不确定度就会增大，这种状态在量子力学中叫作压缩态。对于强随机性事件的预测，目前还不能同时消除两种不确定度，只能是寻找一种“压缩态”。

在以上认知的基础上，我们假设建立了一个预测模型，那么这个模型是有工作效率的。还是以彩票为例，如一个人购买了 x 注彩票，有 y（$y \leqslant x$）注彩票中奖，那么这个模型的工作效率就是 $\frac{y}{x}$。现在，我们把这个预测模型类比为一个机器，如蒸汽机，那么这个工作效率也就可以类比为热机效率。热力学第二定律告诉我们，热机效率不可能达到100%。因此，人类在对强随机事件的预测中不可能做到100%准确。但是，人类通过不懈的研究，不断提高准确率仍然是有可能的，这并不违反基本科学规律。这应该就是强随机现象的可知程度。同时，以上的内容也显示出物理学原理的适用性是很广泛的，这两条同样适用于数据科学。

三、相空间重构

从前文的关于 Logistic 映射产生数据的相图和随机数据相图的比较就可以得知，尽管在时序图中表现相似，但是具有混沌特性的数据在相图中会表现出规律性。既然是这样，那么能否把那些看似杂乱无章的时间序列数据放到相图中分析，以期获得比较好的处理结果呢？数学上讲，相图对应的空间叫作相空间，因此这类方法被称为“相空间重构”。

（一）原理

相空间重构的思想来源于1980年 Packard 等人的工作①。著名的 Lorenz 方程组如下：

$$
\begin{cases}
\dfrac{dx}{dt} = -\sigma(x-y) \\
\dfrac{dy}{dt} = rx - y - xz \\
\dfrac{dz}{dt} = -bz + xy
\end{cases}
$$

如果取参数 $\sigma=16$，$b=4$，$r=45.92$，则系统将处于混沌状态。这意味着 x、y 和 z 三个变量都是混沌的。对于这个 Lorenz 系统来说，x-y-z 空间就是它的相空间。当它处于混沌状态时，相空间的图形如图3-30所示。

① N PACKARD, et al. Geometry from a time series [J]. Physics Review Letters, 1980, 45 (9): 712-716.

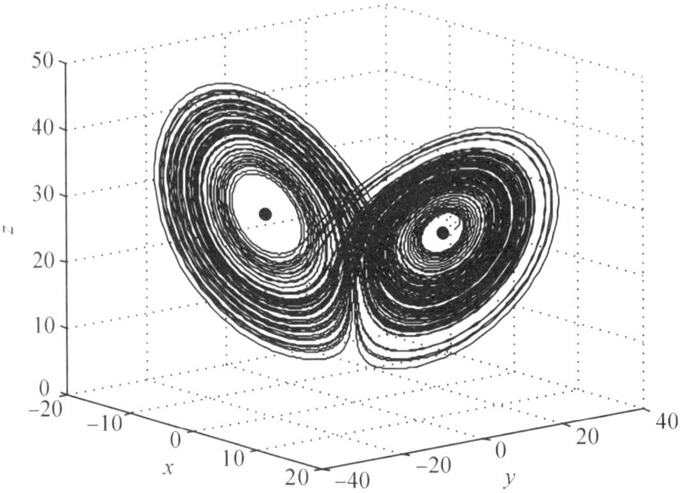

图 3-30 Lorenz 吸引子

由图 3-30 不难看出，Lorenz 系统处于混沌时，它在相空间中的图像（又叫“奇怪吸引子”）（strange attractor）的形状很像一只蝴蝶，Lorenz 由此提出了著名的“蝴蝶效应”。

现在我们假设只能知道 x、y 和 z 三个变量中的其中一个，如 x 的混沌数据，Packard 等人提出的问题是：能否只用这部分数据在相同的相空间中恢复或者重构出图 3-30 中的吸引子？在他们的研究中，不仅给出了肯定的答案，还给出了具体的方法，这个方法就是相空间重构。

以上内容显示出了相空间重构的基本思想，用部分信息推演出整体信息。不少现实中的系统都存在类似问题。以股票市场为例，影响一只股票价格的因素非常多，很多因素的数据我们是无法得到的，类似于 Packard 等人研究中 Lorenz 系统的 y 变量和 z 变量数据无法得到。我们比较容易得到的只有股票的价格数据，好比以上 Lorenz 系统只能得到 x 变量的数据。那么，我们能不能只根据股票的价格信息，重构出包括价格、影响因素等整个系统的信息，从而有利于预测工作呢？这显然是非常值得尝试的新方法。

从本质上讲，相空间重构是一种对时间序列数据的预处理方法，它能够给出对时间序列数据的分组方案。分组之后，每一组对应着相空间中的一点，就像 $\{x, y, z\}$ 对应着三维空间中的一点异样。但是这种方法自身却不能独立地处理数据，在对数据分组后必须和其他处理数据的方法（如拟合）结合起来，才能完成对数据的预测。Packard 等人虽然提出了这一方法的思想，但给出方法的操作性还不足。后来经过 Grassberger 和 Procaccia 提出 G-P 算法的完善，相空间重构的时间坐标延迟法才被广泛应用。当然，时至今日，有了更多的相空间重构方法，但在这里，我们仍然选择经典的时间坐标延迟法来讲述。

（二）时间坐标延迟法

我们用能够获得的时间序列数据 $\{x(t)\}$ 来重构相空间，经典的方法是时间坐标延迟法。具体来讲，对于相空间中的一个 m 维的点 $X(t)$，就是用 $x(t)$ 作为它的第一个坐标，$x(t+\tau)$ 作为第二个坐标，直至 $x(t+(m-1)\tau)$ 作为第 m 个坐标。随之而来的问题是，怎么确定时间延迟 τ 和嵌入维 m 呢？我们可以用去偏自相关法来确定 τ，用 G-P 算法来确定 m。能够得到点 $X(t)$，就可以用相同的方法得到其他点，从而就能够实现重构的目的了。

1. 去偏自相关法

我们可以用去偏自相关法来计算时间延迟 τ。对于一组时间序列数据 $\{x(t)\}=\{x_1,\ x_2,\ \cdots,\ x_n\}$，它的去偏自相关函数包含有时间延迟 τ，即

$$R(\tau)=\frac{1}{n}\sum_{i=1}^{N-\tau}(x_i-\bar{x})(x_{i+\tau}-\bar{x})$$

确定时间延迟 τ 的原则是，当上式中的 $R(\tau)=(1-\frac{1}{e})R(0)$ 时，对应的 τ 就是用于重构相空间的最佳时间延迟。

2. G-P 算法

Grassberger 和 Procaccia 于 1983 年提出 G-P 算法[①]，除了阐明一些理论问题外，还用于给出确定嵌入维 m 的方法。基于逐步试探的思路，计算的主要步骤如下：

（1）先确定一个比较小的嵌入维 m_0，如 $m_0=2$，于是就可以确定出：

$X(t_i)=[x(t_i),\ x(t_i+\tau),\ x(t_i+2\tau,\ \cdots,\ x(t_i+(m-1)\tau))]$

其中 $i=1,\ 2\cdots$。

（2）针对 m_0，计算关联积分

$$I(r)=\lim_{N\to\infty}\frac{1}{n^2}\sum_{i,\ j=1}^{n}\theta(r-|X(t_i)-X(t_j)|)$$

其中，$\theta(y)=\begin{cases}0,\ y\geqslant 0\\1,\ y<0\end{cases}$。$|X(t_i)-X(t_j)|$ 表示重构的相空间中两点 $X(t_i)$ 和 $X(t_j)$ 的距离。关联积分 $I(r)$ 的含义是相空间中两点之间距离小于 r 的概率。

（3）结合所研究的问题，确定一个合适的关联积分 $I(r)$ 的球半径 r。由于 $I(r)$ 和 r 之间通常是幂函数关系，因此在双对数坐标系中，$I(r)$ 和 r 会呈现出线性关系，曲线的斜率 $k(m_0)=\dfrac{\ln[I(r)]}{\ln(r)}$。

（4）增加嵌入维数至 m_1，重复以上步骤（2）和步骤（3），计算出 $k(m_1)$。如果 $k(m_1)>k(m_0)$，则继续重复以上步骤（2）和步骤（3）计算新的嵌入维所对应的双对数坐标下关联积分曲线的斜率，直到嵌入维 m_k，满足关系 $k(m_k)=k(m_{k-1})$，即这个嵌入维 m_k 对应的斜率与上一个嵌入维 m_{k-1} 的斜率相等。在实际操作中，在一定的精度下大致相等即可。

以上就是 G-P 算法的主要内容。这里还有一个问题，那就是如果一直没有出现以上的停止条件 $k(m_k)=k(m_{k-1})$ 该怎么办？实际上，出现这种斜率 k 不收敛于一个

---

① P GRASSBERGER, I PROCACCIA. Measuring the strangeness of strange attractors [J]. Physica D, 1983, 9 (1-2): 189-208.

稳定值的情况，只能说明数据的随机性太强，不是混沌性质的，不能在有限维的相空间中重构。

第三节　小波方法

在当前较为前沿的时间序列数据处理方法之中，小波方法是比较独特的一种。因为这种方法主要是通过对数据进行分解，获得构成总体的“成分”，以此为依据而进行工作的。本部分介绍小波方法的基本原理。

一、原理

小波方法是近年来数据科学与工程领域一个非常重要的方法。虽然如此，小波方法的诞生地却不在这里。它产生于数学变换领域，与 Fourier 变换有着非常紧密的关系，是为了解决 Fourier 变换的一些局限性而提出的，因此它的工作原理与 Fourier 变换类似，都可以对复杂的现象做出清晰的分解，把组成复杂现象的各种成分解构出来，从而以化整为零的方式实现人类对复杂问题的深入研究和认识。这实际是还原论（reductionsim）思潮的延续。尽管还原论方法近年来饱受诟病，但人类近代科学史的发展说明它仍然是一种非常有效的方法。为了使读者有更好的理解，这里从读者更为熟悉的 Fourier 变换讲起。

（一）Fourier 变换

在高等数学的级数理论部分，我们都学过 Taylor 级数和 Fourier 级数。它们的实质是一样的，都可以把任意一个符合条件的函数通过对幂函数或者三角函数线性组合表示出来，Fourier 级数如式（3-2）所示。

$$f(x) = \frac{a_0}{2} + \sum_{n=1}^{\infty}\left[a_n\cos(nx) + b_n\sin(nx)\right] \tag{3-2}$$

在大学数学的另外一门主要课程——线性代数中，有着基和线性空间的概念，用这些概念做类比更容易理解以上 Fourier 级数的实质。线性代数告诉我们，n 维线性空间中的任意一个向量都可以由基的线性组合得到。如果做一个未必很严格的类比，这里的幂函数或者三角函数就是“基”，通过把它们线性组合，自然可以表示出“函数空间”里的任意一个函数。

换一个角度，我们还可以用光的分解做类比，可能更为直观。光学理论指出，可见光是由不同频率的单色光组成的。通过一些光学设备（如三棱镜），可见光可以被分解，各种成分的单色光也可以清晰地显现出来。时间序列数据与可见光的情形是类似的，也可以被分解。图 3-29 就是时间序列数据（时域图）及使用 Fourier 变换得到的频域图[①]。

① 本书提及的“频域图”和“频谱图”是同一个图。“频域图”这种说法强调横轴是频率，而“频谱图”这种说法则是强调图中的曲线沿着横轴（频率）从左到右从频率的角度说是形成了一个谱的，就像赤、橙、黄、绿、青、蓝、紫按频率从小到大形成光谱一样。因此，本书中同时出现了“频域图”和“频谱图”两种说法。

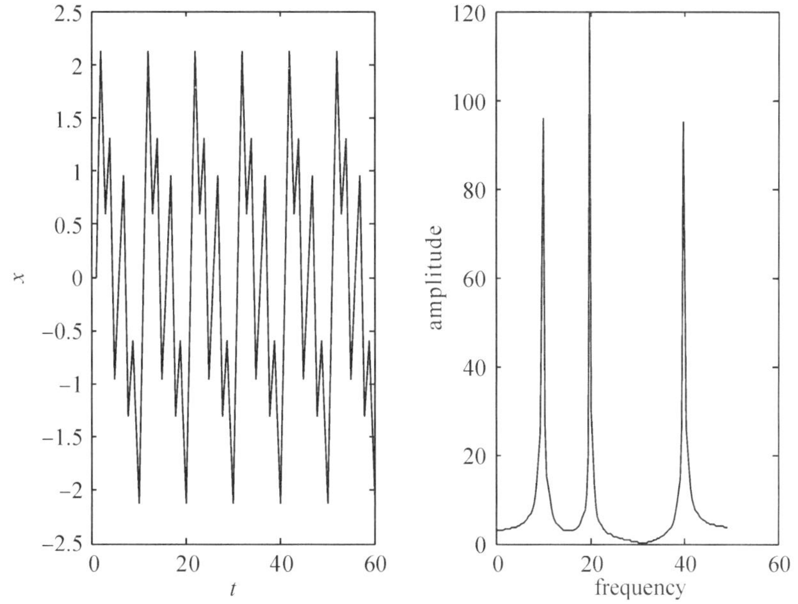

注：amplitude 表示幅度，frequency 表示频率；下同。

图 3-29　时域图和频域图

图 3 - 29 中，左边是由表达式 $x(t) = \sin(2\pi \cdot 10 \cdot t) + \sin(2\pi \cdot 20 \cdot t) + \sin(2\pi \cdot 40 \cdot t)$ 产生的时间序列数据，是时域图；右边是经过 *Fourier* 分解后产生的频域图。从表达式 $x(t) = \sin(2\pi \cdot 10 \cdot t) + \sin(2\pi \cdot 20 \cdot t) + \sin(2\pi \cdot 40 \cdot t)$ 可以看出，数据中包含的三种频率成分分别是 10、20 和 40，在右边的图中对此有清晰的展示。

Fourier 变换是从 Fourier 级数基础上发展出来的一种积分变换①。Fourier 变换的公式如下：

$$F(\omega) = \int_{-\infty}^{\infty} f(x)\, e^{j\omega x} \mathrm{d}x \tag{3-3}$$

$$f(x) = \frac{1}{2\pi} \int_{-\infty}^{\infty} F(\omega)\, e^{-j\omega x} \mathrm{d}\omega \tag{3-4}$$

其中，$f(x)$ 表示原函数，$F(\omega)$ 表示象函数（经过 Fourier 变换得到的函数），ω 表示频率，j 表示纯虚数。同 Fourier 级数的作用类似，它能够把时间序列数据的频率构成情况在频域图形中展示出来。图 3-30（a）就是一组时间序列数据，而图 3-30（b）就是在频域对这组数据频率成分的分析，即频谱图。

① 有兴趣的读者可以参考南京工学院数学教研组于 1978 年在高等教育出版社出版的《积分变换》。

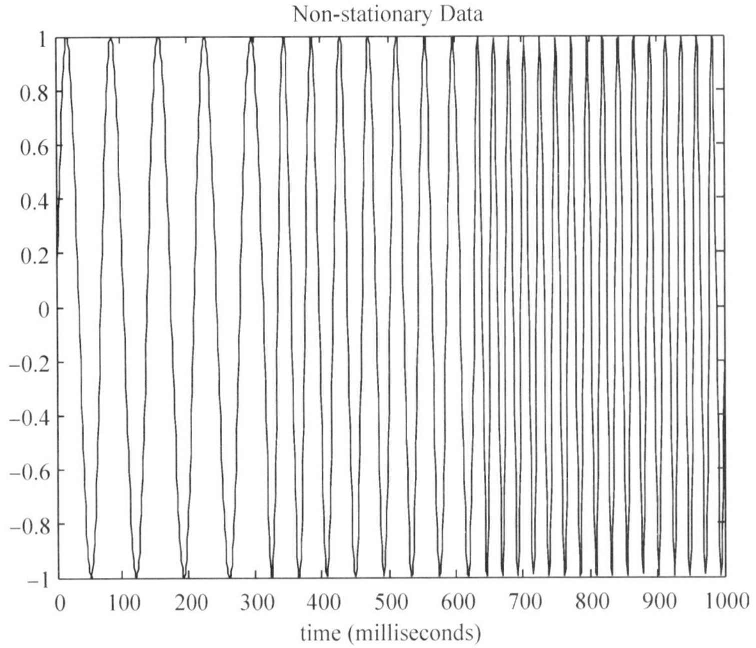

（a） 时间序列数据

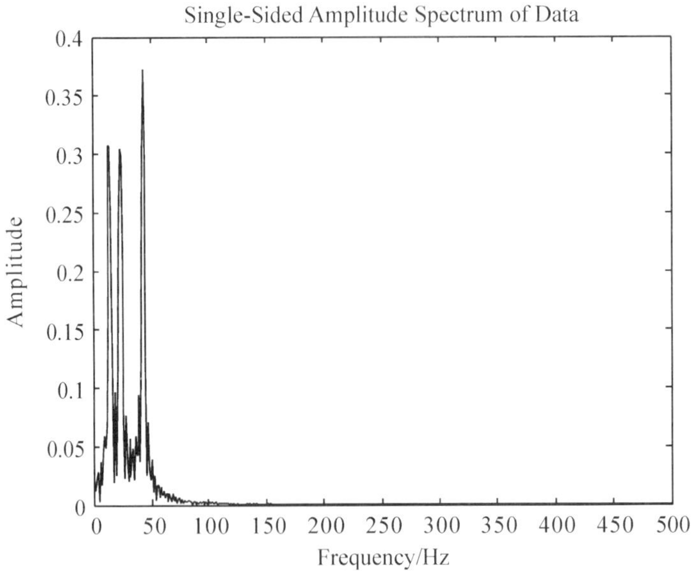

（b） 频谱图

注：Non-stationary Data 表示非平稳数据，Single-Sided Amplitude Spectrum of Data 表示数据的单边幅度谱；下同。

图 3-30 时间序列数据和频谱图 1

Fourier 变换是分析数据、考察数据在频域的内部结构的有力工具，尤其是对于固有属性变化不多的时间序列数据，使用的效果是比较好的。但是，这种方法也有比较明显的缺点，那就是在频域图中不能包含时间信息，无法获悉数据中每个频率成分出现的时间。如果遇到包含较多变化因素的时间序列，这个问题就显得更为明显，因为有可能出现时域上相差很大的两组数据，频谱图却一样的情况。图 3-30（a）和图 3-31（a）对应的数据都是由频率随时间变化的三角函数生成的。从图形来看，这明显是两组不同的时间序列数据。虽然两组数据不同，但它们包含的频率成分基本是一样的，这一点从它们对应的频域分析图 3-30（b）和 3-30（b）可以显现出来。然而图 3-30（b）和 3-31（b）非常相似，从频谱上是无法区分这两组数据的。可见，Fourier 变换只能获取数据包含有哪些频率的成分的信息，但是对各成分出现的时间却一无所知，这是此方法的缺点所在。尽管后来有了为克服这个困难而出现的加窗 Fourier 变换①，但又出现了新问题：到底应该采用多宽的窗函数呢？可见加窗 Fourier 变换也是有缺点的。

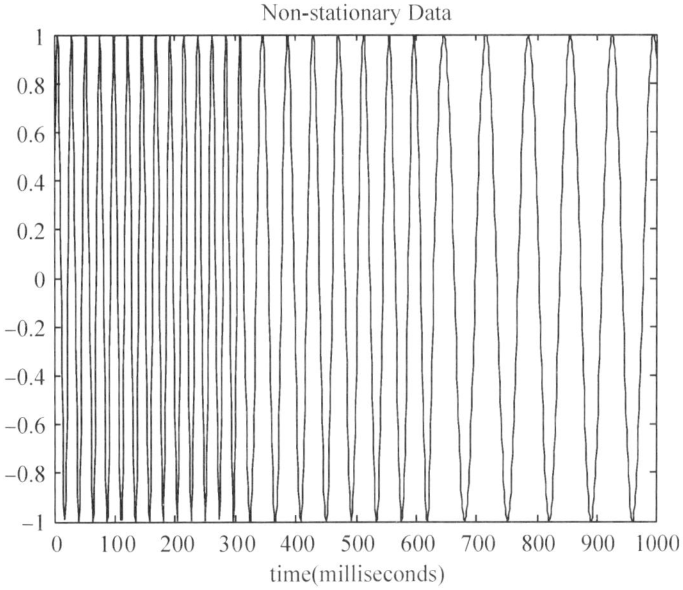

（a）　时间序列数据

---

① 即把整个时间轴分解成多个等长的小区间，可以认为在每个小区间内数据的演化情况近似一致，然后在每个小区间内部实施 Fourier 变换，这样就知道在哪个时间出现了什么频率了。

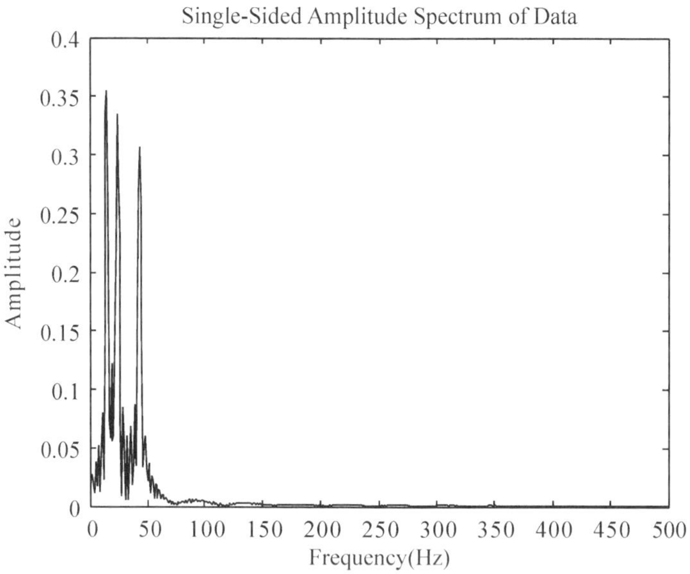

(b) 频谱图

图 3-31 时间序列数据和频谱图 2

（二）小波方法

正是因为存在以上诸多困难，小波方法应运而生了。小波变换和 Fourier 变换的思路是一致的，只是所采用的基不一样。Fourier 变换采用的基是正弦函数和余弦函数，它们在（-∞，+∞）整个区间上持续振荡，不会衰减，因此被认为是“大波”；而小波变换所采用的基，通常会在一个有限的区间［a，b］上迅速衰减为 0，相关理论称其为“小波”（wavelet）。换了基以后，我们不仅能够获取频率信息，还可以定位时间，解决了 Fourier 变换无法包含时间信息的问题。小波变换的公式是：

$$W(a,\ \tau) = \frac{1}{\sqrt{a}}\int_{-\infty}^{\infty} f(t)\ \psi(\frac{t-\tau}{a})\,\mathrm{d}t$$

其中，$f(t)$ 是原函数，$W(a,\ \tau)$ 是变换后的函数。从上式可以看出，不同于 Fourier 变换变量只有频率 ω，小波变换有两个变量：尺度（scale）a 和平移量（translation）τ。其中，尺度 a 是控制小波函数伸缩的参数，平移量 τ 是控制小波函数平移的参数。如果与 Fourier 变换做类比，尺度可以理解为频率（反比），平移量 τ 可以理解为时间。

由于 $\psi(\frac{t-\tau}{a})$ 可以取不同形式，因此存在多种小波变换，常见的小波包括 Marr 小波、Morlet 小波和 Daubechies 小波。

1. Marr 小波

由于在时域的函数图形像墨西哥草帽，Marr 小波也被称为“墨西哥帽小波”。它的时域表达式为 $\psi(t) = (1 - t^2)\ e^{-\frac{t^2}{2}}$，它是 Gauss 函数二阶导数的相反数；频域表达式为 $\varphi(\omega) = \sqrt{2\pi}\ \omega^2\ e^{-\frac{\omega^2}{2}}$。

2. Morlet 小波

Morlet 小波是用 Gauss 函数构造出的一种小波，它的时域表达式为 $\psi(t) = e^{-\frac{t^2}{2}} e^{i\omega_0 t}$，频域表达式为 $\varphi(\omega) = \sqrt{2\pi}\, e^{\frac{(\omega-\omega_0)^2}{2}}$。

3. Daubechies 小波系

Daubechies 小波系不像以上两类小波，它没有明确的解析表达式，是一系列二进制小波的总称。它的函数曲线有着非对称性的特点。在 Matlab 中记为 dbN，N 为小波的序号，N 可以取 2，3，…，10。

在 Matlab 中，使用小波方法分析数据的命令都集中在 Wavelet Toolbox 中。以下的实例就是讲述怎样运用小波方法分析时间序列数据。

二、实例：沪深 300 指数

有证券市场就有指数。1991 年上证、深证综合指数诞生，1992 年上证 A 股、B 股指数陆续推出，后来陆陆续续又有一些指数被推出，中国证券市场指数体系建设逐步在完善。但是这些指数都是沪深两市各自的指数，国内逐步升级的投资者迫切需要一些同时覆盖沪深两市的指数产品。在这样的背景下，沪深两地证券交易所于 2005 年 4 月 8 日联合发布沪深 300 指数。该指数样本选自沪深两个证券市场，覆盖了大部分流通市值，为指数化投资和指数衍生产品创新提供基础条件。

以沪深 300 指数为数据集，本实例运用小波分析的 dbN 模型对收益率建模、分解、去噪、重构及多分辨率分析。由于小波分析主要的作用是对数据做出预处理，还不是一种独立的预测方法，因此我们结合 ARMA 模型做了预测。

（一）数据集

本实例的计算对象是沪深 300 指数。我们选取从 2012 年 7 月 2 日至 2014 年 7 月 14 日 448 个沪深 300 指数的日收盘价数据作为样本，数据来源于 CSMAR 系列研究数据库。其中，我们抽取了 2012 年 7 月 2 日至 2014 年 6 月 30 日的 438 个数据用于构建模型，还抽取了 2014 年 7 月 1 日至 2014 年 7 月 14 日的 10 个数据用于检验模型的预测能力。

由于原始数据集有着较强的非平稳性，本实例按惯例对数据集进行预处理，计算其对数收益率，得到等价的数据集。我们令第 t 日的沪深 300 指数为 P_t，则第 t 日的对数收益率为 $R = \ln(P_t) - \ln(P_{t-1})$。沪深 300 指数的基本统计特征如表 3-1 所示。

表 3-1　沪深 300 指数的基本统计特征

均值	标准差	偏度	峰度	JB 统计量
-0.000 3	0.012 8	-0.002 6	5.706 2	133.651 6

从表 3-1 可以看出，收益率序列的偏度小于 0，峰度大于 3，JB 统计量显著，故收益率序列不服从正态分布，呈现出尖峰厚尾的特征，初步判断存在 ARCH 效应。

（二）小波分析—预测

在进行小波分解前，我们需要确定所用的小波基函数和分解层数。小波基函数的选择直接影响时间序列处理效果的好坏以及信号特征提取的成功与失败，进而影响其分析结果。在小波分析当中，如何选取最佳的小波基函数还没有固定的准则。由于金融时间序列常表现出非线性和非平稳性的特征，因此我们通常会选择 Daubechies 系列（dbN）小波作为小波基函数。

dbN 系列小波拥有可以使得有限长度的数据进行正交小波分解和重构的特性，所以对金融时间序列进行小波分析主要用 db2、db3、db5 小波（综合考虑各种 db 小波的性能做出选择）进行分解。小波分解层数一般不超过 3 层，否则会造成重构偏差较大。本实例为了用小波分解，将造成股票不同波动频率的因素尽量区分开，选择了 1~3 层分解。

多尺度变换将信号分解到各频率的不同的通道上。股价信号经过多层分解后其低频部分为信号的趋势部分。随着尺度的增加和时间分辨率的降低，信号的发展趋势会更加明显。尺度分解的低频部分随着分解层次的增加，所包含的高频信息逐渐减少。进一步分解，则取出更高频率的信息，剩下信号的发展趋势。由于股市波动较大，因此我们需要较大尺度分解以去掉高频信息。我们用 db5 函数分别进行 1 层分解和 3 层分解（见图 3-32 和图 3-33）。从图 3-32 和图 3-33 中可以看出，随着尺度的增加，高频信息点波动越来越清晰，低频信息所包含的高频信息越来越少，趋势越来越明显。

当我们选用 db5 基函数且分解层数为 1 层时，得到的近似和细节如图 3-32 所示。从图 3-32 中可以看出，低频分量基本与原序列走势一样，但与原序列相比，其在小区间内的波动性显著变小了。

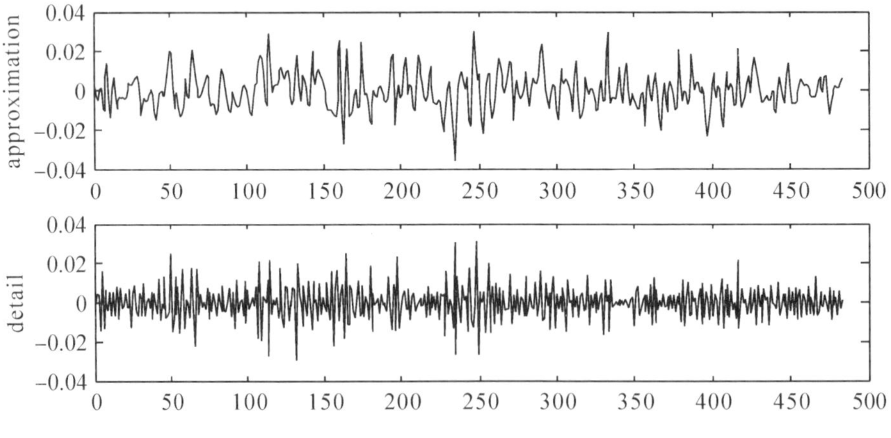

注：approximation 表示近似，detail 表示细节；下同。

图 3-32　db5 函数 1 层分解的近似及细节

当我们选用 db5 基函数且分解层数为 3 层时，得到的近似和细节如图 3-33 所示。

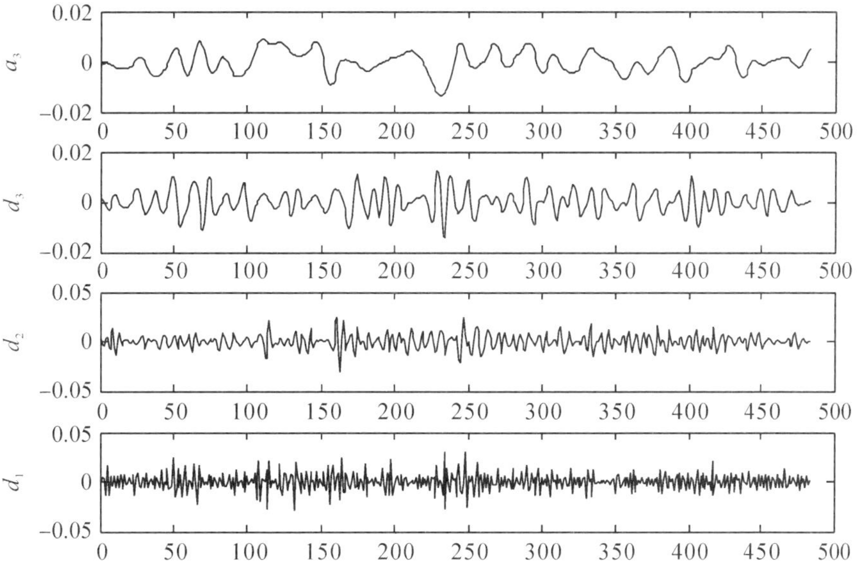

图 3-33　db5 函数 3 层分解

通过比较不同分解的误差状况（见表 3-2），本实例选择利用 db5 函数进行三级分解。

表 3-2　分解误差

db5 函数	1 级	2 级	3 级
db1	1. 040 8e-017	0. 239 4e-017	0. 939 2e-017
db2	1. 387 8e-017	8. 207 3e-017	4. 503 9e-017
db3	2. 081 7e-017	2. 894 3e-017	4. 839 4e-017
db4	2. 081 7e-017	9. 483 4e-017	9. 056 3e-017
db5	1. 067 4e-017	3. 363 4e-018	2. 134 3e-018

接下来，我们对沪深 300 指数进行不同阈值下的去噪处理。我们先对小波进行分解，在对其分解后的各层系数中大于或小于某一阈值的小波系数进行处理，然后利用处理后的小波系数重构原始信号，从而达到去噪目的。

经小波分解后，信号的小波系数幅值要大于噪声的系数幅值，因此我们用阈值的方法可以把信号系数保留，让大部分的噪声系数减少。总体上讲，我们可以获得更加精确的信息。同时，由多分辨率分析理论可知，高层分解的小波系数对应的是高频部分，因此分阶层数越多，去掉的高频成分越多，去噪效果越明显，但失真程度也越大。

由于本实例的研究目的在于部分去除白噪声的干扰，因此我们选择 3 层分解。分解后，我们对细节信号（d1、d2、d3）进行去噪处理，最后将处理后的信号与 a3 一起进行重构（见图 3-34）。

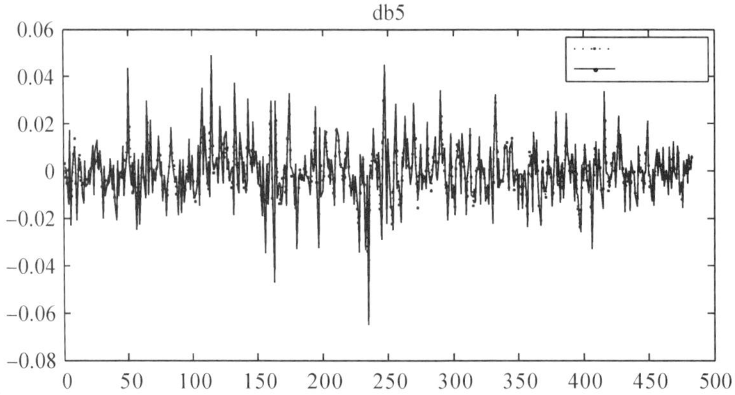

图 3-34　沪深 300 指数收益率小波重构

我们通过分解、去噪与重构小波分析，使数据变得更为平稳。

以上分析表明，小波分析具有提高数据的规律性作用。为了能够预测，我们需要将以上小波分析手段和某种预测方法结合。这里，我们选择 ARMA 作为预测模型。我们用 ARMA 模型进行预测，需要先对数据进行平稳性检验。结果发现，经过小波重构后的数据是平稳的（见表 3-3）。

表 3-3　重构序列平稳性检验

ADF test statistic	-5. 563 652	1% level	-2. 569 945
		5% level	-1. 941 506
		10% level	-1. 616 242

为了判断究竟应使用 AR 模型还是 MA 模型，我们计算了数据的自相关与偏自相关系数，结果见图 3-35 和图 3-36。

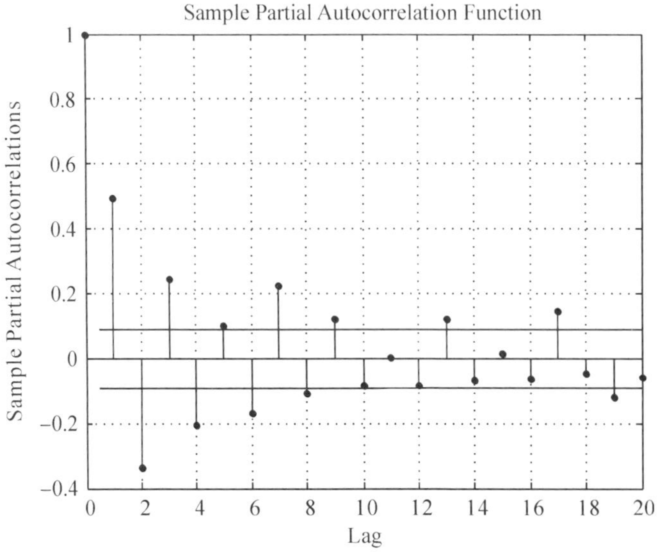

图 3-35　小波重构的数据的 PACF

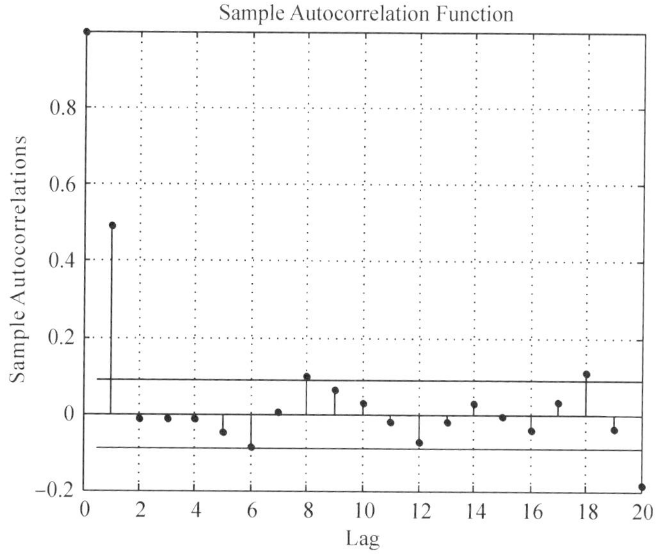

图 3-36　小波重构的数据的 ACF

从图 3-35 和图 3-36 可以看出，ACF 是一阶截尾的，PACF 是拖尾的。因此，我们选用 MA（1）模型。沪深 300 指数预测效果见图 3-37。

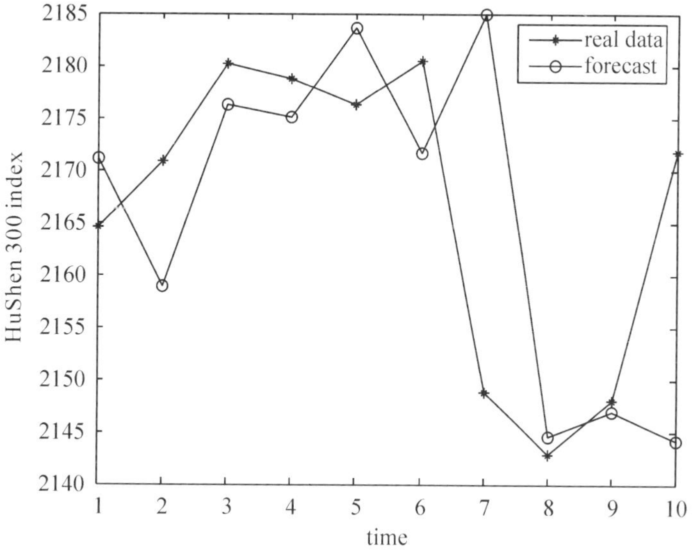

图 3-37　沪深 300 指数预测效果

从图 3-37 可以看出，预测效果与真实情况存在一定偏差。但值得注意的是，通过结合小波分析的模型，可以反映出股票市场的大幅度波动，这一点在其他预测模型中是一个可贵的特性，是非常有意义的。

由于我们的能力与精力有限，读者可以尝试选择更多的小波基函数进行探索。

第四章
期权定价的连续模型

本书第二部分包含第四章、第五章和第六章，主要讲述现代金融学中非常重要的一部分——期权定价理论，其代表是 Black-Scholes 模型和二项式模型。从数学中“连续”和“离散”概念的视角来看，Black-Scholes 模型是连续的，而二项式模型是离散的。Black-Scholes 期权定价方程是现代金融学的基石之一，鉴于其重要性，本书设置两章对其进行讲述。虽然本书冠以“计算”之名，但是 Black-Scholes 方程是理论基石，不弄懂其原理就无法奢谈计算，因此第四章讲述该方程的推导和解析求解技巧；而多数 Black-Scholes 方程无法求得解析解，必须求助于数值计算方法，第五章就对这方面的主要方法进行讲述。此外，二项式模型方法是操作比较简便的一种近似定价方法，第六章对这种方法进行介绍。

第一节　基础知识

Black-Scholes 期权定价理论的建立是以现代随机数学的诸项概念、方法、模型为基础的。因此，本书有必要先向读者简要介绍期权本身的业务特点以及与其关系最为紧密的数学基础知识，这样有利于对该理论的理解。

一、期权和期权定价

期权（options）是一种重要的衍生证券（derivative securities）。衍生证券主要是指它的价格不是独立的，要依赖于其标的资产（underlying assets）价格的变动。期权是在期货（futures）的基础上发展而成的，相比期货加入了“选择”的权利。

这里举一个例子来说明期权。A 想在 3 个月后从 B 处以 50 元的价格买入 1 000 股股票，如果 A 和 B 达成协议、签订合约，那么这份合约就是期货合约。但是如果 A 在想买入的同时又担心 3 个月后该股票价格下跌到不足 50 元，对签订以上的期货合约有顾虑，那么有没有在保证 A 可以在 3 个月后从 B 处以 50 元的价格买入 1 000 股股票，同时又可以兼顾 A 担心股价下跌遭受损失的金融产品呢？答案是肯定的，那就是期权。如果 A 和 B 之间订立了针对上述情况的期权合约，那么 A 除了拥有上述在指定时间和指定价格购买指定数量股票的权利外，如果出现在执行合同的时候股票价格下跌小于 50 元的情况，A 可以做出不执行这份合同（就是不买股票了）

的决定，B 则无权强制 A 购买。

在以上例子的基础上，我们可以给出有关期权的一些重要概念。A 和 B 之间买卖的股票就是“标的资产”（underlying assets），又称“基础资产”，他们之间订立的合约就是股票期权（合约）。值得注意的是，除了可以选择股票作为标的资产，指数、信用甚至天气都可以作为标的资产。A 在合约中是买方，被称为多头（long position），而 B 作为卖方被称为空头（short position）。50 元是“执行价格”（exercise price 或者 strike price），3 个月后实施合约的时刻就是“到期日”（maturity date 或者 expiry date），又称“执行时间”。合约的内容是 A 从 B 处购买股票，因此被称为“看涨期权”（call options）；如果合约内容是 A 把股票卖给 B，就是看跌期权（put options）。如果这个期权必须在 3 个月到期时才能执行，那它就是欧式期权（european options）；在订立合约后、到期日前的任何时刻都可以执行，就是美式期权（american options）。

另外，以上例子给读者的印象应该是 A 占尽了所有好处：在到期日如果股票价格高于 50 元，他会执行期权合约，然后以市价卖出股票而获利；如果股票价格不足 50 元，他可以选择不执行合约。如果真是这样，任何一个理性人想必都不会和 A 发生交易了。B 在这种情况下仍然和 A 交易，是因为 B 可以从 A 那里得到期权金（premium）。换句话说，期权金就是 A 为了避免到期日股票价格低于 50 元而蒙受损失的风险所付出的代价。从这个角度来讲，期权金和保险业中的投保费很像。期权金应该是多少才能使 B 愿意和 A 签订期权合约呢？这就引出了期权定价（option pricing）问题。

买进看涨期权类型：

$$损益 = \begin{cases} S_t - U - L \quad S_t > L \\ -U \quad S_t \leqslant L \end{cases}$$

买进看涨期权损益见图 4-1。

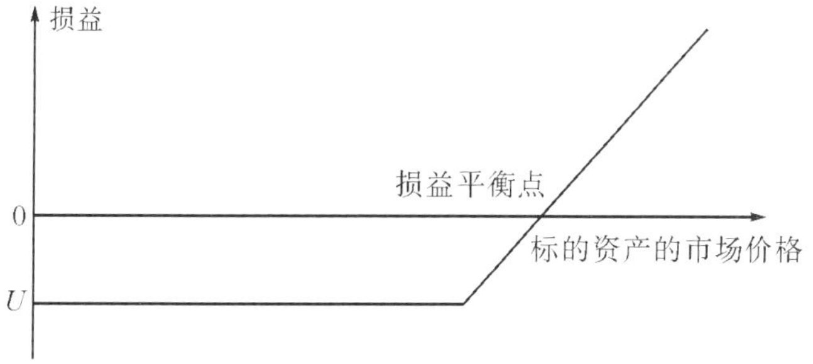

图 4-1　买进看涨期权损益

买进看跌期权类型：

$$损益 = \begin{cases} L - P - S_t \quad S_t < L \\ -P \quad S_t \geqslant L \end{cases}$$

买进看跌期权损益见图 4-2。

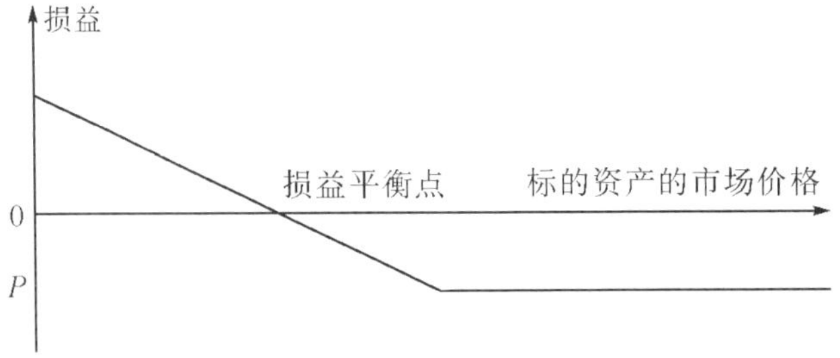

图 4-2　买进看跌期权损益

卖出看涨期权类型：

$$损益=\begin{cases} U & S_t < L \\ -S_t+L+U & S_t \geqslant L \end{cases}$$

卖出看涨期权损益见图 4-3。

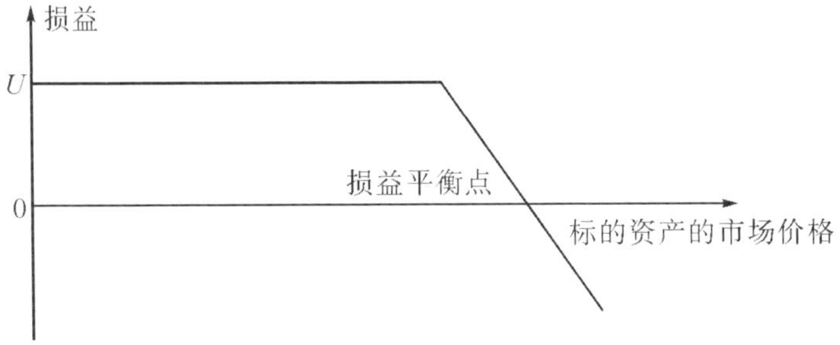

图 4-3　卖出看涨期权损益

卖出看跌期权类型：

$$损益=\begin{cases} S_t-L+P & S_t \leqslant L \\ P & S_t > L \end{cases}$$

卖出看跌期权损益见图 4-4。

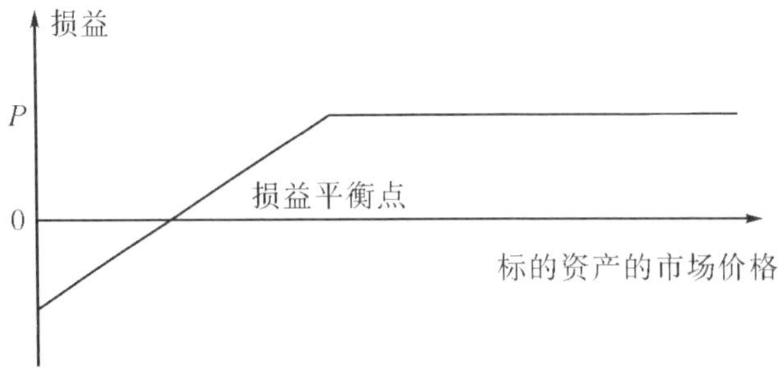

图 4-4　卖出看跌期权损益

在早期，人们通常是依靠经验对期权定价，可想而知这是非常不规范和不准确的。1969 年，Thorp 第一次提出了定价公式，并且用于实际交易；后来，经过 Black

和 Scholes 的再次验证，定价公式才被公之于众，相应的论文“The Pricing of Options and Corporate Liabilities”于 1973 年发表在经济学权威期刊 *Journal of Political Economy* 上①。

Thorp 在处理不确定性事件方面有着超人的能力，他曾试图找到战胜赌场庄家的方法，尤其是在 21 点方面，能够确定最优下注比例，借此横扫拉斯维加斯，成为赌场公敌；之后他又发现在认股权证/可转债与正股间套利的方法，自称早于 Black 和 Scholes 等人发明期权定价公式，但是诺贝尔奖的名单里却没有他，他表示并不遗憾：“他们得了诺贝尔奖，可我挣到钱了！”Thorp 最早将这个期权定价方法用于实战，寻找被高估或者低估的期权，成为最早一批成立现代意义上的对冲基金的金融家之一，赚了大钱。

而 Black 和 Scholes 则被认为是在学术上开创了现代期权定价理论。他们建立了期权定价的数学模型，将一个不确定的、以前需要依靠经验的衍生品定价问题转化为一个偏微分方程（Black-Scholes 方程）的求解问题，这是一个巨大的进步。事实上，几乎是在同时，Merton 也发现了同样的理论。之后，Merton 扩展了原模型的内涵，对理论进行了重要的完善，并且几乎包揽了所有，把这一理论应用到多个方面的工作。因此，Scholes 和 Merton 被授予 2017 年诺贝尔经济学奖（当时 Black 已经逝世，诺贝尔奖只颁发给在世的人）。

目前，期权定价理论已经成为金融学大厦的最为重要的基石之一。自 1973 年诞生以来，无论是学界还是业界，都持续在这方面投入了大量时间和精力，研究成果可以说是汗牛充栋。其中最为重要的问题之一，就是对 Black-Scholes 方程求解的研究。前文举的是欧式期权的例子，由于这种期权只能在到期日执行，因此边界条件是固定的，方程可以获得以数学表达式形式呈现出来的解析解（analytic solutions）。如果是美式期权，由于执行的时间不是固定的，因此边界条件变得复杂，很难求得解析解。无论欧式期权还是美式期权，执行价格都是在订立合约时就确定的，但是后来出现的期权的新品种——奇异期权则不是这样。以亚式期权（asian options）为例，它的执行价格是从订立合约的时间起至到期日止这一段时期内标的资产价格的平均值，而这个平均价格是多少不仅在订立合约时是无法确定的，而且还和标的资产的价格在这段时期内每天的取值有关系，因此这类期权被称为“路径依赖型期权”（path-dependent options）。欧式期权或者美式期权则是非路径依赖型的。路径依赖型期权的定价更为复杂，需要用到比较深奥的随机数学知识，甚至要用到量子力学、量子场论中的路径积分（path integral）方法。这就展现出一种特点和发展趋势，现代金融学和数学、物理学、计算机等越来越深入地融合在一起，使得金融学成为社会科学中“最像”自然科学的学科。

二、Brown 运动和伊藤引理

为了能够理解期权定价理论，熟知 Brown 运动及相关的数学知识特别是伊藤引

① F BLACK, M SCHOLES. The Pricing of Options and Corporate Liabilities [J]. Journal of Political Economy, 1973, 81: 59-637.

理是非常必要的。不仅如此，除了期权以外，很多新型衍生品的定价也是以其为理论起点的。

（一）Brown 运动

1827 年，时任大英博物馆植物部负责人的英国植物学家 Robert Brown 在显微镜下观察花粉粒子在水中的运动时，发现粒子在做不停歇、无规则的运动。由于当时能够对这一现象合理解释的理论还没有问世，Brown 等人在当时的著名期刊 Philosophy Magazine 上发表论文，认为发现了一种新的生命形式，引起了轰动。当然我们现在知道不是这样的。后来以爱因斯坦为代表的一批科学家的工作说明了粒子运动的真正原因和规律，同时称这种运动为 Brown 运动（brownian motion）。20 世纪 20 年代，美国科学家 Wiener 从随机过程的角度建立了严格的 Brown 运动的数学理论，因此 Brown 运动又称为“Wiener 过程”。

Brown 运动理论内容非常多，这里我们选择和本书内容相关性最紧密的讲述。

Brown 运动是一个随机过程，可以用 $z=z(t)$ 表示。一个标准 Brown 运动不同于其他随机过程的主要特征是：

$$\Delta z = \varepsilon \sqrt{\Delta t} \tag{4-1}$$

其中，$\Delta z = z(t+\Delta t) - z(t)$ 表示 Brown 运动增量，Δt 表示一个小的时间间隔长度，ε 表示从标准正态分布（均值为 0、方差为 1）的一个随机抽样。不难看出，当 $\Delta t \to 0$ 时，我们可以得到极限意义下、用微分表示的标准 Brown 运动增量：

$$\mathrm{d}z = \varepsilon \sqrt{\mathrm{d}t} \tag{4-2}$$

在标准 Brown 运动增量的基础上，结合漂移率（drift rate）和波动率（volatility）① 的概念，就可以给出一般 Brown 运动的模型及相关理论了。

我们先来看漂移率和扩散率。漂移率是指单位时间内变量 z 均值的变化量。扩散率是指单位时间的方差。标准 Brown 运动的漂移率为 0，扩散率为 1。如果令漂移率的平均值为 a，方差率的平均值为 b^2，就可以得到一般 Brown 运动的模型：

$$\mathrm{d}x = a\mathrm{d}t + b\mathrm{d}z \tag{4-3}$$

其中，x 是一般 Brown 运动，a 和 b 均为常数，z 是标准 Brown 运动，dz 是标准 Brown 运动增量。一般 Brown 运动更多的时候被称为“算术 Brown 运动”（algebraic brownian motion）。

式（4-3）指出算术 Brown 运动 x 增量的结构，右边第 1 项 adt 是确定性的，它意味着 x 的期望漂移率是每单位时间为 a；第 2 项 bdz 是随机性的，它表明外界对 x 的扰动，其强度是标准 Brown 运动的 b 倍。

Brown 运动有很多种，除了算术 Brown 运动式（4-3）外，还有若干其他类型，如股票价格服从的运动规律——几何 Brown 运动（geometric brown motion，GBM）。

（二）伊藤过程和伊藤引理

伊藤清（Kiyoshi Ito）是日本数学家，其因在随机数学方面的奠基性工作而获得了 1987 年的沃尔夫奖（Wolf Prite）。他开创了数学中随机分析的分支，被誉为揭示

① 波动率又叫“扩散率”（diffusion rate）或者“方差率”（variance rate），通常是指资产回报率的标准差。

了随机王国的牛顿定律。前文讲述的 Black-Scholes 理论就是在伊藤清工作的基础上建立的。伊藤引理是他最重要的成就之一。

伊藤过程（Ito Process）和伊藤引理（Ito Lemma）与 Brown 运动是紧密相关的。代数 Brown 运动式（4-3）中的漂移率和扩散率均为常数。可以对它们进行推广，把漂移率和扩散率当作变量 x 和时间 t 的函数，我们就可以得到 1951 年由伊藤清提出的伊藤过程，即

$$dx = a(x, t)dt + b(x, t)dz \tag{4-4}$$

其中，a 和 b 均是 x 和 t 的函数，z 是标准 Brown 运动，dz 是标准 Brown 运动增量。不难看出，代数 Brown 运动式（4-3）是伊藤过程的特殊形式。当 a 和 b 均为常数时，伊藤过程就可以回到 Brown 运动式（4-3）。

伊藤过程式（4-4）除了包含代数 Brown 运动以外，方程右边系数 $a(x, t)$ 和 $b(x, t)$ 取其他值时，也可以得到不同类型的 Brown 运动。比如，当 $a(x, t) = ax$ 和 $b(x, t) = bx$ 时，我们就可以得到前文讲过的几何 Brown 运动，即

$$dx = axdt + bxdz \tag{4-5}$$

其中，各个变量和系数的含义同上。

几何 Brown 运动在金融学中非常重要，因为人们通常用它来刻画股票价格的变化，是股票价格的数学模型。1900 年，法国人 Bachelier 在其博士论文中提出，股票价格的运动规律应该遵循算数 Brown 运动。但是到了 1965 年，Samuelson 等人指出，用几何 Brown 运动刻画股票价格的运动更为准确。目前，学术界尽管又出现了些许异议，但主流理论还是采用这个模型。由于本章主要是以股票期权作为例子，股票就是标的资产，在下一节推导 Black-Scholes 方程时几何 Brown 运动将发挥重要作用。

在伊藤过程式（4-4）的基础上，伊藤进一步研究出伊藤引理，也就是说，如果 G 是伊藤过程 x 和时间 t 的函数，即 $G = G(x, t)$，则函数 G 将遵循如下随机过程：

$$dG = (\frac{\partial G}{\partial x}a + \frac{\partial G}{\partial t} + \frac{1}{2}\frac{\partial^2 G}{\partial x^2}b^2)dt + \frac{\partial G}{\partial x}bdz \tag{4-6}$$

其中，z 是标准 Brown 运动，dz 是标准 Brown 运动增量。式（4-6）就是著名的伊藤引理。

值得注意的是，由于 $\frac{\partial G}{\partial x}a + \frac{\partial G}{\partial t} + \frac{1}{2}\frac{\partial^2 G}{\partial x^2}b^2$ 和 $\frac{\partial G}{\partial x}b$ 都是 x 和 t 的函数，因此函数 G 也是一个伊藤过程，它的漂移率为 $\frac{\partial G}{\partial x}a + \frac{\partial G}{\partial t} + \frac{1}{2}\frac{\partial^2 G}{\partial x^2}b^2$，扩散率为 $(\frac{\partial G}{\partial x})^2 b^2$。

在不是单纯追求数学上的严格性的前提下，为了加深读者对伊藤引理的理解，我们不妨从另外一个角度——高等数学中的全微分的角度来看这个问题。伊藤引理实际上回答了一个问题：如果一个二元函数 $G = G(x, t)$ 的自变量是随机性的，那么 G 的全微分会等于什么？

为了回答这个问题，我们先来看较为简单的情形，即如果 x 和 t 都是确定性变量，那么 G 的全微分是

$$dG = \frac{\partial G}{\partial x}\mathrm{d}x + \frac{\partial G}{\partial t}\mathrm{d}t \tag{4-7}$$

现在情况发生了变化，变量 x 不再是确定性的，那么此时 G 的全微分还是式（4-7）那样吗？伊藤引理回答了这个问题，答案是：不是原来那样的。在式（4-4）的基础上，我们将式（4-6）变换一下，可能情况会更清楚，即

$$\begin{aligned} dG &= \frac{\partial G}{\partial x}a(x,\ t)\ \mathrm{d}t + \frac{\partial G}{\partial x}b(x,\ t)\ \mathrm{d}z + \frac{\partial G}{\partial t}\mathrm{d}t + \frac{1}{2}\frac{\partial^2 G}{\partial x^2}b^2(x,\ t)\ \mathrm{d}t \\ &= \frac{\partial G}{\partial x}[a(x,\ t)\ \mathrm{d}t + b(x,\ t)\ \mathrm{d}z] + \frac{\partial G}{\partial t}\mathrm{d}t + \frac{1}{2}\frac{\partial^2 G}{\partial x^2}b^2(x,\ t)\ \mathrm{d}t \\ &= \frac{\partial G}{\partial x}\mathrm{d}x + \frac{\partial G}{\partial t}\mathrm{d}t + \frac{1}{2}\frac{\partial^2 G}{\partial x^2}b^2(x,\ t)\ \mathrm{d}t \end{aligned} \tag{4-8}$$

从式（4-8）不难看出，与确定性的情形式（4-7）相比，式（4-8）多出一项 $\frac{1}{2}\frac{\partial^2 G}{\partial x^2}b^2(x,\ t)\ \mathrm{d}t$，这是因为 x 由确定性变为随机性造成的。因此，我们可以视伊藤引理为带有一个随机自变量的二元函数的全微分公式。

另外，比较式（4-4）和式（4-5）可以看出，复合函数 G（在后文它将表示衍生证券价格）和变量 x（在后文它将表示标的资产价格）都受同一个不确定性来源 dz 的影响，这对于理解衍生品价格和对应标的资产价格的关系是很重要的。

第二节　Black-Scholes 方程

Black-Scholes 方程是用于金融衍生品定价的基本方程。在前面一节内容的基础上，我们就可以根据上述随机过程的有关知识推导著名的 Black-Scholes 方程和期权定价公式。当然，这里主要以股票期权为例。

一、Black-Scholes 方程的重要性

上一节中讲，Black-Scholes 方程是金融衍生品定价理论中最为重要的成果。由于标的资产价格是随机的，对应的衍生品的价格也是随机的。因此，人们早期对衍生品的定价主要依靠经验，经常不是很准确。Black-Scholes 方程的出现，使得衍生品定价这个随机性问题变成了一个求解偏微分方程（Black-Scholes 方程）的确定性问题。求解方程的问题虽然也比较复杂，但毕竟是一个确定性问题，相较于随机性问题还是好得多。更何况，我们还可以从数学、物理学、流体力学等学科得到大量的求解方程的经验。

除了上述一点外，Black-Scholes 方程对整个金融学科的发展也有着异乎寻常的意义。这个方程对金融学有多重要？从理论的角度来讲，它是现代金融理论的基石之一。它的出现使得金融学衍生品定价理论这一领域有了“基本方程”。基本方程对一门学科成为精密学科、融入人们通常观念之中的“科学”是非常重要的。如物

理学，它就有着由若干基本方程组成的理论体系：宏观、低速情形下的牛顿第二定律（$\vec{F}=m\vec{a}$）；微观情形下的Schrodinger方程；接近光速时的质能方程，等等。通常，一门学科有了基本方程后，往往才会被世人认为是一门“科学”。我们讲现代金融学是社会科学中的精密科学、“硬”科学，除了因为金融市场中有大量的可靠数据可以用于实证外，还有一个原因就是它拥有自己的基本方程——Black-Scholes方程。这个理论的发现甚至被称为金融学理论发展中的一次革命。

从实务的角度来讲，Black-Scholes方程的出现在一定程度上改变了交易中仅依靠经验的传统工作方法。这一点实际在前文被反复提到，但是用再多的篇幅也不过分。Black-Scholes方程将衍生品定价这个包含了随机因素的问题，转化成了一个偏微分方程求解的确定性问题，使得工作对经验的依赖减少而可重复性增强了。有一个例子可以部分说明业界对这个问题的重视。华尔街著名的量化分析华人专家孙健在他2007年出版的《金融衍生品定价模型》一书中回忆，他毕业后，在第一个录用他的公司的求职面试中，第一个问题就是关于Black-Scholes方程模型的推导。

另外，Black-Scholes理论的提出，客观上还为其他学科的发展开辟了新的方向。由于Black-Scholes方程本身是一个抛物型偏微分方程，这就刺激了数学中微分方程理论的研究，并且和随机分析一起，促成了应用数学的一个新的分支——金融数学的诞生。另外，由于Black-Scholes方程在形式上和物理学中的Schrodinger方程、Fokker-Planck方程非常像，可以把之前研究Schrodinger方程、Fokker-Planck方程的技巧、方法、经验用于研究Black-Scholes方程，以期获得新的发现。因此，Black-Scholes方程也就成了促进“经济物理学”（Econophysics,）[①] 这门新的物理学分支产生的部分原因。

二、Black-Scholes方程的建立

和其他建模过程一样，Black-Scholes方程的建立的前提，是以下几条作为主要的假设条件：

一是标的资产（如股票）的价格S服从几何Brown运动

$$dS=\mu S dt+\sigma S dz \tag{4-9}$$

其中，μ和σ分别为漂移率和波动率，dz为Wienner过程增量。

二是没有交易费用和税收；在期权合约中衍生品有效期内，标的资产没有现金收益。

三是标的资产的价格不会出现跳跃，以数学的角度来讲是连续的而非离散的。

以前文的假设为出发点，Black-Scholes方程的推导过程如下：根据式（4-9），在一个小的时间间隔Δt中，标的资产价格S的变化值ΔS为

$$\Delta S=\mu S\Delta t+\sigma S\Delta z \tag{4-10}$$

设f是代表期权价格，则f是依赖于S和时间t的函数，根据伊藤引理可得

$$df=\left(\frac{\partial f}{\partial S}\mu S+\frac{\partial f}{\partial t}+\frac{1}{2}\frac{\partial^2 f}{\partial S^2}\sigma^2 S^2\right)dt+\frac{\partial f}{\partial S}\sigma S dz \tag{4-11}$$

① 也有文献将其翻译为“金融物理学”。

那么在一个小的时间间隔 Δt 中，期权价格 f 的变化值 Δf 为

$$\Delta f = (\frac{\partial f}{\partial S}\mu S + \frac{\partial f}{\partial t} + \frac{1}{2}\frac{\partial^2 f}{\partial S^2}\sigma^2 S^2)\Delta t + \frac{\partial f}{\partial S}\sigma S\Delta z \tag{4-12}$$

由式（4-9）和式（4-11）可以看出，期权价格 f 和标的资产价格 S 都受同一种不确定性（dz）影响，若匹配适当的话，这种不确定性就可以相互抵消。我们通过选择适当数量的期权和标的资产构成组合，就可以消除不确定性。在 Black 和 Scholes 的经典研究中，他们建立了一个包括一单位衍生股票（作为标的资产）空头和 $\Delta = \frac{\partial f}{\partial S}$ 单位标的证券多头的组合。实际上，这就是一种套期保值（hedging）的交易策略。令 Π 代表该投资组合的价值，则

$$\Pi = -f + \frac{\partial f}{\partial S}S \tag{4-13}$$

在 Δt 时间后，该投资组合的价值变化 $\Delta\Pi$ 为

$$\Delta\Pi = -\Delta f + \frac{\partial f}{\partial S}\Delta S \tag{4-14}$$

将式（4-10）和式（4-12）代入式（4-14），可得

$$\Delta\Pi = (-\frac{\partial f}{\partial t} - \frac{1}{2}\frac{\partial^2 f}{\partial S^2}\sigma^2 S^2)\Delta t \tag{4-15}$$

由于式（4-15）中不含有 Δz，说明在 Δt 时间后，该投资组合 Π 的变化不含不确定因素，即不含风险。因此，Π 的变化值（或者说收益）可以被认为等于无风险资产（如债券）在经历 Δt 时间后的收益，它在 Δt 时间内的收益率一定等于无风险利率 r。或者说，投资组合 Π 能够被适当的无风险资产"复制"（replicating）。这个概念的提出，是 Black 和 Scholes 的主要贡献之一。资产能否被复制，也成为判断金融市场完全性（complete）[①] 的标准。后来，它成了推动金融工程、金融数学等学科发展的核心思想之一。根据以上分析，有

$$\Delta\Pi = r\Pi\Delta t \tag{4-16}$$

式（4-16）的背后还有一个"无套利定价原理"（Non-Arbitrage Pricing Principle），是指在这个市场上，期权和股票的组合与无风险债券这两类金融资产之间不存在套利机会，因此两类资产的收益才相等。

把式（4-13）和式（4-15）代入式（4-16）得

$$(\frac{\partial f}{\partial t} + \frac{1}{2}\frac{\partial^2 f}{\partial S^2}\sigma^2 S^2)\Delta t = r(f - \frac{\partial f}{\partial S}S)\Delta t$$

化简为

$$\frac{\partial f}{\partial t} + rS\frac{\partial f}{\partial S} + \frac{1}{2}\sigma^2 S^2\frac{\partial^2 f}{\partial S^2} = rf \tag{4-17}$$

这样就得到了著名的 Black-Scholes 方程。

① 也有文献将其翻译为"完备性"。

应该注意的是，当 S 和 t 变化时，$\frac{\partial f}{\partial S}$ 的值也会变化，因此上述投资组合的价值并不是永远无风险的，它只是在一个很短的时间间隔 Δt 中才是无风险的，式（4-17）才能成立。在一个较长时间中，要保持该投资组合无风险，我们就必须根据 $\frac{\partial f}{\partial S}$ 的变化而相应调整标的证券的数量，这被称为“动态复制策略”。当然，推导 Black-Scholes 微分方程并不要求调整标的证券的数量，因为它只关心 Δt 中的变化。

第三节　Black-Scholes 方程的解析求解

在建立了 Black-Scholes 方程之后，我们还需要获得它的解，才能完成期权的定价工作。偏微分方程的求解比较复杂，我们需要搞清楚待解方程的类型和结构，这也有助于读者加深对这个方程的理解。

一、偏微分方程的类型

因为 Black-Scholes 方程是一个偏微分方程（partial differential equations），所以我们有必要向读者介绍偏微分方程方面的一些基础的数学知识，为之后的求解工作做准备。

在一个偏微分方程中，偏导数的最高阶数就是该方程的阶数。因此，Black-Scholes 方程是一个二阶偏微分方程。而如果方程中待求函数的幂次都是 1 次，那么称这个方程是线性的。一个二阶线性偏微分方程的一般形式是

$$a_{11}\frac{\partial^2 u}{\partial x^2}+2a_{12}\frac{\partial^2 u}{\partial x\partial y}+a_{22}\frac{\partial^2 u}{\partial y^2}+b_1\frac{\partial u}{\partial x}+b_2\frac{\partial u}{\partial y}+cu=f \qquad (4-18)$$

设 $\Delta=a_{12}^2-a_{11}a_{22}$，根据偏微分方程理论，当 $\Delta>0$ 时，方程是双曲型的；当 $\Delta<0$ 时，方程是椭圆型的；当 $\Delta=0$ 时，方程是抛物型的。不难验证，Black-Scholes 方程的 $\Delta=0$，因此它是一个二阶线性抛物型偏微分方程。抛物型、椭圆型和双曲型三类偏微分方程需要分别用不同的方法求解，而且相互之间的差别很大，因此在求解之前清楚类型是很必要的。

二、Black-Scholes 方程的结构和风险管理参数

在自然科学、工程技术中有着与 Black-Scholes 方程形式类似的方程，它们被称为“热传导方程”（Heat Equations）或者“对流反应扩散方程”（Convection-Reaction-Diffusion Equations）。在这些方程中，各项有着明确的含义，因此我们可以比较清楚地剖析整个方程的结构，加深对方程的理解。现以对流反应扩散方程为例，说明式（4-17）（f 此时将代表反应物的浓度）中的主要几项含义。

（1）$rS\frac{\partial f}{\partial S}$ 表示漂移项或者对流项，代表着反应物浓度 f 在介质中的定向运动。

（2）$\frac{1}{2}\sigma^2 S^2 \frac{\partial^2 f}{\partial S^2}$表示扩散项，系数$\frac{1}{2}\sigma^2 S^2$中包含有自变量$S$表示扩散发生在非同质介质中。

（3）rf表示反应项，代表着反应速度和反应物浓度成正比，比例系数是r。

虽然形式很相似，但是在Black-Scholes方程式（4-17）中，以上各项的现实含义显然与描述化学反应的方程是不同的。我们先说一下$\frac{\partial f}{\partial S}$这一项。前文在推导Black-Scholes方程的过程中，$\Delta=\frac{\partial f}{\partial S}$起到了重要作用，甚至它比期权定价本身更为重要，因为它在套期保值策略中是非常关键的，Δ套期保值、Δ风险对冲就是以此命名的。另外，它还可以衡量标的资产价格变动对期权价格影响的大小。在金融风险管理领域它被称为“Delta”。有着类似功能的变量还有以下几个：

（1）Gamma——$\Gamma=\frac{\partial^2 f}{\partial S^2}$，即Black-Scholes方程式（4-17）中的扩散项，它衡量了一个资产组合为了保持Delta中性而必须重新套期保值的数量和频度。

（2）Theta——$\Theta=\frac{\partial f}{\partial t}$，即Black-Scholes方程式（4-17）中的时间演化项，表示在Delta对冲组合中，随时间会获得无风险利润。

由于Δ、Γ、Θ这些重要变量都是以希腊字母命名的，因此在金融风险管理领域它们被称为“希腊字母”（greeks）。

三、Black-Scholes方程的解析求解

不论常微分方程还是偏微分方程，它们的解都有通解和特解之分。通解代表着同一类研究对象的共同规律，是共性，在解的表达式中通常会有待定的常数，对特定问题的参考意义有限。比较有意义的是求得针对性的特解，它能够表达出研究问题的特殊性，是个性。一般来说，无论是在理论研究还是实际业务中，都需要求得针对特定问题的特解。

就像自变量为时间的常微分方程为了得到特解需要获得初始条件一样，为了获得偏微分方程的特解，也需要事先得知定解条件：包括初始条件和边界条件，初始条件代表研究对象所处的“环境”，边界条件代表研究对象经历的“历史”。

Black-Scholes方程是一个抛物型偏微分方程，需要明确的边界条件才能定解。前文已述，美式期权是执行时间可变，奇异期权是执行价格不确定，求得解析解比较困难。而Black和Scholes在他们的经典论文中讨论的是欧式期权，定解条件比较明确，因此在1973年，Black和Scholes成功地求解了他们的微分方程，从而获得了欧式看涨期权和看跌期权的精确公式①。

前文讲过，Black-Scholes方程与扩散方程非常像。多年以来，自然科学和工程

① F BLACK，M SCHOLES. The Pricing of Options and Corporate Liabilities［J］. Journal of Political Economy，1973，81：59-637.

技术中对扩散方程的解析求解积累了丰富的经验。因此，Black-Scholes 方程的一种求解思路就是将其变换成与扩散方程相同的形式而得到求解。

由于欧式看涨期权（call）和看跌期权（put）的价格是不同的，这里记欧式看涨期权的价格为 $C(S, t)$，看跌期权的价格为 $P(S, t)$。

我们需要先消除式（4-17）系数中的 S、S^2 等项，同时将方程无量纲化，则需要做三个变量变换，即

$$S = Ee^x, \ t = T - \frac{\tau}{2}\sigma^2, \ f = Ev(x, \tau) \tag{4-19}$$

其中 E 是欧式期权的执行价格。这样可将式（4-17）转化为

$$\frac{\partial v}{\partial \tau} = \frac{\partial^2 v}{\partial x^2} + (k-1)\frac{\partial v}{\partial x} - kv \tag{4-20}$$

其中，$k = r/\frac{1}{2}\sigma^2$。此时初始条件变为 $v(x, 0) = \max(e^x - 1, 0)$。

式（4-20）很像一个扩散方程。我们可以再设

$$v = e^{\eta x + \iota\tau}u(x, \tau) \tag{4-21}$$

其中 η、ι 为待定的常数，将式（4-21）代入式（4-20）得

$$\iota u + \frac{\partial u}{\partial \tau} = \eta^2 u + 2\eta\frac{\partial u}{\partial x} + \frac{\partial^2 u}{\partial x^2} + (k-1)(\eta u + \frac{\partial u}{\partial x}) - ku$$

经过运算可得 $\eta = -\frac{1}{2}(k-1)$，$\iota = -\frac{1}{4}(k+1)^2$。

于是有

$$v = e^{-\frac{1}{2}(k-1)x - \frac{1}{4}(k+1)^2\tau}u(x, \tau) \tag{4-22}$$

$$\frac{\partial u}{\partial \tau} = \frac{\partial^2 u}{\partial x^2}, \quad -\infty < x < \infty, \ \tau > 0 \tag{4-23}$$

式（4-23）就是标准的扩散方程形式。此时，初始条件为

$$u(x, 0) = u_0(x) = \max(e^{\frac{1}{2}(k+1)x} - e^{\frac{1}{2}(k-1)x}, 0)$$

可求得

$$u(x, \tau) = \frac{1}{2\sqrt{\pi\tau}}\int_{-\infty}^{+\infty} u_0(s)e^{-(x-s)^2/4\tau}\mathrm{d}s \tag{4-24}$$

做变量变换，设

$$x' = (s - x)/\sqrt{2\tau}$$

则式（4-24）可以转化为

$$\begin{aligned}
u(x, \tau) &= \frac{1}{2\sqrt{\pi\tau}}\int_{-\infty}^{+\infty} u_0(x'\sqrt{2\tau} + x)e^{-\frac{1}{2}x'^2}\mathrm{d}x' \\
&= \frac{1}{2\sqrt{\pi\tau}}\int_{-x/\sqrt{2\tau}}^{+\infty} e^{\frac{1}{2}(k+1)(x + x'\sqrt{2\tau})}e^{-\frac{1}{2}x'^2}\mathrm{d}x' - \\
&\quad \frac{1}{2\sqrt{\pi\tau}}\int_{-x/\sqrt{2\tau}}^{+\infty} e^{\frac{1}{2}(k-1)(x + x'\sqrt{2\tau})}e^{-\frac{1}{2}x'^2}\mathrm{d}x'
\end{aligned}$$

$$= L_1 - L_2 \tag{4-25}$$

于是则有

$$L_1 = \frac{1}{2\sqrt{\pi\tau}}\int_{-x/\sqrt{2\tau}}^{+\infty} e^{\frac{1}{2}(k+1)(x+x'\sqrt{2\tau})} e^{-\frac{1}{2}x'^2}\mathrm{d}x'$$

$$= \frac{e^{\frac{1}{2}(k+1)x}}{2\sqrt{\pi}}\int_{-x/\sqrt{2\tau}}^{+\infty} e^{\frac{1}{4}(k+1)^2\tau} e^{-\frac{1}{2}(x'-\frac{1}{2}(k+1)\sqrt{2\tau})^2}\mathrm{d}x'$$

$$= e^{\frac{1}{2}(k+1)x+\frac{1}{4}(k+1)^2\tau}N(\mathrm{d}_1)$$

其中 L_1 是中间变量，另外

$$\mathrm{d}_1 = x/\sqrt{2\tau} - \frac{1}{2}(k+1)\sqrt{2\tau}$$

$$N(\mathrm{d}_1) = \frac{1}{2\sqrt{\pi}}\int_{-x/\sqrt{2\tau}}^{\mathrm{d}_1} e^{-\frac{1}{2}s^2}\mathrm{d}s \tag{4-26}$$

其中，$N(\mathrm{d}_1)$ 为正态分布的累积分布函数，它有性质 $N(-x)=1-N(x)$ 。另外，我们把（k+1）替换成（k-1）就可以得到 L_2。先代回变量变换关系式（4-19），可得

$$v(x,\ \tau) = e^{-\frac{1}{2}(k-1)x-\frac{1}{4}(k+1)^2\tau}u(x,\ \tau)$$

$$x = \log(S/E)$$

$$\tau = \frac{1}{2}\sigma^2(T-t)$$

$$C = Ev(x,\ \tau)$$

于是有

$$C(S,\ t) = SN(\mathrm{d}_1) - Ee^{-r(T-t)}N(\mathrm{d}_2) \tag{4-27}$$

其中

$$\mathrm{d}_1 = \frac{\log(S/E) + (r+\frac{1}{2}\sigma^2)(T-t)}{\sigma\sqrt{(T-t)}}$$

$$\mathrm{d}_2 = \frac{\log(S/E) + (r-\frac{1}{2}\sigma^2)(T-t)}{\sigma\sqrt{(T-t)}}$$

同理易知，看跌期权定价为

$$P(S,\ t) = Ee^{-r(T-t)}N(-\mathrm{d}_2) - \mathrm{S}N(-\mathrm{d}_1) \tag{4-28}$$

式（4-27）和式（4-28）就是 Black-Scholes 期权定价公式，这个公式看起来很复杂，为了帮助理解，同时限于篇幅，这里不加证明地给出公式中各部分的金融含义，通过这种方式帮助读者掌握这个定价公式。

首先，$N(\mathrm{d}_2)$ 是在风险中性世界中欧式看涨期权被执行的概率，$e^{-r(T-t)}$ $\mathrm{E}N(\mathrm{d}_2)$ 是执行价格 E 的风险中性期望值的现值；而 $\mathrm{S}N(\mathrm{d}_1) = e^{-r(T-t)}$ $S_TN(\mathrm{d}_1)$ 是到期股票价格 S_T 的风险中性期望值的现值。

其次，$\Delta = N(\mathrm{d}_1)$ 是复制交易策略中股票的数量，$SN(\mathrm{d}_1)$ 就是股票的市值，$-e^{-r(T-t)}$ $\mathrm{E}N(\mathrm{d}_2)$ 则是复制交易策略中负债的价值。

第五章
Black-Scholes 方程的数值求解

由于 Black-Scholes 方程的重要性，同时解析求解该微分方程对没有系统掌握相关数学方法的读者又比较困难，因此我们有必要单设一章讲述该方程的数值求解方法。对微分方程数值求解时最常用的方法是有限差分方法，本章主要讲述这一方法。

就像期权价格随时间变化的规律可以由 Black-Scholes 方程刻画一样，自然界和人类社会的很多问题都可以由微分方程刻画。但微分方程的精确解往往不易得到，因此在大多数情况下只好求其近似解。本章主要对 Black-Scholes 方程的数值求解方法进行介绍。

第一节　有限差分方法

通常，我们在得到了描述问题的微分方程（方程组）之后需要对它求解，求解的方法分为两类：解析方法（Analytic Methods）和数值方法（Numerical Methods）。对应于这两种方法的解分别就是解析解（Analytic Solutions）和数值解（Numerical Solutions）。

解析解通常表现为严格的表达式，是封闭形式（closed form）的函数，它是一种精确结果。对应于任何自变量的数值，我们都可以把它代入这个函数求出因变量的值。而数值解则是一种近似的结果，它通常是采用某种计算方法，如有限差分法、有限元法等。数值解有一定的局限性，它只能告诉人们自身的信息，换句话说，人们不能随意根据自变量的值求得因变量的值。数值解是一种次优结果，在无法得到解析解的情形下才会使用数值方法。

上一章讲过 Black-Scholes 方程是一个抛物型的偏微分方程。偏微分方程的求解是非常复杂的，不仅取决于具体的方程形式，还和定解条件有着紧密联系。欧式期权情形下的定解条件相对简单，所以能够取得精确解析解。其他情形下，往往得不到这种有着显式表达式的精确解析解，只好求助于数值方法。

在诸多的数值方法当中，有限差分方法是最常用的数值求解方法。它的主要思想是，把微分方程中的导数项用差商来代替，从而得到迭代形式的、对原方程数值求解的算法格式。

这里先以常微分方程为例进行讲述。设微分方程是：

$$\frac{\mathrm{dy}}{\mathrm{dx}}=f(x,\ y)\ ,\ y(x_0)=y_0 \tag{5-1}$$

假定因方程右端的$f(x,\ y)$过于复杂、难以求得其积分的精确表达式，以致方程没有解析解，而x的变化范围是已知的：$[x_0,\ x_n]$，则可以以步长h划分这个闭区间为$x_0<x_1<\cdots<x_n$，同时有$x_n=x_0+nh(n=1,\ 2,\ \cdots)$，在这些离散点上求$y(x_i)$的近似值，这将会得到一个$(x_i,\ y_i)$一一对应的数表，它就是微分方程式（5-1)的数值解。

如果做进一步说明，就不得不回顾函数的表现形式。从初等数学知识的角度来讲，函数有图像、表达式、自变量和因变量对应的数表这三种表现形式。一个微分方程的解实际就是一个函数，如果能够以表达式的形式得到这个函数，就是精确解析解；如果以数表的形式得到这个函数，就是数值解。

为了求得式（5-1）的数值解，我们需要对$\frac{\mathrm{dy}}{\mathrm{dx}}$做处理，在每个小区间$[x_i,\ x_{i+1}]$上对这一项进行离散化，即

$$\frac{y(x_{i+1})-y(x_i)}{h}\approx\frac{\mathrm{dy}}{\mathrm{dx}}$$

这样，经过一些简单运算整理后，并且设式（5-1）右端$f(x,\ y)$中的x取x_i、y取$y(x_i)$而不是$y(x_{i+1})$，就可以得到求式（5-1）的算法格式：

$$y(x_{i+1})\approx y(x_i)+\mathrm{h}f(x_i,\ y(x_i)) \tag{5-2}$$

因为$y(x_0)=y_0$是已知的，所以式（5-2）可以依次迭代，从而求得微分方程式（5-1）的数值解，即一个$(x_i,\ y_i)$一一对应的数表。

以上只是举了一个最简单的例子来说明有限差分法，得到的式（5-2）可被称为“向前 Euler 公式”。如果设式（5-1）右端$f(x,\ y)$中的x取x_{i+1}、y取$y(x_{i+1})$而不是像以上取$y(x_i)$，就可以得到“向后 Euler 公式”

$$y(x_{i+1})\approx y(x_i)+\mathrm{h}f(x_{i+1},\ y(x_{i+1})) \tag{5-3}$$

式（5-3）的左右两边都包含$y(x_{i+1})$项，不能够像式（5-2）那样直接迭代。因此，称式（5-2）是显式（explicit）算法格式，而式（5-3）是隐式（implicit）算法格式。用式（5-3）求数值解相对麻烦一些，通常是先使用对应的显式算法格式算出初始值：

$$y(x_{i+1})^{(0)}\approx y(x_i)+\mathrm{h}f(x_i,\ y(x_i)) \tag{5-4}$$

然后通过下式进行迭代：

$$y(x_{i+1})^{(k+1)}\approx y(x_i)+\mathrm{h}f(x_{i+1},\ y(x_{i+1})^{(k)}) \tag{5-5}$$

通常，隐式的算法格式的精度要高于显式的。

对于 Black-Scholes 方程$\frac{\partial f}{\partial t}+rS\frac{\partial f}{\partial S}+\frac{1}{2}\sigma^2S^2\frac{\partial^2 f}{\partial S^2}=rf$而言，虽然是偏微分方程，不同于以上的常微分方程，但基本思路是一样的，仍然可以采用有限差分法，把$\frac{\partial f}{\partial t}$、$\frac{\partial f}{\partial S}$和$\frac{\partial^2 f}{\partial S^2}$各导数项离散化，之后用迭代法求解，得到方程的数值解，从而得到

期权价格。

配合对各导数项形式上的离散化，还需要把 $f(S, t)$ 中的两个连续的自变量时间 t 和资产价格 S 在各自的定义域划分为离散区间：

首先，我们把从零时刻（初始时刻设为零时刻）至到期日 T 时刻之间的时间分为有限个等间隔的小时间段。设 $\Delta t = \frac{T}{N}$，就有 $(0, \Delta t, 2\Delta t, \cdots, T)$ 共 $N+1$ 个时间段。

其次，我们把资产价格的变化也分成 M 个等间隔的小价格段，定义 $\Delta S = \frac{S_{max}}{M}$，就得到 $M+1$ 个资产价格 $(0, \Delta S, 2\Delta S, \cdots, S_{max})$。注意，从数学意义上说，标的资产价格 S 的变动范围无法确定，但是实际业务中 S 一般会有一个合理的变化范围。通常这个范围的上限在执行价格的 3~4 倍就可以了。如果划分合理，初始的资产价格会落在零时刻的一个格点上。其中，Δt 和 ΔS 是相互独立的。

这样，我们就构造了一个共有 $(M+1)(N+1)$ 个格点的图，时间、资产价格和期权价值都仅在相应的格点处离散计算。点 (i, j) 对应 $i\Delta t$ 时刻和资产价格 $j\Delta S$，$f(i, j)$ 则表示 (i, j) 处的期权价值。应用这些格点之间的关系和已知的边界条件，我们可以把连续偏微分方程转化为一系列的差分方程，逐次求解，就可以得到零时刻初始资产价格所对应格点的期权价值。

图 5-1 对时间 t 和资产价格 S 划分后的格点见图 5-1。

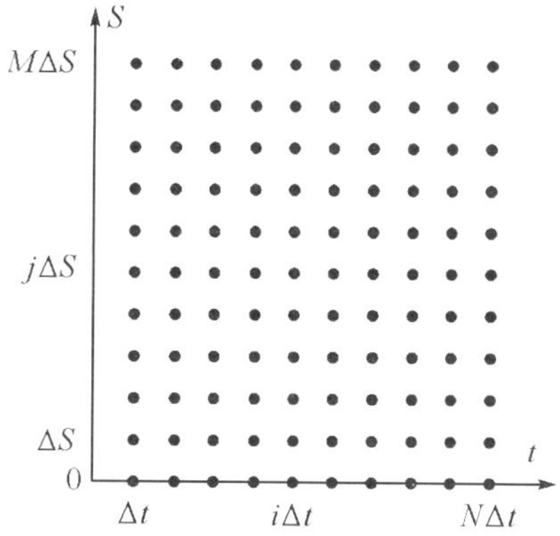

图 5-1 对时间 t 和资产价格 S 划分后的格点

第二节 Black-Scholes 方程的有限差分法求解

多数情形下使用 Black-Scholes 方程进行期权定价，都会用有限差分法获得数值解。上节已经讲述了基本思路，下面就来进行具体实现的工作。

一、差分格式

上一节讲到过，使用有限差分法的第一步就是对待求解的微分方程中的导数项进行离散化。在 Black-Scholes 方程式（4-17）中，有 $\frac{\partial f}{\partial t}$、$\frac{\partial f}{\partial S}$ 和 $\frac{\partial^2 f}{\partial S^2}$ 三个导数项。

（一）$\frac{\partial f}{\partial S}$ 项的近似

对于这个期权价格 f 对标的资产价格 S 的一阶偏导数，由于对 f 可以有不同的差分，因此有三种不同的差分格式：

（1）向前差分近似（Forward Difference Approximation），即 $\frac{f_{i,\ j+1}-f_{i,\ j}}{\Delta S}$。

（2）向后差分近似（Backward Difference Approximation），即 $\frac{f_{i,\ j}-f_{i,\ j-1}}{\Delta S}$。

（3）中心差分近似（Central Difference Approximation），即 $\frac{f_{i,\ j+1}-f_{i,\ j-1}}{2\Delta S}$。

值得注意的是，由于 $\frac{\partial f}{\partial S}$ 是 f 对它的一个自变量 S 的一个偏导数，以上的离散化近似都是对同一时刻 t 而言的。另外，不难看出中心差分实际上是前两者的平均值。

非常多的相关书籍（梁昆淼，1978）对这三种近似方法的精度进行过研究，通常通过 Taylor 展开式就可以考察这个问题，结果发现向前差分格式和向后差分格式的误差均为 ΔS 的高阶无穷小项 $o(\Delta S)$ ，而中心差分格式的误差则为 $o(\Delta S^2)$ ，显然精度更高。如果深究原因，是由于中心差分格式是包含 $(j-1,\ j)$ 和 $(j,\ j+1)$ 两个区间的平均运算，从而各自区间内的一些误差项可以相互抵消，提高了结果的精确度。但是中心差分会使计算时的算法格式比较复杂，有时计算速度也比较慢。因此，如果单纯追求精度，就应该采用中心差分格式来逼近 $\frac{\partial f}{\partial S}$；如果对精度要求没那么高，就可以用向前差分格式或向后差分格式。本书在这里采用中心差分。

（二）$\frac{\partial f}{\partial t}$ 项的近似

这是期权价格 f 对标的时间 t 的一阶偏导数，这里按照惯例采用向前差分格式，即

$$\frac{\partial f}{\partial t}=\frac{f_{i+1,\ j}-f_{i,\ j}}{\Delta t}$$

（三）$\frac{\partial^2 f}{\partial S^2}$ 项的近似

这是期权价格 f 对标的资产价格 S 的二阶偏导数，这里采用二阶中心差分格式，即

$$\frac{\partial^2 f}{\partial S^2}=\frac{\left(\dfrac{f_{i,\ j+1}-f_{i,\ j}}{\Delta S}-\dfrac{f_{i,\ j}-f_{i,\ j-1}}{\Delta S}\right)}{\Delta S}=\frac{f_{i,\ j+1}+f_{i,\ j-1}-2f_{i,\ j}}{\Delta S^2}$$

二、算法格式

在上一部分对各导数离散化之后，以下就可以探讨有限差分法的算法格式了。

（一）“初始”条件和边界条件

对于 Black-Scholes 方程而言，因为是偏微分方程，期权价格 $f(t,\ S)$ 包含时间 t 和标的资产价格 S 两个自变量，在求解之前必须明确两方面的已知条件。对时间变量 t 而言，是初始条件；对标的资产价格 S 而言，是边界条件。上一章中也讲过这个问题。

通常，微分方程的初始条件、已知条件都是处于初始时刻的。但是期权定价问题，从时间演化的视角，是反过来的，因为已知条件是处于时间区间的终点。期权定价问题的已知条件主要是执行价格和执行策略，对随时可以行权的美式期权就是 $f_{N,\ j}=\max[X-S_T,\ 0]$ ，其中 $S_T=j\Delta S$（$j=0,\ 1,\ \cdots,\ M$）。这就是主要的“初始”条件。

标的资产价格 S 的边界有两处，即 $S=0$ 和 $S=S_{\max}$ ，对应的边界条件如下：

（1）当 $S=0$ 时，看跌期权执行价格为 X ，因此有

$f_{i,\ 0}=X$；$i=0,\ 1,\ \cdots,\ N$

（2）当 $S=S_{\max}$ 时，看跌期权背后的价值趋于零。因此有

$f_{i,\ M}=0$；$i=0,\ 1,\ \cdots,\ N$

（二）显式算法和隐式算法

对微分方程数值求解，存在着两类算法格式：显式（explicit）格式和隐式（implicit）格式。显式格式实际就是递推式，在初始值已知的情况下，进行递推就可以得到结果，执行起来比较简单。隐式格式当然与此不同，具体实现隐式格式的时候，需要求解代数方程组，执行起来要复杂一些，但是隐式格式比显式格式有着更高的精度。因此，这里选用隐式格式为主要内容。

（三）隐式算法格式

将 $\dfrac{\partial f}{\partial t}$、$\dfrac{\partial f}{\partial S}$ 和 $\dfrac{\partial^2 f}{\partial S^2}$ 三个导数项的差分格式带入 Black-Scholes 方程中，并且进行必要的整理、化简，就可以得到用有限差分法数值求解方程的隐式算法格式，如下：

$$a_j f_{i,\ j-1}+b_j f_{i,\ j}+c_j f_{i,\ j+1}=f_{i+1,\ j} \tag{5-6}$$

其中，$a_j=\dfrac{1}{2}rj\Delta t-\dfrac{1}{2}\sigma^2 j^2\Delta t$

$b_j=1+\sigma^2 j^2\Delta t+r\Delta t$

$c_j=-\dfrac{1}{2}rj\Delta t-\dfrac{1}{2}\sigma^2 j^2\Delta t$

$i=0,\ 1,\ \cdots,\ N-1$；$j=0,\ 1,\ \cdots,\ M-1$

由于 $\frac{\partial f}{\partial t}$ 采用向前差分而 $\frac{\partial f}{\partial S}$ 和 $\frac{\partial^2 f}{\partial S^2}$ 采用中心差分，根据前文的讲述，不难看出式（5-6）的误差为 $o(\Delta t, \Delta S^2)$ 。

（四）求解期权价值

实际工作过程中，我们的目的是求出格点图 5-1 中最左边的一列的点对应的 $f_{0,j}$ 的数值（也就是现在时刻期权对应的价格），这需要通过求解代数方程组来实现。在式（5-1）中的 i 和 j 取具体的数之后，会形成（$M-2$）个代数方程联立而成的方程组，加上两个“初始”条件，一共会有 M 个方程，即

$$a_j f_{N-1,j-1} + b_j f_{N-1,j} + c_j f_{N-1,j+1} = f_{N,j} \tag{5-7}$$

$$f_{i,0} = X \tag{5-8}$$

$$f_{i,M} = 0 \tag{5-9}$$

在以上方程组中，方程的数量与变量的数量相同，方程是恰定的，有唯一解。通过求解这个方程组，就可以得到图 5-1 中每个格点对应的期权价格。

从以上内容再次看到，隐式有限差分法的求解逻辑是这样的：①迭代的时间方向是从“末时刻”到“初时刻”，这与通常的时间演化抛物型偏微分方程是反的；②主要手段是求解代数方程组。

第六章
期权定价的离散模型

前文第五章主要讲述了期权定价连续模型的代表——Black-Scholes 方程，模型的表现形式为偏微分方程。本章将主要讲述期权定价离散模型的代表——二项式模型。二项式是期权定价的一种重要方法。这种方法的优点是对使用者的数学理论素养要求不高、可操作性比较好。

第一节 二项式模型原理

二项式（Binomial）期权定价模型（也有文献翻译为“二叉树模型”）是在 Black-Scholes 理论之后又出现的一类用于金融衍生品定价的方法。“二项式”是指每一标的资产的价格在经历了一个离散的时间段后，都有上升和下降两种可能性，分别对应有一个概率。这很像概率论中伯努利（Bernoulli）试验的情形，而 Bernoulli 试验所对应的概率分布就被称为二项分布（Binomial Distribution），二项式期权定价由此得名。正因为如此，本书认为采用“二项式”这一称谓更为科学。二项式期权定价模型可以分为单阶段模型和多阶段模型，单阶段模型是多阶段模型的基础。

一、单阶段二项式模型

运用 Black-Scholes 方程实现期权定价，是金融衍生品定价领域一个非常重要的成果。它不仅受到诺贝尔奖的褒奖，而且被广泛应用。但是在这个理论诞生之初，由于涉及的数学理论太过高深，实际操作性受到限制。于是，操作性比较强、便于普通交易员理解的二项式方法于 1979 年被 Cox、Ross 和 Rubinstein 提了出来[①]，并且成为期权定价的一种重要的、非常受欢迎的方法。

不同于 Black-Scholes 理论在时间上是连续的，二项式期权定价模型是一个离散时间模型。它把从订立期权合约到最后执行这一段时间 T，划分成了 n 份等间隔的时间段。如果每段的时间长度是 Δt，那么 $T = \sum_{0}^{n} \Delta t$。可以看出，时间段的数量 n

① J COX, S ROSS, M RUBINSTEIN. Option pricing: A simplified approach [J]. Journal of Financial Economics, 1979, 7: 229-263.

越大，二项式期权定价模型和 Black-Scholes 模型越接近。

我们先考虑一个简单的情形：单阶段、时间长度为 Δt，标的资产的初始价格为 S_0，Δt 时间后以 p_u 的概率上升至 S_u，以（$p_d = 1-p$）的概率下降至 S_d（见图 6-1）。

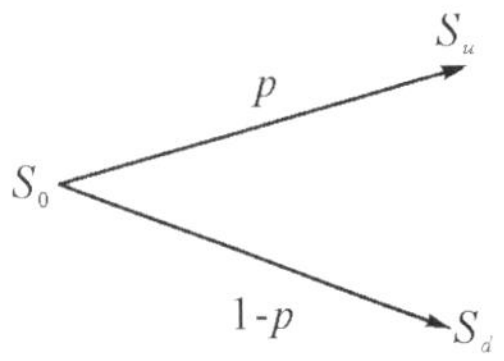

图 6-1　标的资产价格单阶段变化示意

假设初始时刻与价格是 S_0 的股票对应的看涨期权的价格是 f_0，执行价格为 X，如果期权只能在 Δt 时间后行权，由于股票价格存在可能的两种情况 $S_u = uS_0$ 和 $S_d = dS_0$，u 和 d 是价格上升和下降的幅度。对应期权的价格记为 f_u 和 f_d，它们的价值分别为：$f_u = \max(S_u - X, 0)$、$f_d = \max(S_d - X, 0)$。现在的问题是如何确定 f_0？

为了解决这个问题，我们需要用基础资产的组合“复制”期权。我们先建立由两种资产组成的投资组合：一种资产为无风险债券，不失一般性可以设初始价格为 $U_0 = 1$；另一种则是股票。假设投资者购买 Δ 单位股票，B 单位无风险债券（利率为 r）。在时间长度 Δt 内，对无风险债券的收益按复利计算，则可以通过以下方程组求解 Δ 与 B：

$$\begin{cases}\Delta S_u + e^{r\Delta t}B = f_u \\ \Delta S_d + e^{r\Delta t}B = f_d\end{cases} \tag{6-1}$$

从式（6-1）可以看出，等号右端的项代表期权价格，等号左端则是“股票+债券”的投资组合，我们称这种情况下期权可以被一个投资组合“复制”（replicating）。如果衍生品的价值可以被基础资产的组合复制，那么对应的金融市场就是完全（Complete）的①，反之就是不完全的。在不完全市场中，为衍生品定价就更为困难，如天气期权（Weather Options）的定价问题，有兴趣的读者可以通过相应的文献做进一步的了解和学习。当然，式（6-1）的建立，背后还有一个“无套利定价原理”（Non-Arbitrage Pricing Principle），是指在这个市场上，股票和债券的组合与期权这两类金融资产之间不存在套利机会，它们的收益才会相等。

由式（6-1）解得

$$\Delta = \frac{f_u - f_d}{S_u - S_d},\ B = e^{-r\Delta t}\frac{\mathrm{u}f_d - \mathrm{d}f_u}{u - d} \tag{6-2}$$

同样，由无套利定价原理和复制操作得

$$f_0 = Q\,S_0 + B = e^{-r\Delta t}\left(\frac{e^{r\Delta t} - d}{u - d}f_u + \frac{u - e^{r\Delta t}}{u - d}f_d\right) \tag{6-3}$$

至此，前文提出的问题：f_0 是多少就得到了回答，并且得到了单阶段的二叉树期权模型。

① 也有文献将其译为“完备”的。

另外，式（6-2）中的 $\Delta=\dfrac{f_u-f_d}{S_u-S_d}$ 这个量有必要讲一下。在第五章推导 Black-Scholes 方程的过程中，在“复制”策略中，构建了股票和期权的资产组合，而其中股票的数量就是 $\Delta=\dfrac{\partial f}{\partial S}$（$f$ 代表期权价格，S 代表股票价格）。两处都用希腊字母 Δ 来表示，这不是巧合，而是因为它们都表示资产组合中股票的数量。显然，在本章的 $\Delta=\dfrac{f_u-f_d}{S_u-S_d}$ 中，如果分子、分母都取极限小的情况下，它也就变成了 f 对 S 的偏导数。这一细节也反映出，离散的二项式模型的极限情况将是连续的 Black-Scholes 模型，两者是等价的。

下面讲一下衍生品定价理论中的重要概念：风险中性（Risk-Neutral）概率。如果设式（6-3）等号右边括号中两项的系数为 φ_u 和 φ_u，则

$$\varphi_u=\frac{e^{r\Delta t}-d}{u-d},\ \varphi_d=\frac{u-e^{r\Delta t}}{u-d} \tag{6-4}$$

从式（6-4）中不难发现：① $\varphi_u+\varphi_d=1$；② φ_u 和 φ_u 都大于 0。因此，我们可以将 φ_u 和 φ_u 视为概率。因为是人为设置的，所以在期权定价的经典文献中，它们被称作“人工概率”（Artificial Probability）。

在初始时刻股票价格是 S_0，经过 Δt 时间后的股票价格可以记为 S_1，使用式（6-4）定义的概率来计算 S_1 的期望值，即

$$\begin{aligned}\widehat{E}[S_1]&=\varphi_u S_u+\varphi_d S_d=\frac{e^{r\Delta t}-d}{u-d}S_u+\frac{u-e^{r\Delta t}}{u-d}S_d=\frac{e^{r\Delta t}-d}{u-d}u\,S_0+\frac{u-e^{r\Delta t}}{u-d}d\,S_0\\&=e^{r\Delta t}S_0\end{aligned}$$

简而言之，就是 $\widehat{E}[S_1]=e^{r\Delta t}S_0$。其中，$\widehat{E}[S_1]$ 是指在人工概率意义的测度下，S_1 的期望值。我们看到这个期望值和 S_0 之间的关系，正好是无风险的收益关系，就好像风险是“中性”的。因此这一概率测度被称为“风险中性概率测度”，式（6-4）中的概率被称为“风险中性概率”。前文的股价 S_0 上升的概率 p_u 和下降的概率 p_d 在风险中性的世界里就失去作用了，可以被 φ_u 和 φ_u 替代，而且计算结果也是等价的。

进一步地，如果设 $u=\dfrac{1}{d}$，则根据前文诸变量关系，可以求得 $u=e^{\sigma\sqrt{\Delta t}}$，$\sigma$ 是股票价格服从的几何 Brown 运动式（4-5）中的波动率。至于 u 和 d 之间为什么要取这样的关系，不少同类的书籍中并未提及，而 Wilmott（2007）认为这样是为了保证标的资产价格在上升一次和再下降一次之后，能够保持不变。

二、二阶段二项式模型

前文我们讨论了只有一个阶段的二项式期权定价模型，如果继续向前延伸一个 Δt 的时间段，就需要讨论二阶段模型。

同样假设股票开始价格为 S_0，期权价格为 f_0。在第一阶段，股票价格可能上升到 S_u，相应的期权价格为 f_u；也可能降到 S_d，相应的期权价格为 f_d。在第二阶段，

股票的价格 S_u 可能上升到 S_{uu}，对应的期权价格为 f_{uu}；也可能降到 S_{ud}，对应的期权价格为 f_{ud}。此外，股票的价格 S_d 可能上升到 S_{ud}，对应的期权价格为 f_{ud}，也可能降到 S_{dd}，对应的期权价格为 f_{dd}。二阶段二项式模型标的资产价格变化见图 6-2。

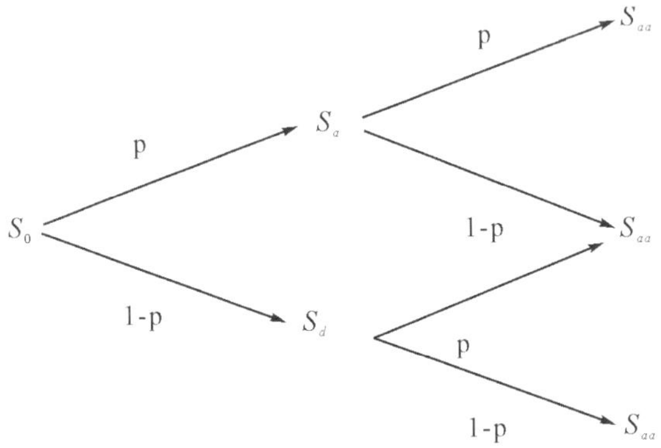

图 6-2　二阶段二项式模型标的资产价格变化

参照上一节的处理方式，可得

（1）由 f_{uu} 和 f_{ud} 可得到 $f_u = e^{-r\Delta t}[\varphi_u f_{uu} + \varphi_d f_{ud}]$；

（2）由 f_{ud} 和 f_{dd} 可得到 $f_d = e^{-r\Delta t}[\varphi_u f_{ud} + \varphi_d f_{dd}]$；

（3）由 f_u 和 f_d 可得到 $f_0 = e^{-r\Delta t}[\varphi_u f_u + \varphi_d f_d]$。

将 f_u 和 f_d 的取值代入上式，可得

$$f_0 = e^{-2r\Delta t}[\varphi_u^2 f_{uu} + 2\varphi_u \varphi_d f_{ud} + \varphi_d^2 \times f_{dd}]$$

三、n 阶段二项式模型

在单阶段、二阶段二项式定价模型的基础上，可以用数学归纳法推导 n 阶段二项式模型的公式为

$$f_0 = \left[\sum_{j=0}^{n} \frac{n!}{(n-j)!\,j!} \varphi_u^j \varphi_d^{n-j} \max(S_0 u^j d^{n-j} - X,\ 0)\right] e^{-jr\Delta t} \tag{6-5}$$

其中，n 为总阶段数或者划分的离散时间段的数量，即从开始时刻到期权的执行时间除以 Δt 的数值；j 代表当前处于第几阶段；其余变量的含义同前文。

考虑到 $\varphi_u + \varphi_d = 1$ 即 $\varphi_d = 1 - \varphi_u$，式（6-5）中的 $\frac{n!}{(n-j)!\,j!} \varphi_u^j \varphi_d^{n-j}$ 正好是概率论中的二项分布。

第二节　计算实例

使用二项式模型对期权定价，在计算量不大的情况下可以手算+绘制图形完成。如果节点比较多，则需要借助计算机。Matlab 既提供了命令，也提供了 GUI 工具，为二项式模型定价提供了极大的便利。

一、公式—图形法

【例 6-1】股票 J 在 2019 年 11 月 28 日的开盘价是 50 元，假设以股票 J 为标的资产形成期权，距离到期日是 3 个月，执行价格也是 50 元。股票 J 的波动率（股票 J 收益率的标准差，见第四章）是 0.3。无风险收益率是 5%。利用二项式模型求股票 J 的欧式看跌期权的价格。

根据前文，有以下几个关键变量：股价上升幅度 $u=e^{\sigma\sqrt{\Delta t}}$，上升概率 $\varphi_u=\frac{e^{r\Delta t}-d}{u-d}$；股价下降幅度 $d=e^{-\sigma\sqrt{\Delta t}}$，下降概率 $\varphi_d=\frac{u-e^{r\Delta t}}{u-d}$。结合已知条件，有

$$u=e^{\sigma\sqrt{\Delta t}}=e^{0.3*\sqrt{1/12}}=1.0905$$

$$d=e^{-\sigma\sqrt{\Delta t}}=0.9170$$

$$\varphi_u=\frac{e^{r\Delta t}-d}{u-d}=0.5024$$

$$\varphi_d=\frac{u-e^{r\Delta t}}{u-d}=0.4976$$

根据以上变量取值，从初始时刻股价 50 元出发，很容易得到股票价格树（见图 6-3）。

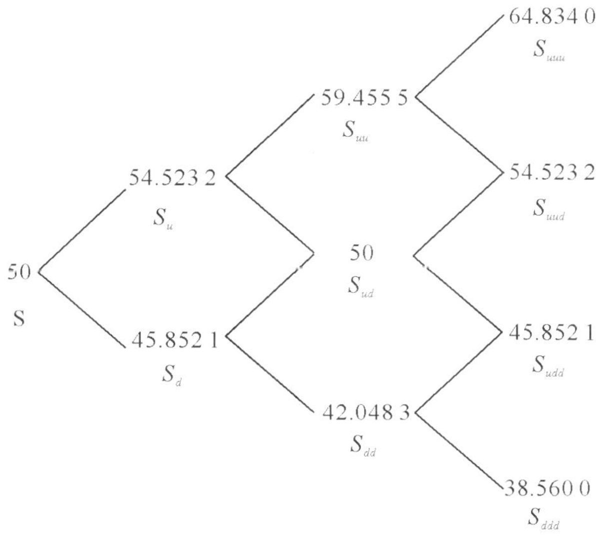

图 6-3　股票价格树

在获得了以上标的资产价格变动情况的基础上，我们可以采用倒推法获得对应期权的定价。在本例中，由于是欧式看跌期权，在期权执行日 T（图 6-3 最右端对应的时刻）的现金流是 $\max(X-S_T,0)$，上一时刻 $T-\Delta t$ 时刻期权价格都可以用无风险收益率贴现求出，细节可以参见上一节二阶段模型部分中的计算公式。以此类推，就可以以期权价格树（见图 6-4）的形式，从右至左确定与图 6-4 中各节点处对应的期权价格。

从图 6-4 可以看出，欧式看跌期权的价格应该是 2.920 3 元。

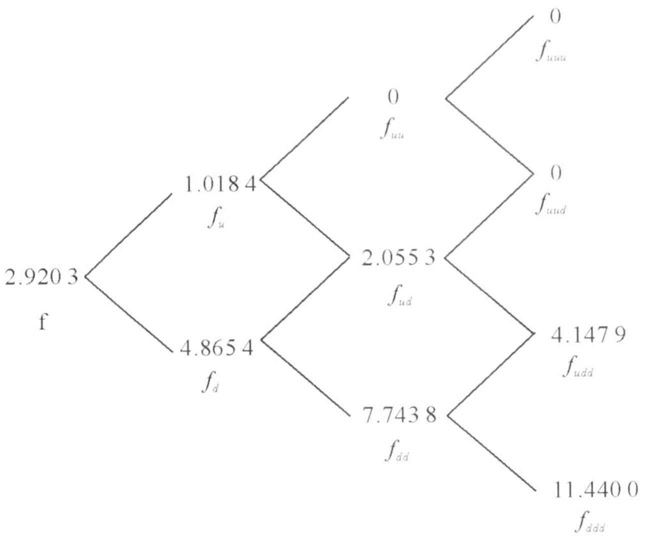

图 6-4 期权价格树

二、Matlab 命令

在 Matlab 中与二项式定价模型对应的命令是 binprice。它的使用方式如下：

[AssetPrice, OptionValue] =binprice (Price, Strike, Rate, Time, Increment, Volatility, Flag, DividendRate, Dividend, ExDiv)

其中，输入参数为：

Price——初始时刻的股票价格；

Strike——期权的执行价格；

Rate——无风险收益率；

Time——期权存续期；

Increment——期权存续期被分成 n 段后，每一时间段的长度；

Volatility——标的资产的波动率；

Flag——标识变量，Flag=1 对应看涨期权，Flag=0 对应看跌期权；

DividendRate——红利发放率，DividendRate=0 表示没有红利；

Dividend——在除息日支付的红利，Dividend =0 表示没有红利；

ExDiv——标的资产的除息日期。

输出参数为：

AssetPrice——标的资产价格树图；

OptionValue——期权价格树图。

在 Matlab 中运行命令如下：

[Price, Option] =binprice (50, 50, 0.05, 3/12, 1/12, 0.3, 0, 0, 0, 0)

得到如下计算结果：

Price =

50.000 0	54.523 2	59.455 5	64.834 0
0	45.852 1	50.000 0	54.523 2
0	0	42.048 3	45.852 1
0	0	0	38.560 0

Option =

2.971 3	1.018 4	0	0
0	4.968 4	2.055 3	0
0	0	7.951 7	4.147 9
0	0	0	11.440 0

不难看出，股票价格树和前一部分完全一致；而期权价格树和前一部分中基于图形的手工计算，结果是基本一致的。有些节点的计算结果在小数点后面不完全一样，是因为手工计算和计算机内部计算在四舍五入的环节处理方式不一样所致。

三、GUI 计算

除了前一部分使用 binprice 命令来进行二项式定价，Matlab 还提供了图形用户界面（GUI）的形式来运用二项式模型。相比于使用代码，GUI 的形式更加直观，特别是用于展示计算过程的场合。只需要获知例 6-1 中那些方面的已知条件就可以计算。以下是对例 6-1 使用 Matlab 的 GUI 工具的计算结果。

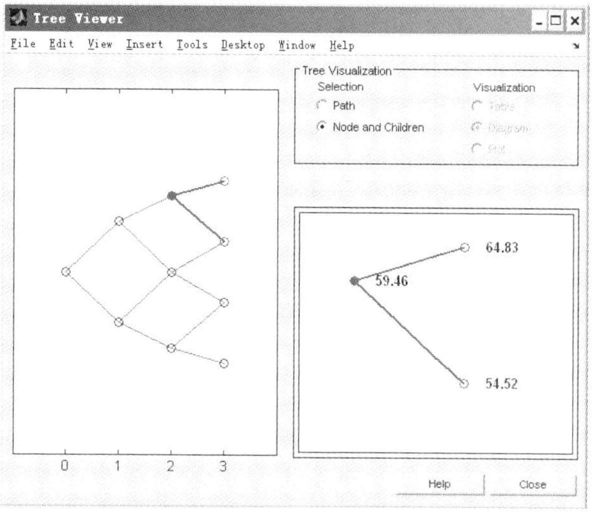

图 6-5　股票价格树

读者可以将图 6-5 和图 6-3、图 6-6 和图 6-4 分别进行对比，可以看出除了因为四舍五入的原因，这两种途径的计算结果基本是相同的。

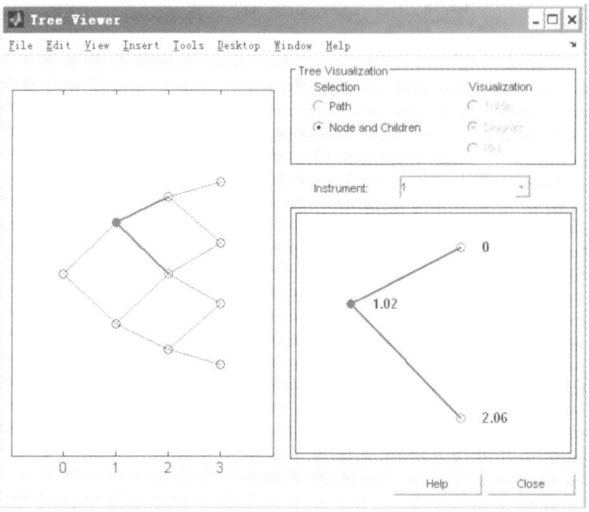

图 6-6　期权价格树

第三节　三项式模型

二项式定价模型出现之后，由于便于操作，它很快就被广泛使用和研究。使用者发现，如果把时间区间 Δt 的长度缩小，或者说把期权有效期时间段划分为更多的小的时间区间 Δt，定价就会更为准确。但是，这会耗费更多的计算资源，使问题的计算复杂度增加很多。在这样的情况下，有研究者就尝试在每一个时间段内增加标的资产价格走向的状态，来提高计算的准确性。在这样的背景下，Boyle（1988）提出了三项式（Trinomial）① 定价模型②。

在三项式模型中，在经过一个划分好的时间区间 Δt 后，标的资产价格会有三种可能的变化，这就比二项式模型中只有价格上升、价格下降两种可能的变化多出一种，这是两者最大的不同。具体来讲，在二项式模型中，如果每段时长为 $\frac{\Delta t}{2}$，那么在经过 Δt 时间段后就会有三个节点，这恰好和三项式模型中经过 Δt 时间后的三个节点数量完全一致，其中上升和下降的两种状态是对称的。二项式模型和三项式模型建模思想比较（见图 6-7）就直观地展示出这一点。

① 也有文献将其翻译为“三叉树”。

② P BOYLE. A lattice framework for option pricing with two state variables [J]. Journal of Financial & Quantitative Analysis, 1988, 23 (1): 1-12.

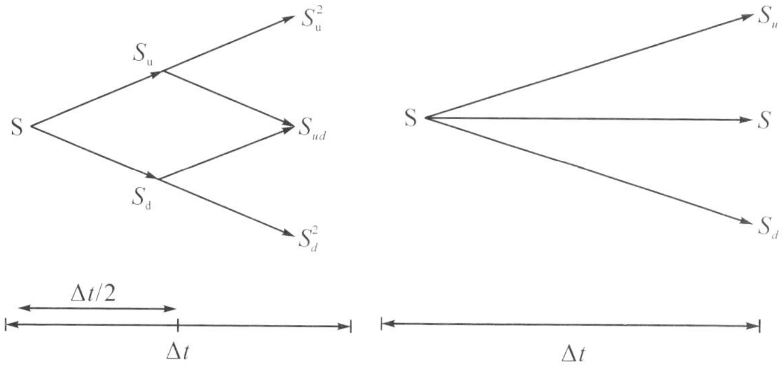

图 6-7　二项式模型和三项式模型建模思想比较

因此，从形式上看，相对二项式模型来说，三项式定价公式会复杂一些。但是两者在定价时都用到了风险中性原理，于是由后一时刻的期权价格的期望值通过贴现就可以得到前一时刻的期权价格，这是两个模型的相似之处。

假设三项式模型中标的资产价格在上升、下降和不变三种情况下的变化幅度分别是 u、d 和 m，其中 $m = 1$，它们对应的概率分别为 p_u、p_d 和 p_m。参考 Hull（2009）的研究得到

$$u = e^{\sigma\sqrt{3\Delta t}},\ d = e^{-\sigma\sqrt{3\Delta t}}$$

$$\varphi_u = \sqrt{\frac{\Delta t}{12\sigma^2}}\left(r - \frac{\sigma^2}{2}\right) + \frac{1}{6},\ \varphi_d = -\sqrt{\frac{\Delta t}{12\sigma^2}}\left(r - \frac{\sigma^2}{2}\right) + \frac{1}{6},\ \varphi_m = \frac{2}{3}$$

其中，各个变量的含义同前文。Boyle 的论文中讲上升和下降两个态是对称的，以上 φ_u 和 φ_d 在形式上的对称也是一种对称的反映。宫文秀等（2016）的研究①有更详细的推导过程，对理论细节有兴趣的读者可以参考以上文献。

在三项式模型中，t_n 时刻的节点数目比二项式的要多，节点的个数达到 $2n+1$ 个，设在 t_n 时刻标的资产的价格为 $\{S_n^k\}$（$k = 1, 2, \cdots, 2n+1$），而欧式看跌期权在执行日期的收益为

$$f_T^k = \max(X - S_T^k,\ 0)$$

根据本章第一节的二项式模型中单阶段模型的分析过程，不难得到三项式单时段模型期权在 t_n 时刻的收益为

$$f_n^k = e^{-r\Delta t}[\varphi_u f_{n+1}^{k+1} + \varphi_m f_{n+1}^k + \varphi_d f_{n+1}^{k-1}]$$

以此类推，逐步贴现，就可以得到三项式模型中，欧式看跌期权在初始时刻的价格：

$$f(t_0,\ S_0,\ N) = e^{-rT}\sum_{j=0}^{N}\sum_{k=0}^{N-j}\begin{pmatrix}N\\j\\k\end{pmatrix}\varphi_u^j\varphi_d^k\varphi_m^{N-j-k}\max(X - S(T,\ j,\ N),\ 0)$$

其中，$\begin{pmatrix}N\\j\\k\end{pmatrix} = \dfrac{N!}{j!\ k!\ (N-j-k)!}$；$S(T,\ j,\ N) = m^k u^j d^{N-k-j} S_0$；$S_0$ 是标的资产的初始

① 宫文秀，高凌云. 复合期权的三叉树定价模型［J］. 统计与决策，2016（18）：83-86.

价格，N 是划分的时间段的数量。

在三项式模型的基础上，Kamrad 等（1991）提出了 n 项式模型①，这当然是对这类模型的又一次扩展。Kamrad 等设想增加每一期的可能状态来提高计算的精度。

① B KAMRAD, P RITCHKEN. Multinomial approximating models for options with k states variables [J]. Management Science, 1991, 37 (12): 1640-1652.

第七章
Monte-Carlo 方法

Monte-Carlo 方法是近几十年来，无论是学术界还是业界都普遍采用的一种计算机仿真模拟方法。尤其在金融风险管理、资产定价领域，Monte-Carlo 方法更是得到了非常广泛的应用。

第一节　随机数发生器

使用随机数发生器产生随机数是 Monte-Carlo 方法最关键的环节；同时，正是因为在模拟中用随机数发生器产生随机数很像赌博，所以这种方法以著名赌城 Monte Carlo 命名。由此可见，随机数发生器在这种方法中的重要性。本章在详细阐述 Monte-Carlo 方法之前，先讲述随机数发生器的有关内容。

随机数是某种随机现象或随机试验的结果。随机数可分为基于连续型概率分布生成的随机数，如均匀分布、t 分布、指数分布、F 分布等，以及基于离散型概率分布生成随机数，如二项分布、泊松分布等。另外，产生随机数有多种不同的方法，根据生成原理的不同主要可以分为三类：物理生成法、随机数表法和数学算法生成法。

一、物理生成法

自然界中众多的物理现象都呈现随机性，如传统的掷骰子和摇奖机、热噪声、Brown 运动、量子效应等。物理生成法是指借助物理现象或效应生成随机数的方法。

基于电路的生成法是早期常用的方法。电路中的各种噪声，如热噪声、散粒噪声等可作为随机源。该类随机源本身强度较小，可通过放大器放大，然后统计一定时间内超过阈值的数据，以此获得随机数。比如，芯片公司如 Motorola、Intel 等使用的振荡器采样法，其原理就是利用导体中电子的热震动引起的热噪声放大后，影响一个由电压控制的振荡器，再通过另一个高频振荡器来收集数据，得到随机数。

此外还有很多不同的生成方法。如利用量子效应，2012 年，澳大利亚国立大学的科学家从真空中的亚原子噪音获取随机数。这是利用亚原子对会持续自发的产生和湮灭，通过监听真空内亚原子粒子量子涨落产生的噪音，就可以得到真正的随机数。再比如，Linux 操作系统采用硬件运行时速、用户击键的时间间隔、鼠标移动速度和轨迹等用户与计算机交互的信息生成随机数。

总之，物理生成法是基于真实的随机现象生成随机数，因此也被称为“真随机数生成法”。之所以这样称谓，当然是因为相应地还有伪随机数生成法，后文有相应的叙述。物理生成法生成的结果最接近于理想中的随机数，这是它的优点。但它也有缺点，那就是结果无法重复获得。若某一实验需要重复验证，则该方法无能为力。另外由于这种方法基本上都需要依赖硬件设备，检查和维修的成本高，且运行效率较低，因此除了在 Monte-Carlo 方法诞生的早期，这种方法在目前已经很少使用了。

二、随机数表法

该类方法是为了弥补物理生成法成本高、效率低的缺点而提出的。具体的做法是，将物理生成法得到的数存储在表格中，形成一个数表，需要时随时调用，因此叫作“随机数表法”。比如，美国 RAND 公司在 20 世纪 40 年代采用随机脉冲发生器作为随机数发生源（物理生成法），并据此在 50 年代发布了一本有 100 万个随机数的手册。但该类方法与后来提出的数学算法生成法相比，还是不够方便，另外对随机数长度也有所限制，所以当前人们也很少使用这种方法了。

三、数学算法生成法

综合考虑到以上两类方法的缺陷，运用数学算法生成随机数的途径被提了出来，并且在今天成为生成随机数的主要形式。其中，由于均匀分布可以通过一定的数学变换而得到其他概率分布，因此它可以作为最基础的分布。数学算法的设计，也主要以产生均匀分布的随机数为主。

（一）平方取中法

该种方法由 Von Neumann 于 1946 年提出。取一个 s 位数作为种子 x_0，s 为偶数，将其平方得到一个 $2s$ 位数，若不足 $2s$ 位，用 0 补足高位，然后取 $2s$ 位数的中间 s 位作为结果 x_{i+1}。反复迭代并将得到的各 x_i 标准化至 0 到 1 区间便得到随机序列 r_i。以公式表示为

$$\begin{cases} x_{i+1} = \left[\dfrac{x_i^2}{10^{s/2}}\right] \bmod (10^s) \\ r_{i+1} = \dfrac{x_{i+1}}{10^s} \end{cases}$$

（二）线性同余法

同余法中最基础的是线性同余法，是由 Lehmer 在 1951 年提出的。此方法利用数论中同余运算来产生随机数，故称为“同余发生器”。一般递推公式表示为

$$\begin{cases} x_{i+1} = (a\,x_i + c) \bmod (M) \\ r_{i+1} = \dfrac{x_{i+1}}{M} \end{cases}$$

其中 a 表示乘子，c 表示增量，M 表示模。a、c、M 均为非负整数。运用该方法的重点

在于适当选取 a 、c 、M ，使得到的 x 均匀，且 x 循环周期长。其中当 $a = 1, c \neq 0$ 时，称为“加同余法”；当 $a \neq 1, c = 0$ 时，称为“乘同余法”；当 $a \neq 1, c \neq 0$，称为“混合同余法”。

（三）反馈移位寄存器法

反馈移位法是基于计算机的寄存器实现的算法。用线性同余法产生随机数有一些缺点，主要是用线性同余方法产生的均匀随机数相关性较大，且周期与计算机字长有关。1965 年 Tauswortheti 提出了反馈移位寄存器法，由反馈递推函数和移位寄存器组成。递推公式为

$$\alpha_k = (c_p \alpha_{k-p} + c_{p-1} \alpha_{k-p-1} + \cdots + c_1 \alpha_{k-1}) \bmod 2$$

其中 α 为寄存器中的二进制数码，值取 0 或 1，p 为给定正整数，$c_p = 1$，$c_i = 0$ 或 1，$(i = 1, \cdots, p-1)$ 。若给定初始种子 $(\alpha_{-p}, \alpha_{-p+1}, \cdots, \alpha_{-1})$ ，由递推公式可以得到 0 值或 1 值组成的二进制序列 $\{\alpha_i\}$ ，截取序列中的 L 位便可以构成一个 L 位二进制整数，向后移再截取 L 位便可以形成另一个新整数，以此类推，可以得到

$$x_1 = (\alpha_1, \alpha_2, \cdots, \alpha_L)$$
$$x_2 = (\alpha_{L+1}, \alpha_{L+2}, \cdots, \alpha_{2L})$$
$$\cdots$$

一般地，

$$\begin{cases} x_{i+1} = (\alpha_{iL+1}, \alpha_{iL+2}, \cdots, \alpha_{(i+1)L}) \\ r_i = \dfrac{x_i}{2^L} \end{cases}$$

其中：r_i 即产生的随机数。

（四）梅森旋转算法

该种算法是目前较为常用的算法，在常用的软件 PHP、Python 等编程语言内置的伪随机数发生器均采用此种算法，Matlab 的基本伪随机数也采用这种算法。梅森旋转算法是由反馈位移寄存器法改进而来。寄存器中的二进制直接采用递推公式为

$$x_{i+p} = x_{i+q} \oplus (x_i^u \mid x_{i+1}^{ll}) A$$

其中 p 和 q 是整数，且 $p > q > 0$，先生成 $(x_0, x_1, \cdots, x_{p-1})$ 作为初始种子，x_i 是一个二进制表示的行向量，亦同反馈位移寄存器中的 x_i ，$\oplus$ 是异或符号。A 是由 0 元素和 1 元素组成的一个 $w \times w$ 维的矩阵，w 是寄存器的长度，其中 $A = \begin{pmatrix} 0 & I_{w-1} \\ a_{w-1} & \bar{a} \end{pmatrix}$ ，$\bar{a} = (a_{w-2}, \cdots, a_0)''$，$a = (a_{w-1}, \bar{a})$ ；$(x_i^u \mid x_{i+1}^{ll})$ 表示由 x_i 的前 $w - r$ 位和 $x_i + 1$ 的后 r 位组合而成的行向量，$0 \leqslant r \leqslant w - 1$。递推公式中的 xA 部分可使用位运算实现。

以上是利用数学算法生成随机数的主要方法，都生成均匀分布的随机数发生器。在通过算法生成伪随机数后，可通过一些数学变换（如 Box-Muller 变换）得到服从非均匀概率分布的其他随机数，在下一节中有详细讲述。

另外，虽然基于数学算法产生随机数的方法克服了之前方法的一些缺陷，但它本身也不是尽善尽美的。比如，由于算法要求在初始时刻设置一个“种子”(seed)，或者可以称为初值，若种子相同则后续产生的随机数相同，这显然就不是

真正的随机数，因此由数学算法生成的随机数也被称为“伪随机数”（Pseudo-Random Number）。

不过在实际应用时，如果注意种子的选取，该方法产生的随机数也具有与真随机数几乎相同的性质，因此伪随机数通常被当作真随机数广泛使用。

四、随机数发生器的 Matlab 实现

在 Matlab 中，基本的生成（0，1）均匀分布随机数的函数是 rand（）。

rand（）最基本的调用方式是 y = rand（m，n）。其中 m 和 n 是使用者指定的输出的矩阵的行数和列数，也就是说 rand（）这个函数的输出是一个 $m\times n$ 的矩阵，每一个矩阵元都是服从（0，1）均匀分布的随机变量的抽样结果。rand（）是 Matlab 中最基本的随机数发生器。

如果需要生成服从标准正态分布的随机数，我们可以使用 randn（）。除了背后的概率分布不同，它的用法和 rand（）是一样的。

第二节 Monte-Carlo 方法

20 世纪 40 年代，著名数学家 Von Neumann 将所求解问题与一定概率模型的统计量相联系，提出了 Monte-Carlo 这一思想。经过若干代科学家的努力，发展成为一套成熟的方法——Monte-Carlo 方法，它利用随机数抽样从而获得待求参数或模拟系统运动的规律。

一、原理

Monte-Carlo 方法是一种方法或者策略，甚至是一种思想。因为它没有形成固定的一套做法，要根据研究的问题来确定解决问题的步骤。但是不管具体是什么问题，它的思路是一致的，那就是将概率模型与所求解的问题联系起来，构造的合适的依赖随机变量的概率模型，用计算机强大的计算能力在较短的时间内实现大量的统计模拟或抽样，以获得问题的近似解。具体来讲，人们通常将所求量表示为某随机变量的期望，通过成千上万次的随机模拟，遍历相应的可能概率分布空间。Monte-Carlo 的理论基础是大数定律，大数定律能够保证在模拟次数足够多的情况下，样本均值收敛于总体均值。

（一）概述

Monte-Carlo 方法实际上是一种“笨”办法。因为待求解的问题，如很难得到一些积分、随机微分方程的精确结果，那么就利用现代先进的信息技术，把简单、重复、大量的统计抽样工作交给计算机去做，所以没有计算机就没有真正意义上的 Monte-Carlo 方法。另外，由于统计模拟往往是以生成随机数为基础的，因此上一节的内容是方法的根基。

用数学语言来讲，假设待求的量可以表示为某随机变量 $h(x)$ 的期望值，x 的密

度为$f(x)$，则$\mu=E[h(X)]=\int h(x)f(x)dx$。从$f(x)$中抽取独立同分布的样本，则根据大数定律，$h(x)$的样本均值为

$$\hat{\mu}=\frac{1}{m}\sum_{i=1}^{m}h(x_i)\quad。\tag{7-1}$$

随m趋于无穷大，收敛到期望值μ，称该样本均值$\hat{\mu}$为μ的Monte-Carlo估计量。

这一基本原理的一个经典的例子是利用Buffon投针试验来估计圆周率π。假设平面上有一组平行线，相邻两组平行线距离为s，此时将长为s的针抛于平面，针与平行线垂线方向夹角为a，针中心距最近的平行线的距离为x，x在[0，s]间均匀分布，a在$[0,\pi]$间均匀分布，则相交概率关于a的函数为$P=\int_0^{\frac{s}{2}|\cos a|}\frac{2}{s}\mathrm{dx}=|\cos a|$。各项同性均匀抛针，则$E(|\cos a|)=\int_0^{\pi}|\cos a|\frac{1}{\pi}\mathrm{da}=\frac{2}{\pi}$。设$n$次抛针，$m$次相交，则相交概率期望的估计值$\hat{p}=\hat{E}(|\cos a|)=\frac{M}{N}$，则π的估计值可表示为$\hat{\pi}=\frac{2}{\hat{p}}=\frac{2N}{M}$。当$n$趋于无穷大时，估计值趋于真实值$\pi$。更为一般地，若两组平行线距离为$s$，针长为l，l<s，则$\hat{p}=\hat{E}(|\cos a|)=\frac{lM}{sN}$，则$\hat{\pi}=\frac{2}{\hat{p}}=\frac{2sN}{lM}$。运用Matlab仿真，针长为1，平行线距离为1，单次试验10 000次抛针，共试验10次，10次计算结果见表3-1，即圆周率的Monte-Carlo估计量。

表7-1　圆周率的Monte-Carlo估计量

试验序号	1	2	3	4	5	6	7	8	9	10
π估计值	3.164	3.155	3.146	3.111	3.125	3.118	3.158	3.154	3.128	3.136

从表7-1不难看出，估计值与真实值较为接近，可见Monte-Carlo方法是有效的。

Monte-Carlo方法中的核心在于抽样，就是如何对一个概率分布得到样本。通过随机数发生器可以得到均匀分布随机数，然后采用非均匀抽样算法，可以得到我们需要的非均匀分布的随机数，常用的算法有逆变换法、拒绝抽样法以及MCMC（Markov Chain Monte Carlo）方法中运用的Metropolis-Hasting算法和Gibbs算法。

（二）抽样方法

在运用Monte-Carlo方法的过程中，对应的随机模型中，随机变量可能对应着多种多样的分布函数。因此，第一节的产生均匀分布的随机数只是基础，在很多情况下还不能直接运用，需要经过处理转化为能够产生符合要求分布的随机数发生器，才能够用于Monte-Carlo的抽样、模拟过程。以下前半部分内容就是讲述变换方法

的。特别是 Markov 链 Monte-Carlo 法是近年来广泛使用的比较前沿的模拟方法，这里也对其抽样的设计做了讲述。

第一节主要讲述的是如何生成均匀分布的随机数，尽管也需要特定的技术、算法，总体来说还是相对简单的问题。现实中更多的问题，需要生成分布更为复杂的随机数。对于分布有着解析表达式的情况还较好处理，无法写出概率分布表达式的、更复杂的情况，则需要借助 Markov 链来完成。

1. 逆变换法（Inverse Transformation）

逆变换法原理较为简单，即先将所需的累积概率分布函数求反函数，然后从（0，1）区间上的均匀分布中获得随机数带入反函数中，便可得到所需分布的随机数。但该方法仅适用于较易求解反函数的概率分布函数。均匀分布获取正态分布随机数的 Box-muller 方法即由此原理而来。

设有两个独立的标准正态分布 $X\sim N$（0，1）和 $Y\sim$（0，1），由于两者相互独立，则联合概率密度函数为

$$p(x,\ y) = p(x)\ *p(y) = \frac{1}{\sqrt{2\pi}}e^{-\frac{x^2}{2}} * \frac{1}{\sqrt{2\pi}}e^{-\frac{y^2}{2}} = \frac{1}{2\pi}e^{-\frac{x^2+y^2}{2}}$$

根据极坐标变换原理，令 $x = R\cos\theta$ 和 $y = R\sin\theta$，则有 $\frac{1}{2\pi}e^{-\frac{x^2+y^2}{2}} = \frac{1}{2\pi}e^{-\frac{R^2}{2}}$。

该结果可以看成两个概率密度函数的乘积，其中前半部分 $\frac{1}{2\pi}$ 可以看作［0，2π］的均匀分布 U（0，2π），即 $\theta\sim U$（0，2π），如果令（0，1）区间上的均匀分布为 U_2，则 $\theta\sim 2\pi U_2$。

后半部分的密度函数 $e^{-\frac{R^2}{2}}$ 的累积分布函数为

$$P(R \leqslant r) = \int_0^r e^{-\frac{R^2}{2}} RdR = - e^{-\frac{r^2}{2}} + 1$$

该累计分布函数的反函数可以写成 $R = F^{-1}(z) = \sqrt{-2\log(1-z)}$。

因为 z 为均匀分布，因此 1-z 为均匀分布，令 $1 - z = U_1$，则 x、y 的表达式为

$$x = R\cos\theta = \sqrt{-2\log(U_1)}\cos(2\pi U_2)$$

$$y = R\sin\theta = \sqrt{-2\log(U_1)}\sin(2\pi U_2)$$

通过上两式中任意一式均可得到正态分布随机数。

2. 拒绝抽样法（Rejected Sampling）

该方法和逆变换法有一定的互补性。假如反函数不好求得，可以通过对另一个易于抽样的分布进行抽样，并计算接受概率，用迂回的思路来工作。假设欲抽样概率密度函数为 p（x），由于反函数不可求，因此无法对其进行逆变换抽样。此时选取另一概率密度函数为 q（x）的易抽样分布，将其乘以一常数 M，使其概率密度函数在函数值上能覆盖欲抽样函数。然后对 q（x）进行抽样，并通过接受概率去除掉不被接受的样本，最后得到我们需要的满足欲抽样分布的随机数样本。其中 q（x）最好在形状上与 p（x）相近。

具体步骤如下：

（1）从 $q(x)$ 中抽样得到一个样本点 $x(i)$；

（2）从标准正态分布中生成一个随机数 u；

（3）计算接受概率 $\alpha = \frac{p(x(i))}{Mq(x(i))}$；

（4）如果 $u \leq \alpha$，则接受 $x(i)$ 为符合 $p(x)$ 的一个随机数，否则拒绝该样本值。

重复以上步骤直至获得所需样本量，得到的随机数样本集即满足 $p(x)$ 的样本集。该类方法相较于逆分布法更易实现，但由于舍去了一些样本，使得效率变低。

3. Markov Chain Monte Carlo 方法

所谓的 Markov Chain Monte Carlo（简称“MCMC”）是 Monte-Carlo 方法中的一个重要的子集，通过构建 Markov 链利用其稳定时的分布为我们所需要的分布来进行抽样。普通的 Monte-Carlo 法在抽样时通常为独立采样，即样本与样本之间独立无关；而 MCMC 基于 Bayes 定理，下一次采样与当前样本有关，使采样效率变高。

这里涉及 Markov 链的概念。Markov 链是指满足 Markov 性质的一种状态值和时间值均为离散的随机过程。Markov 性质是指对于一个随机过程 $\{X(t), t \in T\}$，$t_1 < t_2 < t_3 < \cdots < t_n$，若满足

$$P(X(t_n) \mid X(t_1) = x_1, X(t_2) = x_2, \cdots X(t_{n-1}) = x_{n-1}) = P(X(t_n) \mid X(t_{n-1}) = x_{n-1})$$

即在 n 时刻的值则是在时间 n 的状态条件概率分布函数仅与前一时间 $n-1$ 下的状态有关，与此前的状态无关。

一个一般的 Markov 链存在一个初始状态、一个转移概率矩阵和一个终止稳定状态。若状态值或时间值连续，则被称为状态值连续的 Markov 链或时间值连续的 Markov 链。若经过多个时间的状态转换后，最终各状态概率稳定不变，则称该 Markov 链为收敛的，最终得到的状态概率分布称为平稳分布，且该分布不受初始状态影响。

【例 7-1】转移概率的计算。

举一个简单的 Markov 链的例子。假设天气存在两种状态晴天和雨天。相邻两天的晴天和雨天存在转换概率，状态转移概率矩阵 P 如表 7-2 所示。

表 7-2 状态转移概率矩阵 P

天气	晴天$_{t+1}$	雨天$_{t+1}$
晴天$_t$	0.8	0.2
雨天$_t$	0.3	0.7

其中，表 7-2 中下标表示第 t 天与第 $t+1$ 天。给定初始状态，由此可得到接下来每天的晴雨天概率。我们接下来计算并记录之后 20 天晴天的概率。Markov 链和转移概率见图 7-1。

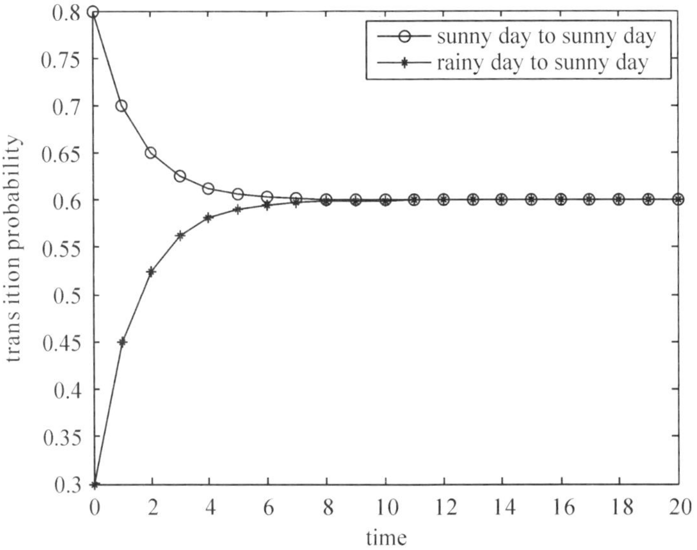

注：sunny day to sunny day 表示初始状态为晴天的晴天概率变化，
rainy day to sunny day 表示初始状态为雨天的晴天概率变化，
trans ition probability 表示转移概率。

图 7-1　Markov 链和转移概率

由图 7-1 可知，约 10 天后，晴天概率不受初始状态影响，此时每天的晴雨天概率独立，晴天概率收敛于 0.6。

设计 MCMC 方法的一个难处，在于如何设计合理的转移概率矩阵，使得 Markov 链的稳态分布等于要求的概率分布。通常情况下转移概率矩阵未知，此时需要其他方法来得到所需分布。具有平稳分布的 Markov 链满足以下平稳分布条件：

$$\pi(i)p(j\mid i)=\pi(j)p(i\mid j)$$

其中 p 为 Markov 链转移矩阵中的单个对应概率，π 则为平稳分布。MCMC 抽样算法的目标便是平稳分布的条件抽出满足 π 分布的样本。

MCMC 中两个较为著名和常用的方法为 Metropolis-Hastings 算法和 Gibbs 采样算法。

（1）Metropolis-Hastings 算法

Metropolis-Hastings 算法（简称“M-H 算法”）的思想便是由上述平稳分布条件而来。该类方法可以看作前文拒绝抽样法的扩展。假设在一定转移概率矩阵的情况下可以得到平稳分布 π，但此时转移概率矩阵无法获知，仅知道欲求的平稳分布。此时给定一个提议分布，其概率密度可表示为 $q(j\mid i)$，该分布需满足值能够计算出来，且固定 i 时，能方便产生关于 j 的随机数。在满足上述条件下 $q(j\mid i)$ 可任意取。此时对于 $q(j\mid i)$ 若需满足平稳分布 Markov 链条件，则等式应为

$$\pi(i)q(j\mid i)\pi(j)q(i\mid j)=\pi(j)q(i\mid j)\pi(i)q(j\mid i)$$

该式可化为 $\pi(j)q(i\mid j)=\pi(i)q(j\mid i)\quad\dfrac{\pi(j)q(i\mid j)}{\pi(i)q(j\mid i)}$。令 $\alpha(j\mid i)=$

$\min\left\{\frac{\pi(j)q(i\mid j)}{\pi(i)q(j\mid i)}, 1\right\}$ 为接受概率，则 Metropolis-Hastings 算法可按如下表示：

①当前状态为 i；

②从提议分布中 $q(j\mid i)$ 产生新状态 j；

③计算接受概率 $\alpha(j\mid i)=\min\left\{\frac{\pi(j)q(i\mid j)}{\pi(i)q(j\mid i)}, 1\right\}$；

④从 $U(0, 1)$ 均匀分布中抽取一个随机数 u；

⑤将随机生成的数和接受概率对比，如果 $u<\alpha$，状态就从 i 跳转到 j，否则继续保留在状态 i。

若选取的提议分布为对称分布，则接受概率可简化为 $\alpha(j\mid i)=\min\left\{\frac{\pi(i)}{\pi(j)}, 1\right\}$。

用标准正态分布模拟指数分布，这是对 Metropolis-Hastings 算法精神的一个较为简单的诠释。结果如图 7-2 所示，左边是真正的指数分布图，右边是用标准正态分布模拟指数分布的结果，可以看出效果还是比较好的。

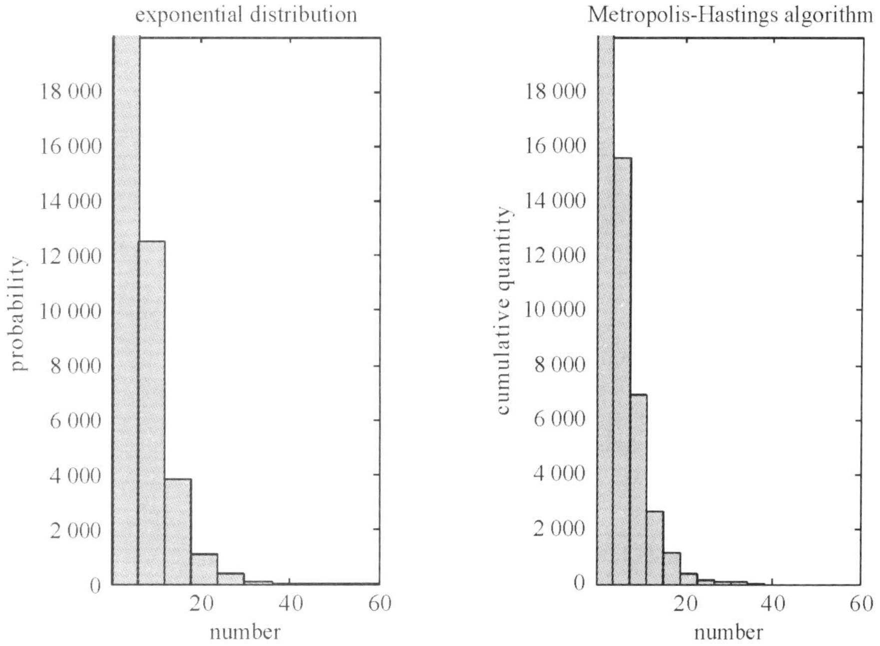

注：exponential distribution 表示指数分布，
Metropolis-Hastings algorithm 表示 Metropolis-Hastings 算法，
probability 表示概率，cumulative quantity 表示累计数量；下同。

图 7-2　用标准正态分布模拟指数分布

以生成掷两个骰子概率为例，状态空间为 $\Omega=\{1, 2, 3, \cdots, 12\}$。双骰子问题的结果及概率见表 7-3。

表 7-3　双骰子问题的结果及概率

x	1	2	3	4	5	6	7	8	9	10	11	12
$\pi(x)$	0	1/36	2/36	3/36	4/36	5/36	6/36	5/36	4/36	3/36	2/36	1/36

构建提议概率密度分布为

$$q(j \mid i) = \begin{cases} \dfrac{1}{2} & \pi(x) = \min\{x-1,\ 2\} \\ \dfrac{1}{2} & \pi(x) = \min\{x+1,\ 12\} \\ 0 & \text{others} \end{cases}$$

该提议分布为对称分布，因此可采用简化接受概率。运用 Matlab，样本量为 60 000，单次试验的各数值频率分布结果见图 7-3，即 Metropolis-Hastings 算法计算双骰子问题。

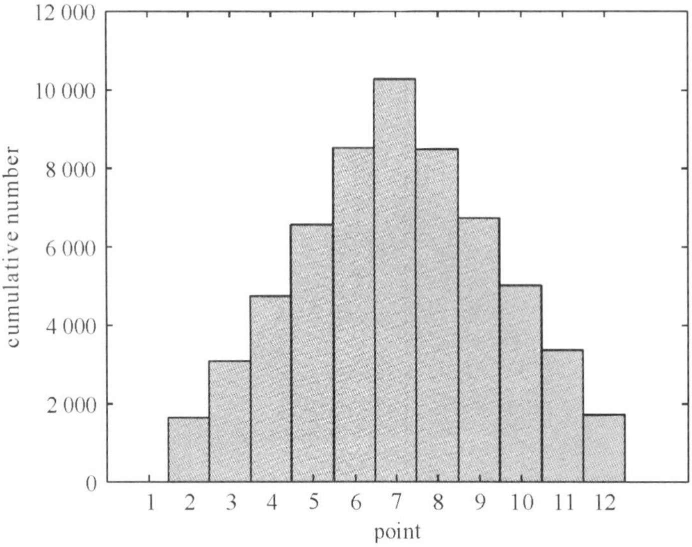

图 7-3　Metropolis-Hastings 算法计算双骰子问题

从图 7-3 中可以看出，该样本各数频率分布情况基本满足所求平稳分布概率。

（2）Gibbs 算法

Gibbs 算法针对的是二维以上分布的随机变量。其原理同样基于平稳分布条件。与 Metropolis-Hastings 算法不同的是，Gibbs 算法没有接受概率这一步骤，但需知道条件分布。以二维联合分布为例，假设 $\pi(x_1, x_2)$ 是一个二维联合分布，x_1，x_2 为两个随机变量，考察 x_1 坐标相同的两个点 $A(x_1^{(1)}, x_2^{(1)})$ 和 $B(x_1^{(1)}, x_2^{(2)})$。对于两点有如下关系成立：

$$\pi(x_1^{(1)}, x_2^{(1)})\pi(x_2^{(2)} \mid x_1^{(1)}) = \pi(x_1^{(1)})\pi(x_2^{(1)} \mid x_1^{(1)})\pi(x_2^{(2)} \mid x_1^{(1)})$$

$$\pi(x_1^{(1)}, x_2^{(2)})\pi(x_2^{(1)} \mid x_1^{(1)}) = \pi(x_1^{(1)})\pi(x_2^{(2)} \mid x_1^{(1)})\pi(x_2^{(1)} \mid x_1^{(1)})$$

上式右边相等，则有

$$\pi(x_1^{(1)}, x_2^{(1)})\pi(x_2^{(2)} \mid x_1^{(1)}) = \pi(x_1^{(1)}, x_2^{(2)})\pi(x_2^{(1)} \mid x_1^{(1)})$$

即

$$\pi(A)\pi(x_2^{(2)} \mid x_1^{(1)}) = \pi(B)\pi(x_2^{(1)} \mid x_1^{(1)})$$

可以看到该式同平稳条件公式形式相同，在 $x_1 = x_1^{(1)}$ 这条直线上，如果用条件分布 $(x_2 \mid x_1^{(1)})$ 作为任意两个点的状态转移概率，那么任意两个点的转移满足平稳条件。同理可以推导出对于 $A(x_1^{(1)}, x_2^{(1)})$，$C(x_1^{(2)}, x_2^{(1)})$ 两个点，存在

$$\pi(A)\pi(x_1^{(2)} \mid x_2^{(1)}) = \pi(B)\pi(x_1^{(1)} \mid x_2^{(1)})$$

因此，根据上式，我们可以构造所需分布 $\pi(x_1, x_2)$ 的 Markov 链对应的状态转移概率：

$$P(A \to B) = \pi(x_2^{(B)} \mid x_1^{(1)})\ if\ x_1^{(A)} = x_1^{(B)} = x_1^{(1)}$$
$$P(A \to C) = \pi(x_1^{(C)} \mid x_2^{(1)})\ if\ x_2^{(A)} = x_2^{(B)} = x_2^{(1)}$$
$$P(A \to D) = 0 \qquad \text{else}$$

由此对于二维平面的任意两点，满足：

$$\pi(X)P(X \to Y) = \pi(Y)P(Y \to X)$$

由此得到二维 Gibbs 抽样的步骤如下：

①初始化当前时刻 $t = 1$。通过所需分布 $\pi(x_1, x_2)$ 求得条件概率分布。

②生成二维随机变量随机初始值 $x_2^{(1)}$ 和 $x_2^{(1)}$。

③重复 3 个过程，即：

a. 根据 x_1 在 t 时刻的值从条件概率分布 $P(x_2 \mid x_1^{(t)})$ 中采样得到样本 $x_2^{(t+1)}$；

b. 根据 x_2 在 $t+1$ 时刻的值从条件概率分布 $P(x_1 \mid x_2^{(t+1)})$ 中采样得到样本 $x_1^{(t+1)}$；

c. 令 $t = t + 1$。

④直到 $t = T$ 时刻停止，T 取决于所需样本量。

最终得到的序列 $\{(x_1^{(1)}, x_2^{(1)}), (x_1^{(2)}, x_2^{(2)}), \cdots, (x_1^{(T)}, x_2^{(T)})\}$，即我们所需的样本集。同理对于多维 Gibbs 抽样，只需获得各维在其余维变量条件下的条件分布，步骤同二维 Gibbs 相同。

以二维 Gibbs 抽样为例，欲获取二维正态分布样本，即所需分布 $Y \sim N(\mu, \Sigma)$，其中

$$\mu = (\mu_1, \mu_2) = (0, 0)$$

$$\Sigma = \begin{pmatrix} \sigma_1^2 & \rho\sigma_1\sigma_2 \\ \rho\sigma_1\sigma_2 & \sigma_2^2 \end{pmatrix} = \begin{pmatrix} 1 & 0.7 \\ 0.7 & 1 \end{pmatrix}$$

二维正态分布的条件分布公式为

$$P(y_1 \mid y_2) = N\left(\mu_1 + \frac{\rho\sigma_1(y_2 - \mu_2)}{\sigma_2}, (1-\rho^2)\sigma_1^2\right)$$

$$P(y_2 \mid y_1) = N\left(\mu_2 + \frac{\rho\sigma_2(y_1 - \mu_1)}{\sigma_1}, (1-\rho^2)\sigma_2^2\right)$$

单次试验共采集 5 000 个样本，最终单次试验样本集所绘散点集如图 7-4 所示。

图 7-4 可以简单显示抽样的过程和模拟的结果，抽样从圆圈开始，前 60 个样本点为雪花状。

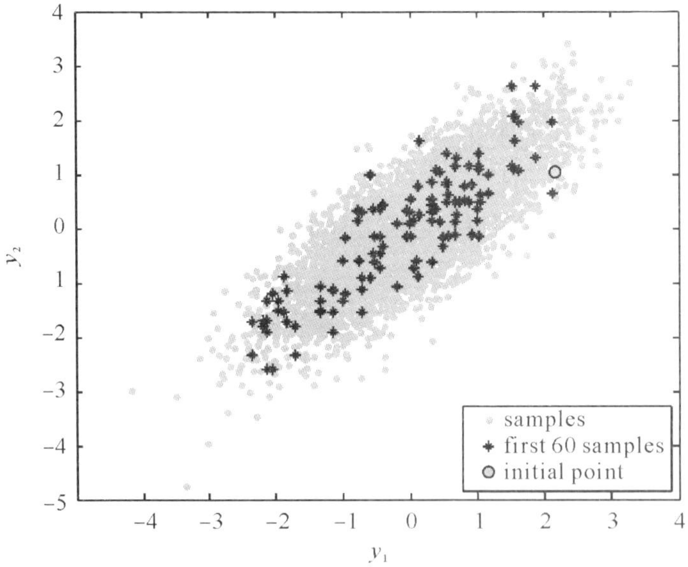

注：samples 表示样本集，first 60 samples 表示前 60 个样本点，initial point 表示起始点。

图 7-4 Gibbs 抽样

在实际使用 Metropolis-Hastings 算法和 Gibbs 算法时，由于初期状态不稳定，所以我们一般将样本集前一部分样本舍去，取后面部分作为最终样本集。

二、实例

这里给出一个不太复杂的实例，运用 Monte Carlo 方法对欧式股票期权进行定价。其主要的思路是对标的股票价格的运动路径进行模拟，为了提高准确性要尽可能多地覆盖标的资产价格的多条运动路径，计算每条路径下的收益，然后求多条路径收益的期望值，最后通过贴现公式就可得到期权的价格。

设欧式看涨期权价格为 $f(t, s)$（t 是时间，s 是标的资产价格），Monte Carlo 模拟的步骤是：

（1）模拟标的资产的价格运动。前面的章节讲过，主流的模型是几何 Brown 运动，见第四章式（4-5）。模拟的时间区间是从初始时刻直到期权到期日 T，通过模拟可以得到价格的一条随机路径，这就给出了标的资产价格路径的一个实现。

（2）根据期权的支付公式 $\max(s_T - k, 0)$，计算出这条路径下期权的收益。

（3）重复第（1）步和第（2）步，得到对应多条路径的期权收益。

（4）计算这些不同路径对应的期权收益的均值。

（5）用无风险利率贴现，得到这个期权的估计价值：

$$f(s, t) = e^{-r(T-t)} E[f(s_T, T)] \tag{7-2}$$

以上五步中，第（1）步对标的资产价格的模拟是关键。对此，常用的方法有随机 Euler 算法和使用具有表达式的解，这里用后一种方法。我们将期权的持有期 T

分为 n 个间隔相等的时段，令 $\Delta t = T/t$ 。根据资产价格呈对数正态分布的假定有

$$S_{t+\Delta t} = S_t \exp\left(\left(\mu - \frac{\sigma^2}{2}\right)\Delta t + \sigma^2\sqrt{\Delta t}\right)$$

其中 S_t 为资产在时刻 t 的价格；μ 为标的资产的对数收益率的均值；σ 为标的资产对数收益的波动率。

从初期的 S_0 开始，重复用上述公式 n 次，可得到资产在到期日的一个价格 S_T ，由资产的这个价格可以估计期权在到期日的价值。

重复 m 次模拟，可以得到 m 个期权的可能值，再取均值的现值即可得到期权的一个价格估计，然后用式（7-2）计算期权价格。

第三节　方差消减技术

Monte-Carlo 作为一种通过抽样的模拟方法，其所获得的计算结果与真实精确值之间定会存在误差。对于式（7-1）所求得的估计量，记 $h(x)$ 方差为 σ^2 ，则估计量 $\hat{\mu}$ 的方差为 $\mathrm{Var}(\hat{\mu}) = \mathrm{Var}\left(\frac{1}{m}\sum_{i=1}^{m} h(x_i)\right) = \frac{\sigma^2}{m}$ ，由中心极限定理知，当 m 足够大时 $P\left(\frac{|\hat{\mu} - \mu|}{\sqrt{\frac{\sigma^2}{m}}} \leqslant z_{\frac{\alpha}{2}}\right) \approx 1 - \alpha$ 。式中 $z_{\frac{\alpha}{2}}$ 为标准正态分布的 $\frac{\alpha}{2}$ 分位点。则 Monte-Carlo 方法的估计值 $\hat{\mu}$ 与期望 μ 的差 $|\hat{\mu} - \mu| < \frac{\sigma z_{\frac{\alpha}{2}}}{\sqrt{m}}$ 。因此，从此式可以看出误差与 $\sqrt{m}$ 成反比，与 σ 成正比。也由此可知，从减小方差的角度入手能提高估计量的精度。方差缩减技术主要针对 Monte-Carlo 方法中的核心——抽样进行改变。常用的方差缩减技术有重要性抽样法和对偶抽样法。

一、重要性抽样法

重要性抽样法通过改变现有样本空间的概率分布，提高“重要”区域的抽样权重，使对最后结果贡献大的样本出现的概率变大，以便减少方差，提高估计精度。原始权重的重要性抽样原理：选取与 $f(x)$ 有相同支撑集的另一个密度函数，则期望可表示为 $\mu = E[h(X)] = \int h(x) f(x)\,\mathrm{dx} = \int h(x)\frac{f(x)}{g(x)} g(x)\,\mathrm{dx}$ 。从 $g(x)$ 中抽取独立同分布样本，则 $\hat{\mu} = \frac{1}{m}\sum_{i=1}^{m} h(X_i)\omega(X_i)$ ，其中 $\omega(X_i) = \frac{f(X_i)}{g(X_i)}$ 。此时，$Var(\hat{\mu}) = \frac{1}{m}\left[E\left(h(X)\frac{f(X)}{g(X)}\right)^2 - \mu^2\right]$ ，$g(x)$ 越接近 $h(x)$ ，则方差越小。

二、对偶抽样法

对偶抽样法利用一些对称分布的对称性，构建一对负相关的随机变量来减小方差。

设$\widehat{\mu}^{(1)}$和$\widehat{\mu}^{(2)}$为μ的两个同分布无偏估计，其中$\widehat{\mu}^{(1)}$是已知数量为m的均匀随机数U_1，U_2，…，U_m的一个函数，样本量为m时，$\widehat{\mu}^{(1)}$和$\widehat{\mu}^{(2)}$的方差为$\frac{\sigma^2}{m}$，则两者的平均估计$\widehat{\mu}=\frac{\widehat{\mu}^{(1)}+\widehat{\mu}^{(2)}}{2}$的方差为$\mathrm{Var}(\widehat{\mu})=\frac{1}{4}[(\mathrm{Var}(\widehat{\mu}^{(1)})+\mathrm{Var}(\widehat{\mu}^{(2)})+2\mathrm{Cov}(\widehat{\mu}^{(1)},\widehat{\mu}^{(2)}))]=\frac{(1+\rho)\sigma^2}{2m}$，式中$\rho$为两个估计的相关系数。因此在两个估计量负相关时，$\widehat{\mu}$的方差会小于单独使用样本量为$2m$的其中一个估计的方差。在$h(x)$具有单调性情况下，采用如下步骤可使$\widehat{\mu}^{(1)}$和$\widehat{\mu}^{(2)}$负相关：

首先从$U(0,1)$中产生m个随机数U_1，…，U_m。其次令$X_1=F^{-1}(U_1)$，$X_2=F^{-1}(U_2)$，…，$X_m=F^{-1}(U_m)$，$X_1^{-1}=F^{-1}(1-U_1)$，…，$X_m^{-1}=F^{-1}(1-U_m)$。其中$F(X)$为随机变量X的累计函数。此时，$\widehat{\mu}^{(1)}=\frac{1}{m}\sum_{i=1}^{m}h(X_i)$，$\widehat{\mu}^{(2)}=\frac{1}{m}\sum_{i=1}^{m}h(X_i')$，此时两者负相关。

三、计算实例

以求积分$\mu=\int_0^1\frac{e^{-x}}{1+x^2}dx$为例，该积分中$h(x)$为$\frac{e^{-x}}{1+x^2}$，$f(x)$为1，生成$m$个$U(0,1)$随机数$x_1$，$x_2$，…，$x_m$，则简单 Monte-Carlo 方法的估计量为$\widehat{\mu}=\frac{1}{m}\sum_{i=1}^{m}\frac{e^{-x_i}}{1+x_i^2}$，它是$\mu$的无偏估计量。选取重要性函数$g(x)=\frac{e^{-x}}{1+e^{-1}}$，控制变量为$t(x)=e^{-x}$，对偶抽样变量为$\left[\frac{e^{-x}}{1+x^2}+\frac{e^{-(1-x)}}{1+(1-x)^2}\right]/2$。单次样本为10 000，共进行10次试验，最终结果取10次试验平均值。结果如下：

一是简单 Monte-Carlo 方法10次抽样结果（见表7-4）。

表7-4 简单 Monte-Carlo 方法10次抽样结果

试验序号	1	2	3	4	5	6	7	8	9	10
μ估计值	0.521 7	0.521 5	0.521 9	0.525 6	0.522 8	0.525 2	0.524 2	0.527 9	0.526 1	0.526 0

二是重要性抽样法10次抽样结果（见表7-5）。

表7-5 重要性抽样法10次抽样结果

试验序号	1	2	3	4	5	6	7	8	9	10
μ估计值	0.524 1	0.524 0	0.523 8	0.525 2	0.523 5	0.524 5	0.524 9	0.525 7	0.525 5	0.525 2

三是对偶抽样法 10 次抽样结果（见表 7-6）。

表 7-6　对偶抽样法 10 次抽样结果

试验序号	1	2	3	4	5	6	7	8	9	10
μ 估计值	0. 524 3	0. 524 4	0. 524 6	0. 524 8	0. 525 2	0. 525 2	0. 524 5	0. 525 0	0. 524 6	0. 524 8

由此，我们容易计算出各方法 10 次试验结果估计值与方差（见表 7-7）。

表 7-7　各方法 10 次试验结果估计值与方差

采用的算法	估计值	方差
简单 Monte-Carlo 方法	0. 524 3	4. 436 7e-6
重要性抽样法	0. 524 7	5. 206 5e-7
对偶抽样法	0. 524 7	9. 737 3e-8

从结果可以看到各方差缩减技术对结果的方差有着显著的减小作用。

第八章
风险管理（I）——微观视角

无论是在学术领域还是在实务领域，风险管理都是金融的核心组成部分之一。本书的第八章和第九章将讲述金融风险管理部分。通常来讲，金融风险可以分为微观风险和宏观风险，对于它们的测度、管理等方面都不一样。

本章主要介绍微观风险的管理理论。这部分可以包含的内容很多，但最核心的有两方面：一是关于投资组合的理论，构建投资组合分散、对冲风险是最常用的风险管理手段；二是关于风险的测度问题，最为常用的无疑是 VaR 模型。因此，本章分两节分别讲述。

第一节 均值—方差理论

“不要把鸡蛋放到一个篮子里”，这是投资者耳熟能详的一句名言，对应的投资行为就是构建投资组合分散风险。科学的投资组合（portfolio）理论，是从 Markowitz 开始，又经资本资产定价模型完善的。近几年，智能投顾（全称“智能投资顾问”，含义见第一章）是一个比较热门的概念，很多不熟悉智能投顾的人误以为其仅是把计算机技术用到资产配置领域产生的全新事物，和传统的金融学理论没有任何关系，殊不知以均值—方差理论为代表的投资组合理论才是智能投顾的基础。

一、投资组合：收益—风险的平衡

均值—方差理论是 Markowitz 在 1952 年还在读研究生时提出的，它是现代投资组合理论的开端。这个理论不仅比较早地提出测度风险的定量方法，而且将如何配置资金、如何管理风险这个非常复杂的问题转化为一个运筹学中的规划问题。Markowitz 本人也因此于 1990 年获得了诺贝尔经济学奖的表彰。

在均值—方差理论中，“均值”一词是指期望收益（return），即收益的平均值；而“方差”是对风险的一种度量，是指收益数据序列的方差，它的标准差又称为“波动率”，在第四章我们讲过这个概念，波动率 σ 是几何 Brown 运动方程中的重要参数。在有些情况下，我们也会用波动率来衡量风险。

这里用一个例子引出正式的均值—方差理论。假设甲用 10 万元进行投资，投资期为 1 年。一种方案是用全部资金买国债，相应的年收益率为 6%，没有任何亏损的风险；另一种方案是用全部资金买股票，既可能赚钱也可能亏损，表 8-1 给出了该股票各种可能的收益率和对应的概率。

表 8-1　该股票各种可能的收益率和对应的概率

概率	收益率/%	概率	收益率/%
0.05	50	0.4	10
0.15	35	0.2	-25
0.3	20	0.3	-10

根据表 8-1 不难计算出，股票的期望收益率是

$$0.05\times0.5+0.15\times0.35+0.3\times0.2+0.4\times0.1+0.2\times(-0.25)+0.3\times(-0.1)\times100\%=97.5\%$$

这就是说，如果甲愿意承担一定的风险（买股票），他就可以有 9.75%的期望收益率，高于投资无风险国债的收益率 6%。如果投资于股票，运气好的情况下，收益率最高会达到 50%，即赚 5 万元；运气差的情况下，最高会亏损 25%的资金，即亏损 2.5 万元。

其实，在以上两种方案之外还有第三种方案，如把资金分四六开，40%即 4 万元购买国债，60%即 6 万元购买股票。这一新方案的期望收益率是

$$(40\ 000\times0.06+60\ 000\times0.097\ 5\%)/100\ 000\times100\%=8.25\%$$

新方案的收益率是 8.25%，介于全部买国债和全部买股票之间。承担的亏损风险，低于全部买股票的方案，这正是把全部资金四六开、分散风险的结果。可以看出，对大多数人来说，方案三兼顾了收益和风险两方面，要优于另外两个方案。但是四六开是不是最优的资金分配方式呢？什么比例才是最佳的方式？均值—方差理论就可以回答这些问题。

二、均值—方差理论原理

Markowitz 的最初的均值—方差理论的前提假设如下：

（1）投资者要求风险—收益对等，即每承担一定的风险，就会要求相匹配的收益来补偿。如果用纵轴表示资产组合的预期收益（expected return），横轴表示投资组合的风险，那么该投资者的无差异曲线为向右上方倾斜的二次型曲线，即图 8-1 中粗线的部分（下面的细线是为了显示该曲线的整体形状）。

（2）投资者是理性的，同一收益水平上风险小的投资优于风险大的投资；同一风险水平上收益大的投资优于收益小的投资。

（3）不考虑税收、交易成本等因素，即市场环境是无摩擦的。

（4）市场完全信息，所有的市场参与者均能免费获得同样的信息。并且，投资者对市场上各种风险资产的预期收益率和风险大小以及各种资产之间的相关系数都有一致的认识，即同质预期假设（homogeneous expectation）。

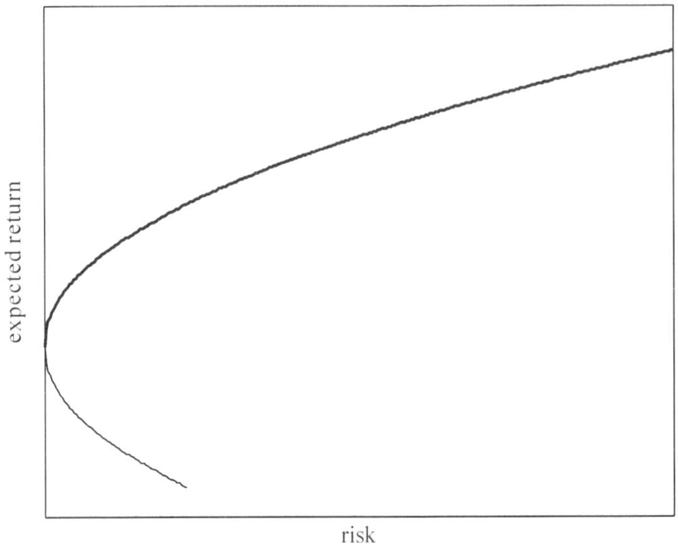

注：expected return 表示预期收益，risk 表示风险；下同。

图 8-1　投资者的无差异曲线

除了以上假设，在 Markowitz 的最初版本中，还有不允许风险资产的卖空交易、所有的资产均为风险资产的条件。后来，均值—方差理论被多位经济学家扩展，越来越贴近现实。这其中比较重要的扩展是 Black 引入了卖空假设、Tobin 引入了无风险借贷假设。表 8-2 显示出均值—方差理论发展过程中最重要的脉络。

表 8-2　均值—方差理论发展过程

模型假设	允许以无风险利率 无限制地借入和借出	不允许以无风险利率进行借贷
允许卖空风险资产	完善模型	Black 模型
不允许卖空风险资产	Tobin 模型	Markowitz 模型

下面将以从两项风险资产的组合扩展到 n 项风险资产的组合，简要讲述均值—方差理论的内容，之后引出有效边界的概念。

（一）两项风险资产 A、B 的组合

如果记 R_A 和 R_B 是资产 A、B 的收益；ER_A 、ER_B 和 ER_p 分别为 A、B 与其组合的期望收益；σ_A 、σ_B 和 σ_p 分别为 A、B 及组合的收益率序列的标准差；W_A 和 W_B 分别为 A、B 在投资组合中所占的权重；σ_{AB} 为 R_A 和 R_B 的协方差。其中，$W_A + W_B = 1$。由于不考虑卖空，那么需要要求 $W_A \geqslant 0$ 和 $W_B \geqslant 0$。

那么该组合的期望收益是：

$$ER_p = W_A\ ER_A + W_B\ ER_B$$

如果采用向量和矩阵的记法，上式可以写成更为紧凑的形式如下：

$$ER_p = (W_A,\ W_B)\begin{pmatrix} ER_A \\ ER_B \end{pmatrix} = \overrightarrow{W}^T \overrightarrow{ER} \tag{8-1}$$

其中，$\overrightarrow{W}=\begin{pmatrix}W_{\mathrm{A}}\\W_{\mathrm{B}}\end{pmatrix}$ ，$\overrightarrow{ER}=\begin{pmatrix}ER_{\mathrm{A}}\\ER_{\mathrm{B}}\end{pmatrix}$ ，$\overrightarrow{W}^T$ 是转置向量。

该组合的方差（风险）是：

$$\sigma_p^2 = W_A^2\sigma_A^2 + W_B^2\sigma_B^2 + 2W_A W_B \sigma_{AB}$$

如果采用向量和矩阵的记法，上式可以写成更为紧凑的形式如下：

$$\sigma_p^2 = (W_A,\ W_B)\begin{pmatrix}\sigma_A^2 & \sigma_{AB}\\ \sigma_{AB} & \sigma_B^2\end{pmatrix}\begin{pmatrix}W_A\\W_B\end{pmatrix}$$

其中，$\sigma_{\mathrm{AB}}=\sigma_{\mathrm{BA}}$ ，矩阵 $\begin{pmatrix}\sigma_{\mathrm{A}}^2 & \sigma_{\mathrm{AB}}\\ \sigma_{\mathrm{BA}} & \sigma_{\mathrm{B}}^2\end{pmatrix}$ 正好是 A 和 B 的协方差矩阵，可以记为 Σ ，如果设 $\overrightarrow{W}=\begin{pmatrix}W_{\mathrm{A}}\\W_{\mathrm{B}}\end{pmatrix}$ ，则：

$$\sigma_p^2 = \overrightarrow{W}^T\Sigma\overrightarrow{W} \tag{8-2}$$

不少相关书籍中对于风险（方差）的衡量，都是以上式的形式给出的。我们这里给出了比较详细的推导步骤，便于读者理解。

式（8-1）是收益的期望值，期望值在概率论中就是平均值的意思；而式（8-2）衡量了投资组合的风险，是以方差的形式表现出来的。讲到这里，读者应该能够理解为什么这个理论被称为“均值—方差理论”了。

从式（8-1）和式（8-2）可以看出，通过选择不同的权重 W_{A} 和 W_{B} ，就会得到不同的组合方案，每个方案中期望收益 ER_p 和风险 σ_p^2 都不相同。作为理性的投资者，都会希望收益最大化的同时风险最小化。这实际是两个目标，有时候还有可能有冲突。Markowitz 想出的办法是，先让风险最小化，因为多数人都是风险厌恶型的；期望收益就不追求最大化了，可以设置一个目标期望收益值。于是，寻找最优的权重 W_{A} 和 W_{B} ，就可以通过求解如下二次规划（quadratic programming）问题实现

$$\begin{aligned}\min\quad & \overrightarrow{W}^T\Sigma\overrightarrow{W}\\ \text{s. t.}\quad & \overrightarrow{W}^T\,\overrightarrow{ER} = ER_T\\ & W_{\mathrm{A}} + W_{\mathrm{B}} = 1\\ & W_{\mathrm{A}} \geqslant 0 \text{ 且 } W_{\mathrm{B}} \geqslant 0\end{aligned}$$

其中，ER_T 是设置的目标期望收益。这个二次规划模型就是均值—方差理论的数学形式。

（二）n 项风险资产的组合

以上是组合中只有 A 和 B 两种资产的情况。如果把组合中的资产数量扩展到有 n 种，那么均值—方差模型为

$$\min \quad \overrightarrow{W}^T \Sigma \overrightarrow{W}$$

$$\text{s. t.} \quad \overrightarrow{W}^T \overrightarrow{\text{ER}} = \text{ER}_T$$

$$\sum_{i=1}^{n} W_i = 1$$

$$W_i \geqslant 0$$

其中，W_i 是投资到第 i 种资产的资金权重，其他符号的含义同前，只是资产数量有 n 种。

前文提到的 Black 对均值—方差模型的扩展，主要是允许卖空操作，这实际上就是允许组合中投向某资产的权重小于 0。

（三）有效边界

均值—方差理论中，在以上模型的基础上，投资者将以以下的两个主要步骤来选择最优的投资组合方案，即：

第一步，找到包括所有资产的可行集和有效集；

第二步，单个投资者根据自身风险偏好、效用函数和无差异曲线找到最优投资组合。

在明确了以上两个步骤后，我们先阐述可行集（Feasible Set）和有效集（Efficient Set）两个重要概念。

可行集又称为"可行域"（Feasible Region），是指所有可能的投资组合方案的集合。

有效集又称为"有效边界"或"有效前沿"（Efficient Frontier），是指对理性投资者而言既定的风险水平下会选择最大的预期收益的投资组合方案；对于既定的收益水平则会选择最小风险的方案。因此，能同时满足这两个条件的可行集才称为有效集，有效集是可行集的子集。有效集中的点所代表的投资组合称为"有效投资组合"（Efficient Portfolio）。

分析了两项资产模型和 n 项资产模型后，我们通过求解模型可以得到对应于不同预期收益的可供投资者选择的有效集，可以看作备选方案。每一组不同的权重，对应着不同的期望收益和风险；而每一对期望收益和风险，都可以在图 8-2 的平面内画出一点。这画出的许多点会联结成一条曲线，通常我们称之为"有效边界"（Efficient Frontier）。有效边界是有效集的几何表现。最优投资组合方案见图 8-2。

有效边界是一系列最优状态点组成的曲线，这意味着无法找出曲线之外的一点，它的期望收益和曲线上的点相同却有着更小的风险；或者风险相同却有着更多的期望收益。从这个角度来讲，有效边界可以说是一条帕累托最优（Pareto Optimality）曲线。

在有效边界的基础上，如果投资者的偏好可以确定，如图 8-2 中的 I（较低的风险和较少的收益）或者 II（较高的收益和较高的风险），它们和有效边界（图 8-2中的粗线）的切点，如 K 点、L 点，就是对特定投资者来说的最佳投资方案。

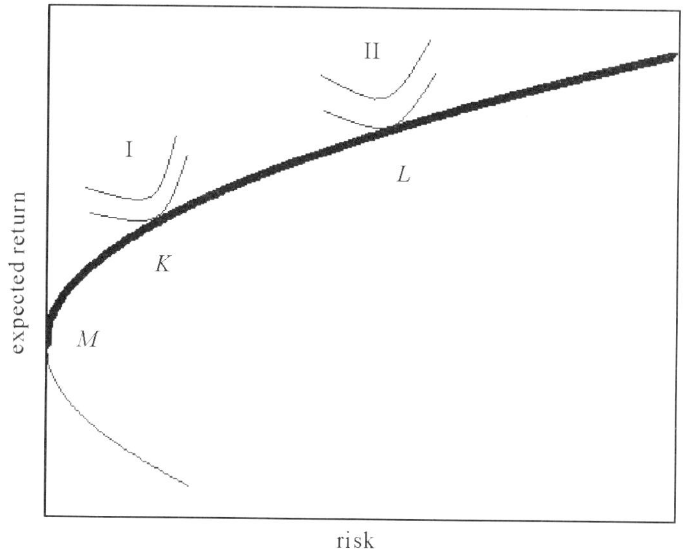

图 8-2 最优投资组合方案

三、计算实例

Matlab 中实现均值—方差模型计算可以使用 frontcon（）函数。

frontcon（）最基本的调用方式是：

[PortRisk, PortReturn, PortWts] =frontcon（ExpReturn, ExpCovariance, NumPorts, PortReturn, AssetBounds, Groups, GroupBounds）

输入参数及其含义是：

ExpReturn	%资产组合中每项资产预期回报，为一列行向量
ExpCovariance	%各种资产之间的协方差矩阵，为对称矩阵
NumPorts	%（不是必须）在资产组合有效前沿上的点的个数，默认值是 10 个点
PortReturn	%（不是必须）有效前沿上每个点的回报
AssetBounds	%（不是必须）每种资产权重的上限、下限区间
Groups	%（不是必须）如果 G（i，j）= 1 表示第 i 个资产属于第 j 个群 G（i，j）= 0 表示第 i 个资产不属于第 j 个群
GroupBounds	%（不是必须）每种群权重约束区间，默认值规定下限位 0，上限为 1

输出参数及其含义是：

PortRisk	%组合的标准差
PortReturn	%组合的收益
PortWts	%组合中每一种资产的权重

【例 8-1】有一个由股票 A、股票 B 和股票 C 组成的投资组合，它们的期望收

益率分别是 0. 3、0. 2 和 0. 15，资产组合的协方差矩阵为

$$\begin{pmatrix} 0.05 & 0.001 & 0.015 \\ 0.001 & 0.06 & 0.025 \\ 0.015 & 0.025 & 0.03 \end{pmatrix}$$

求该资产组合的有效边界。

求出有效边界上的 10 个点即可，关键代码如下：

```
ExpReturn = [0.3, 0.2, 0.15];
ExpCovariance = [0.05, 0.001, 0.015; 0.001, 0.06, 0.025; 0.015, 0.025, 0.03];
NumPorts = 10;
[PortRisk, PortReturn, PortWts] = frontcon(ExpReturn, ExpCovariance, NumPorts)
```

运行以上代码，求得：

（1）资产组合的风险（标准差）向量为（0. 154 8，0. 155 3，0. 156 9，0. 159 5，0. 163 0，0. 167 5，0. 174 3，0. 186 5，0. 203 3，0. 223 6）；

（2）与以上向量各分量对应的、资产组合的预期收益向量为（0. 210 4，0. 220 4，0. 230 3，0. 240 3，0. 250 2，0. 260 2，0. 270 1，0. 280 1，0. 290 0，0. 300 0）。

有效边界见图 8-3。

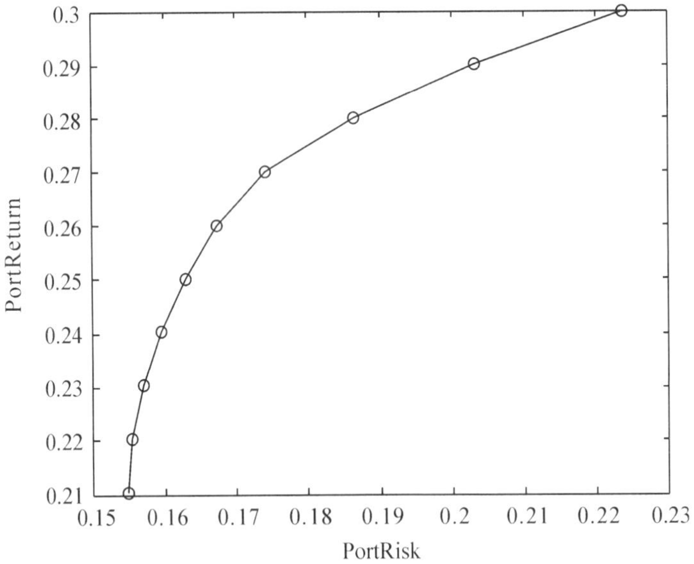

注：PortReturn 表示投资组合收益，PortRisk 表示投资组合风险；下同。

图 8-3　有效边界

第二节　资本资产定价模型

资本资产定价模型（Capital Asset Pricing Model，CAPM）是 Sharpe、Lintner、Treynor 和 Mossin 于 1964 年在均值—方差模型的基础上提出的，这项成果荣获 1990 年的诺贝尔经济学奖。

一、原理

均值—方差模型需要的输入有期望收益、风险（收益的方差）、协方差矩阵等。如果组合中包括 N 种资产，那么就会对应 $\frac{N+N+N(N-1)}{2}$ 个参数。在投资实务中，N 往往是一个比较大的数字。这在计算机才出现不久的 20 世纪 50 年代，巨大的计算量是个难以逾越的障碍。

在这样的背景下，Sharpe 等（1964）提出了资本资产定价模型。这个模型不仅大大减少了 Markowitz 均值—方差模型的计算量，还指出了为了补偿一定程度的风险，投资者应该获得多少的期望回报。也就是说，资产的均衡价格将如何在期望收益和风险的平衡中形成，即如何按照风险确定资产的均衡价格，这个模型也因此得名。

这里引入一个概念——市场投资组合（market portfolio），严格来讲，它是指该组合中包含市场上所有的风险资产，每项资产的权重是其市值占所有资产总市值的比重。通常，我们可以用构成股票市场大盘指数的证券组合来代表市场组合。

当投资者向某些资产投入资金，他们预期得到多少回报是合理的呢？前文提到的“市场投资组合”将发挥重要作用。Sharpe 等（1964）认为，投资于第 i 项资产得到的收益，应该和市场投资组合成正比，具体的关系是：

$$R_i = \alpha_i + \beta_i R_M + \zeta_i \tag{8-3}$$

其中，R_i 是第 i 项资产收益，R_M 是市场投资组合的收益，α_i 和 β_i 都是常数，ζ_i 是随机扰动项。式（8-3）就是资本资产定价理论中的单因素（Single Index）模型。

式（8-3）表明，第 i 项资产的收益可以分解为两部分。一部分是 $\alpha_i + \beta_i R_M$，它和市场投资组合（可以理解为投资环境）有关，是市场内部的影响，在经济学上称之为内生的（endogenous）。注意 R_i 和 R_M 都是随机的，因此 $\alpha_i + \beta_i R_M$ 不是确定的，有风险，这一风险被叫作系统风险（Systematic Risk）。另一部分 ζ_i 可以理解为随机扰动，如战争的爆发、新政策的出台等，不是市场内部的因素引起的，在经济学上称之为外生的（exogenous）。而对应的风险通常被叫作非系统风险（Nonsystematic Risk 或 Idiosyncratic Risk）。通过构建多种资产组成的投资组合，非系统风险之间可以相互抵消，“不要把鸡蛋放在一个篮子里”的投资方式能够减少的就是这一类风险。系统风险则不能用构建投资组合的方式减少。

资本资产定价模型式（8-3）中未定的参数 α_i 和 β_i 是通过回归的方式得到的，

并且还是线性回归；而 Markowitz 均值—方差模型是一个二次规划问题，随着组合中证券数量的增加，计算量非常大，因此资本资产定价模型在减少计算量方面是显著的。需要说明的是，参数 β_i 由于有重要作用，因此有着专属的名称——β 系数。有学者证明过，它与 R_i 、R_M 的方差、协方差有如下关系：

$$\beta_i = \frac{\mathrm{Cov}[R_i R_M]}{\mathrm{Var}[R_M]}$$

其中，Cov ［•］ 表示协方差，Var ［•］ 表示方差。β 系数能够反映出是资产 i（如某股票）相对于大盘的波动幅度和方向。β 系数的绝对值越大，表示对应证券的收益变化幅度大于大盘的变化幅度；反之亦然。如果 β 系数小于 0，则资产 i 收益的变化方向和大盘相反，即大盘上涨的时候资产的收益下跌，大盘跌时它涨。

在有了 β 系数的概念后，一个资产组合的投资回报可以表示为

$$E(R) = R_F + \beta[E(R_M) - R_F] \tag{8-4}$$

式（8-4）就是资本资产定价模型。$E(R)$ 表示资产组合的期望收益，$E(R_M)$ 表示市场组合的期望收益，R_F 表示无风险利率。

式（8-3）是单因素模型，多因素（Multi-Index）模型主要是对方程右边第 2 项进行扩展，由股票市场扩展到债券市场、外汇市场等。如果设 $R_M = R_1$ ，其他市场对应的指数的收益分别为 R_2，R_3，…，R_n ，则多因素模型可表示为

$$R_i = \alpha + \sum_{j=1}^{n} \beta_j R_j + \zeta_i \tag{8-5}$$

资本资产定价模型可以用来判断有价证券或其他金融资产的市场价格是否被高估或低估，这一功能可以基于市场投资组合的相关信息来实现。

二、计算实例

【例 8-2】考虑一个 β 系数为 0.5 的资产组合，无风险利率为 3%。当市场收益为 15%、5%和-5%时，资产组合的预期收益分别是多少？

根据式（8-4），三种情况下的资产组合的预期收益分别是：

0.03+0.5×（0.15-0.03） = 0.09

0.03+0.5×（0.05-0.03） = 0.04

0.03+0.5×（-0.05-0.03） = -0.01

资本资产定价模型可以用于公司对投资方案的选择、衡量公司资金成本等。从业人员运用资本资产定价模型来估计公司股权资本成本，股权投资者要求的预期收益率就是企业的股权资金成本。

【例 8-3】某公司的财务经理为了进行资本预算和投资决策，需要计算公司的股权资金成本。估算出公司股票的 β 系数是 0.9，无风险利润率为 4%，市场组合的预期收益率为 19%，求公司的股权资本成本。

公司的股权资本成本是：4%+0.9×（19%-4%） = 17.5%

第三节　VaR

在险价值（Value at Risk，VaR）是 J P Morgan 公司在 1993 年提出的。在此之前主要的风险测度方法是灵敏度分析，这种方法主要适用于简单金融市场环境，即单一产品、单一风险，对于资产组合特别是包含衍生品的组合的风险的测度无能为力，而 VaR 方法可以胜任多种情况下的风险测度。

一、原理

均值—方差理论是非常重要的，因为它的提出是金融学进入现代阶段的开端，也是金融学进一步定量化、精确化的开端。但是，这一理论本身也有着一些缺点：一是假定资产收益的概率分布是正态分布，在分布是对称的前提下就可以用方差或者标准差来衡量风险，但现实中资产的收益分布几乎都是非对称的；二是假定了效用函数是二次的，而现实中投资者的效用函数是很难确定的。另外，该理论中用方差或者标准差衡量风险，投资者很难理解其现实意义。在这样的背景下，VaR 逐渐被应用到投资理论中。

将 VaR 作为投资组合的测度，可能更容易被普通投资者理解。从数学的角度来讲，VaR 是一个分位数，它的计算不要求收益的概率分布是对称的。更通俗地讲，VaR 可以在确定了时间期限和置信水平之后，给出投资组合可能的最大亏损值，这对普通投资者来说是很直观的。VaR 可以用数学符号表示为

$$\text{probability}(L < \text{VaR}) = 1 - \alpha$$

其中，L 表示损失，α 表示显著性水平，对应的 $1-\alpha$ 就表示置信水平。不难看出，VaR 实际就是概率论中的分位数。

计算 VaR 的方法比较多，这里选择常用且简单的两种方法——参数法和历史模拟法来讲述。

（一）参数法

如果假设投资组合的收益率服从正态分布，那么组合的在险价值 VaR 是：

$$\text{VaR} = S_0 Z_\alpha \sqrt{\text{Var}(\Delta S)}\ \sqrt{\Delta t} \tag{8-6}$$

其中，VaR 表示在险价值；S_0 表示投资组合在 Δt 时间段开始时刻的价值；Z_α 表示置信水平 α 对应的分位数；ΔS 表示组合价值在 Δt 时间段中的变动；$\text{Var}(\Delta S)$ 表示方差，当然对其开方就是标准差。在投资组合、置信水平、时间长度确定的情况下，VaR 的计算核心就在于 $\text{Var}(\Delta S)$ 的确定，这正是这里要讲的参数法的主要任务。

参数法主要包括一阶方法和二阶方法，这里我们选取较为简单的一阶方法讲解，一阶方法又被称为“Delta 方法”。

通常，不少 Delta 方法的文献会讲述一般情况，即由 n 个资产构成投资组合，还会受 m 个市场风险因子的影响，伴随而来的是复杂的多层求和符号，比较抽象，数学基础不足的读者理解起来会有困难。为了便于读者弄懂这部分内容，这里假定组

合中只有两种资产，仅受两种市场因子影响。

假设一个资产组合 P 由价格为 S_1 和 S_2 的两只股票构成，各自的权重是 ω_1 和 ω_2，则组合的总价值是：

$$S = \omega_1 S_1 + \omega_2 S_2 \tag{8-7}$$

VaR 计算的核心是估计投资组合收益率的概率分布及相应参数。但多数情况下，其无法直接估计得出。因此，参数法将投资组合的收益用与其相关的市场因子的收益来表示，从而便于计算。举个例子，一份人民币对美元的期权合约，不仅受两个币种之间汇率的影响，同时还受各自利率的影响，这里汇率和利率都是期权的市场因子。这样，资产组合价值、资产价值就是市场因子的函数。这里假设只有两个市场因子 m_1 和 m_2，于是有 $S=S(m_1, m_2)$，$S_1=S_1(m_1, m_2)$ 和 $S_2=S_2(m_1, m_2)$。另外，资产组合价值、资产价值还会随着时间而变化，因此还是时间 t 的函数，即 $S=S(m_1, m_2, t)$，$S_1=S_1(m_1, m_2, t)$ 和 $S_2=S_2(m_1, m_2, t)$。

对组合价值 S 进行 Taylor 展开，近似到一阶（这也就是本方法名称的来历），有

$$S(m_1+\Delta m_1, m_2+\Delta m_2, t+\Delta t)$$
$$\approx S(m_1, m_2, t) + \Delta m_1 \frac{\partial S}{\partial m_1} + \Delta m_2 \frac{\partial S}{\partial m_2} + \Delta t \frac{\partial S}{\partial t}$$

对上式移项，可得

$$S(m_1+\Delta m_1, m_2+\Delta m_2, t+\Delta t) - S(m_1, m_2, t)$$
$$\approx \Delta m_1 \frac{\partial S}{\partial m_1} + \Delta m_2 \frac{\partial S}{\partial m_2} + \Delta t \frac{\partial S}{\partial t}$$

设 $S(m+\Delta m, t+\Delta t) - S(m, t) = \Delta S$，表示 Δt 时间后组合价值的变化，则有

$$\Delta S \approx \Delta m_1 \frac{\partial S}{\partial m_1} + \Delta m_2 \frac{\partial S}{\partial m_2} + \Delta t \frac{\partial S}{\partial t}$$

将式（8-7）带入上式，有

$$\Delta S \approx \Delta m_1 \frac{\partial(\omega_1 S_1 + \omega_2 S_2)}{\partial m_1} + \Delta m_2 \frac{\partial(\omega_1 S_1 + \omega_2 S_2)}{\partial m_2} + \Delta t \frac{\partial(\omega_1 S_1 + \omega_2 S_2)}{\partial t}$$

逐项展开得

$$\Delta S \approx \left(\omega_1 \frac{\partial S_1}{\partial t}\Delta t + \omega_2 \frac{\partial S_2}{\partial t}\Delta t\right) + \left(\omega_1 \frac{\partial S_1}{\partial m_1}\Delta m_1 + \omega_2 \frac{\partial S_2}{\partial m_1}\Delta m_1\right) +$$
$$\left(\omega_1 \frac{\partial S_1}{\partial m_2}\Delta m_2 + \omega_2 \frac{\partial S_2}{\partial m_2}\Delta m_2\right)$$

设 $\eta_P = \omega_1 \frac{\partial S_1}{\partial t}\Delta t + \omega_2 \frac{\partial S_2}{\partial t}\Delta t$，它是因为时间变化引起的组合价值变动量。同时设 $\delta_1 = \omega_1 \frac{\partial S_1}{\partial m_1} + \omega_2 \frac{\partial S_2}{\partial m_1}$ 和 $\delta_2 = \omega_1 \frac{\partial S_1}{\partial m_2} + \omega_2 \frac{\partial S_2}{\partial m_2}$，$\delta_1$ 表示组合中的两种资产对市场因子 m_1 响应的加权平均值，δ_2 亦然。则上式可以简化为

$$\Delta S \approx \eta_P + (\delta_1 \Delta m_1 + \delta_2 \Delta m_2) \tag{8-8}$$

根据方差概念的定义，由式（8-8）就可以计算 Δt 时间段内资产组合价值变动

的方差为

$$\text{Var}(\Delta S)=E\{[\eta_P+(\delta_1\Delta m_1+\delta_2\Delta m_2)]-E[\eta_P+(\delta_1\Delta m_1+\delta_2\Delta m_2)]\}^2$$

其中 $E(\ )$ 表示期望值。因为 $E(\eta_P)=\eta_P$，所以有

$$\begin{aligned}\text{Var}(\Delta S)&=E\{[(\delta_1\Delta m_1+\delta_2\Delta m_2)-E(\delta_1\Delta m_1+\delta_2\Delta m_2)]^2\}\\&=Var(\delta_1\Delta m_1+\delta_2\Delta m_2)\end{aligned}$$

其中，Var（•）表示方差，上式计算的核心是 $E\{[(\delta_1\Delta m_1+\delta_2\Delta m_2)-E(\delta_1\Delta m_1+\delta_2\Delta m_2)]^2\}$，括号中的第二项

$$E(\delta_1\Delta m_1+\delta_2\Delta m_2)=\delta_1E(\Delta m_1)+\delta_2E(\Delta m_2)$$

将上式带入 $E\{[(\delta_1\Delta m_1+\delta_2\Delta m_2)-E(\delta_1\Delta m_1+\delta_2\Delta m_2)]^2\}$ 中，用完全平方公式展开，并且按照 δ_1^2、$\delta_1\delta_2$ 和 δ_2^2 三项来合并同类项，可得

$$\text{Var}(\Delta S)=g_1+g_2+g_3 \tag{8-9}$$

其中，

$$g_1=\delta_1^2(\Delta m_1^2-2\Delta m_1E(\Delta m_1)+E^2(\Delta m_1))=\delta_1^2\text{Var}(\Delta m_1)$$

$$g_2=2\delta_1\delta_2(\Delta m_1\Delta m_2-\Delta m_1E(\Delta m_2)-\Delta m_2E(\Delta m_1)+E(\Delta m_1)E(\Delta m_2))$$

$$g_3=\delta_2^2(\Delta m_2^2-2\Delta m_2E(\Delta m_2)+E^2(\Delta m_2))=\delta_2^2\text{Var}(\Delta m_2)$$

其中，g_1、g_3 两项的运算使用了完全平方公式。对于 g_2，运用协方差和方差关系式：$\text{Var}(x+y)=\text{Var}(x)+\text{Var}(y)+2\text{Cov}(x,y)$，可以证明 $g_2=2\delta_1\delta_2\text{Cov}(\Delta m_1,\Delta m_2)$。这样，就将组合价值变动 ΔS 的方差 $\text{Var}(\Delta S)$ 的计算，完全基于市场因素 m_1 和 m_2 了，这正是参数法的核心。

如果定义矩阵 A 如下：

$$A=\begin{bmatrix}\text{Var}(\Delta m_1) & \text{Cov}(\Delta m_1,\Delta m_2)\\ \text{Cov}(\Delta m_2,\Delta m_1) & \text{Var}(\Delta m_2)\end{bmatrix}=\begin{bmatrix}a_{11} & a_{12}\\ a_{21} & a_{22}\end{bmatrix}$$

以上式为基础，同时考虑到协方差具有交换律：$\text{Cov}(\Delta m_1,\Delta m_2)=\text{Cov}(\Delta m_2,\Delta m_1)$，则式（8-9）可以写成如下更简洁、紧凑的形式：

$$\text{Var}(\Delta S)=(\delta_1\quad\delta_2)\begin{bmatrix}a_{11} & a_{12}\\ a_{21} & a_{22}\end{bmatrix}\begin{pmatrix}\delta_1\\ \delta_2\end{pmatrix}$$

即

$$\text{Var}(\Delta S)=\vec{d}\cdot A\cdot\vec{d}^T \tag{8-10}$$

式（8-10）不仅是式（8-9）更为简洁的形式，还更有利于推广。前文讲过，为了便于读者理解，以上内容假设影响投资组合的只有两个市场因素 m_1 和 m_2。如果有更多的市场因素，还是会得到和式（8-10）形式完全相同的结论，只是其中的向量 $\vec{d}$ 和矩阵 A 的维数都需要相应增加。

结合式（8-6）和式（8-10）可得 VaR 的计算公式为

$$\text{VaR}=S_0Z_\alpha\sqrt{\vec{d}\cdot A\cdot\vec{d}^T}\sqrt{\Delta t}$$

（二）历史模拟法

历史模拟法也是一种常用的计算 VaR 的方法。它是假定资产价格变动背后的规

律不变、历史变化会在未来重现，从而利用单个资产或者资产组合在过去一段时间内收益的历史数据，确定在一定置信水平下单个资产或者资产组合的最低收益水平，推算资产组合的 VaR 值。

历史模拟法是一种非参数法，它不需要事先假定资产或者资产组合收益的概率分布。与参数法相比，这种方法简单、直观。它是巴塞尔协议明确推荐使用的三种 VaR 计量方法之一。

二、计算实例

【例 8-4】历史模拟法。

假设已知股票 A 的过去 101 个交易日的收盘价，求股票 A 在第 102 个交易日的、置信水平为 95%的 VaR 值。股票 A 的历史日收盘价及相关信息见表 8-3。

表 8-3　股票 A 的历史日收盘价及相关信息

交易日	日收盘价/元	日价格增量/元	排序后的日价格增量/元	序号
-100	6.49	—	—	—
-99	6.61	0.12	-0.51	100
-98	6.5	-0.11	-0.5	99
-97	6.79	0.29	-0.49	98
-96	6.69	-0.1	-0.46	97
-95	6.49	-0.2	-0.43	96
-94	6.57	0.08	-0.39	95
……	……	……	……	……
-1	6.42	0.06	0.56	2
0	6.58	0.16	0.93	1

表 8-3 第 1 列、第 2 列很明了，不用解释。第 3 列是每个交易日收盘价的损益，第 4 列是将第 3 列的数据按从小到大的顺序排序得到，第 5 列是为了计算分位数方便的顺序编号。

按照题目的要求，需要计算置信水平为 95%的 VaR 值，我们只需要在第 5 列中找到序号为 95 所对应的第 4 列的价格增量，即-0.39，求它的绝对值就得到了第 102 个交易日的、置信水平为 95%的 VaR 值为 0.39 元。

【例 8-5】有一个投资组合 P 由两支股票 A 和 B 组成，组合的收益率服从正态分布。组合中股票的当前价格分别是：$P_A = 30$ 和 $P_B = 50$，购买数量是：$n_A = 150$ 和 $n_B = 50$。计算组合的 VaR。

首先，我们计算资产组合的总价值和资产中各部分的权重为

$$V_P = n_A P_A + n_B P_B = 7\ 000$$

$$\omega_A = \frac{n_A P_A}{V} = 0.6429,\ \omega_B = \frac{n_B P_B}{V} = 0.3571$$

其次，我们设法获取股票 A 和 B 的近期历史数据，计算出它们各自日收益率的期望值、标准差和相关系数。比如，有如下计算结果：

（1）日收益率期望值，即 $\mu_A = 0.15, \mu_B = 0.1$。

（2）日收益率标准差，即 $\sigma_A = 0.2, \sigma_B = 0.15$。

（3）相关系数，即 $\rho = 0.2$。

根据以上条件，我们可以计算资产组合收益率的期望值和方差为

$$\mu_P = \omega_A \mu_A + \omega_B \mu_B = 0.1321$$

$$\sigma_P = \sqrt{\omega_A^2 \sigma_A^2 + \omega_B^2 \sigma_B^2 + 2\omega_A \omega_B \rho \sigma_A \sigma_B} = 0.1488$$

Matlab 中，计算正态分布分位数的函数是 norminv（），具体用法是

X =norminv（P，mu，sigma）

输入参数及其含义是：

P——对应于分位数的概率；

mu——正态分布的均值；

sigma——正态分布的标准差。

输出参数及其含义是：

X——对应于概率 P 的分位数。

有了这个命令，我们就可以用 norminv（0.05，0.132 1，0.148 8）和 norminv（0.01，0.132 1，0.148 8）分别计算出 95%和 99%的置信水平对应的分位数为-0.112 7 和-0.214 1。进一步地，我们可以计算出两种情况下的 VaR 分别为

$$\mathrm{VaR}_P^{95\%} = -0.1127 \times V_P \sigma_P = -117.4151$$

$$\mathrm{VaR}_P^{99\%} = -0.2141 \times V_P \sigma_P = -223.1076$$

第九章
风险管理（II）——宏观视角

长期以来，金融学中对于风险的研究更多的是集中在微观领域，主要关注个人、企业投资的风险，研究者对宏观金融风险的注意力相对较少。但自从 2008 年美国金融危机以来，对于系统性风险（Systemic Risk）的监管和研究工作开始被更多的研究者重视，甚至成为热点议题。相应地，监管由微观审慎向宏观审慎转变也成为国际社会的普遍共识。

第一节　系统性风险

目前，系统性风险方面的研究成果可以说是汗牛充栋。这里仅就概念、研究概况两个最为基本的方面进行阐述。

一、系统性风险的定义

目前对于系统性风险的定义仍未统一，但仍然是研究的重点。人们一般以系统性风险的触发原因及不同结果分为两类定义。第一类是以著名的研究工作者 Kaufman（2003）为代表，赞成将系统性风险定义为能够在银行机构之间接二连三地引发损失的事件的概率大小。同时一些国际监管机构对系统性风险的定义与该观点一致。国际货币基金组织（IMF）认为，系统性风险是市场体系中某家机构失败牵连到了系统中的其他银行机构，使整个市场受到巨大损失，从而影响到整个经济环境。

第二类是 CPSS[①]（2003）的定义，系统性风险是指在转账系统或更一般的金融市场中，某个参与者未能履行其债务而导致其他参与者或金融机构不能履行应尽的债务责任（包括在转账系统中的结算责任）的风险。它可能引发严重的流动性或者信用问题，并且可能威胁金融市场的稳定性。在现有的诸多对系统性风险的定义中，CPSS 的这个定义显然主要是从银行支付结算的角度给出的。

本章所强调的重点是银行系统性风险。它与系统性风险之间存在着极大差别。系统性风险表示当市场中的单个金融机构受损时，会以极快的速度蔓延到其他机构

① CPSS 是 Committee on Payment and Settlement Systems 的简称。CPSS 是十国集团中央银行发起成立的国际性专业组织，秘书处设在国际清算银行（BIS），中国人民银行于 2009 年 7 月正式加入。

或组织，导致整个金融系统中的其他金融机构出现功能部分或全部遭到损坏的可能性。其中经济冲击可能是体系之外的，如经济周期、能源等，也可能是体系之内的，如单个大型金融机构由于经营业绩出问题而出现倒闭的情况。而系统性风险是指证券市场中固有的，且市场中的所有参与者都将面临的风险。

二、系统性风险的研究概况

在现有的关于系统性风险的文献中，按照实证工作中所采用数据来源的不同，可以分为三类。第一类研究的实证数据主要是金融机构之间的资产/负债关系，研究对象可以是银行系统[①②]，甚至扩大到整个国民经济[③]。这类研究关注风险的测度、传染等问题，它们的共同点主要是实证过程中使用的数据都来自这些机构的资产负债表。在以 CoVaR 为代表的一类方法兴起之后，针对上市银行群体，出现了第二类研究，即采用上市银行的股价作为实证数据，运用来自金融工程的方法，如 CoVaR、MES（Marginal Expected Shortfall）[④]、SRISK 等，计算出系统中每个机构对于系统性风险的贡献度。不难看出，研究的范围比第一类小，只能是上市银行这个群体。还存在第三类研究，它主要是针对支付系统[⑤]，采用的数据也是支付系统中参与机构之间的诸项资金往来数据，如交易金额、交易笔数等，研究的内容包括对风险的测度、传染等，与第一类研究的不同之处主要在于第三类研究首先是根据银行间的资金往来数据建立复杂网络模型，而第一类研究主要是根据银行间的资产负债关系建立模型；其次，第三类研究更多地考虑了支付系统的结算机制、系统的救助机制等因素对风险的影响，第一类研究则没有考虑这些因素。

第一类研究的优势在于数据易于获取。但是，由于资产负债表数据更新周期较长，数据的连续性不太好，因此与第二类、第三类研究相比，第一类研究的实时性、动态性稍差。第二类研究采用股价数据解决了数据连续性差的问题，但由于不是所有的银行都是上市企业，因此研究的范围有局限，不能把所有的银行都包括进去，研究结果的说服力显得不足。另外，这类研究对实际业务的具体环节也基本没有考虑，不能考察风险传染路径等问题。第三类研究采用的是来自支付系统的数据，在可以充分获得数据的情况下，系统中的现代信息技术可以使每一笔交易、每一个细节都被实时、完整地记录下来，因此数据的实时性、连续性较好，可以实现对研究中一些指标的实时监测。同时，因为所有的银行都会直接或间接通过支付系统开展业务，所以基本可以涵盖所有的银行。不足之处是数据的可获取性较差，但近年来

---

① FURFINE H. Interbank exposures: Quantifying the risk of contagion [J]. Journal of Money Credit & Banking, 2003, 35 (1): 111-128.

② 马君潞，等. 中国银行间市场双边传染的风险估测及其系统性特征分析 [J]. 经济研究，2007 (1): 68-78.

③ GRAY D, MERTON R, BODIE Z. Contingent claims approach to measuring and managing sovereign credit risk [J]. Journal of Investment Management, 2007, 5 (4): 1-24.

④ ACHARYA V, et al. Capital shortfall: A new approach to ranking and regulating systemic risks [J]. American Economic Review, 2012, 102 (3): 59-64.

⑤ ANGELINI P, et al. Systemic risk in the netting system [J]. Journal of Banking & Finance, 1996, 20 (5): 853-868.

此领域研究普遍采用的是真实数据与仿真数据相结合的办法[①]，以及最大熵方法[②]，可以比较好地解决这个问题。

当然，除以上两类方法外，还有不少类似的、基于市场数据的方法，如 JPoD 模型。该方法由供职于 IMF 的 Segoviano 和 Goodhart（2009）基于多元概率密度函数提出，基于具有相关性的多个市场数据，能够很好地捕捉到各家银行之间相关性的时变性和非线性特征，以及单个银行风险与整体风险之间的非线性变化趋势。Giesecke 和 Kim（2011）提出的 DIM 违约强度模型[③]被 IMF 的"Global Financial Stability Report"（2009）收入其中。

值得一提的是，由 Gray、Merton 和 Bodie（2007）以期权定价方法为理论基础提出的未定权益分析（CCA）模型[④]。作为期权理论的奠基者之一、诺贝尔奖得主，Merton 亲自参与到这一方法的构建工作中，引起了广泛的重视。国内较早引进这一方法的是宫小琳和卞江（2010），他们运用这一方法研究了我国国民经济各部门之间风险的传染问题[⑤]。叶永刚等（2011）对这类方法进行了更为详细的介绍和更为广泛的运用。这类方法的特殊性在于，从使用数据的方面来看，它更应该归入第一类研究，需要编制国家资产负债表；从使用的主要方法来看，它归入第 II 类研究更为合理。

表面上看，前文所讲的三类研究似乎是依据数据来源的不同，研究对象也不同。但实际上，这三类研究是等价的，这类似于采用的坐标系不同，但研究对象一致（都是考察系统性风险问题）。不同的"坐标系"下，系统性风险有着共性；同时，研究视角的不同，确实也导致了研究风格、细节存在差异。

第二节　宏观金融工程方法及相关算法：以 CoVaR 和 MES 为例

传统金融工程的主要研究对象集中于微观领域。近年来，学术界出现一种趋势，即越来越多的研究者把传统金融工程的工具、模型、方法和理论直接地或加以改造后，用于解决宏观金融问题，特别是宏观金融风险问题，这正是本节的主题。

一、理论模型

把金融工程工具运用于宏观金融风险的测度，最常用的是 CoVaR 和 MES 两种

---

① Dochertya P, Wang Gehong. Using synthetic data to evaluate the impact of RTGS on systemic risk in the Australian payments system [J]. Journal of Financial Stability, 2010, 6: 103-117.

② UPPER C, WORMS A. Estimating bilateral exposures in the German interbank market: Is there a danger of contagion? [J]. European Economic Review, 2004, 48 (4): 827-849.

③ GIESECKE K, KIM B. Risk analysis of collateralized debt obligations [J]. Operation Research, 2011, 59 (1): 32-49.

④ GRAY D, MERTON R, BODIE Z. Contingent claims approach to measuring and managing sovereign credit risk [J]. Journal of Investment Management, 2007, 5 (4): 1-24.

⑤ 宫小琳，卞江. 中国宏观金融中的国民经济部门间传染机制 [J]. 经济研究，2010，45 (7)：79-90.

方法。

（一）CoVaR

1. CoVaR 理论概述

随着金融环境的不断变化发展，系统性风险的测度更加复杂，因此测度方法也在不断完善。传统的风险管理方法中，最常见的是选用 VaR 在险价值的方法，它是 J. P. Morgan 于 1993 年提出的。VaR 表示在一定的概率水平下，单一金融资产或证券投资组合未来面临的最大可能损失。若 X^i 指在一定的持有期间内金融资产或投资组合的价值损失，把 VaR_q^i 视为 q 的分位数，可以表示为 $P(X^i \geqslant \mathrm{VaR}_q^i) = q$。

VaR 模型得到了金融监管机构的广泛应用，主要因为：①这种方法得到的是一个具体数字的风险值，便于投资者直接明了地对风险进行分析和理解；②该方法设置了不同的置信水平和不同的时间跨度，便于风险管理，并为金融监管提供了参考依据。但它同样也存在一些缺陷。根据上述等式，我们可以看出在险价值只考虑了金融机构自身的风险，并没有考虑极端市场条件下金融机构之间风险的影响。

因此，风险管理界开始寻找除 VaR 以外的方法。基于 VaR 模型，Adrian 和 Brunnermeier（2008）考虑到了机构或系统之间的风险溢出影响，该模型被称为 CoVaR 模型。它表示在一定置信水平下，当某一资产在未来某期间内的损失等于 VaR 时，其他资产或投组可能的最大损失。CoVaR 这种计量技术能够精确测算机构的系统性风险边际贡献度。由于 CoVaR 方法的改进效果，使其在测度系统性风险中优于 VaR。

根据定义可知，CoVaR_q^{ij} 表示为存在金融机构 i 和 j，当机构 j 的收益率处在 VaR_q^i 水平时，金融机构 i 的风险水平。表明当机构 j 受到冲击情况时，机构 i 遭受的风险。由于书中所研究的系统性风险是单个银行对银行整体的风险，故设定银行整体的条件在险值为 CoVaR_q^{Si}，用条件概率分布定义为

$$P(X^S \geqslant \mathrm{CoVaR}_q^{Si} \mid X^i = \mathrm{VaR}_q^i) = q$$

其中，q 表示概率，且 $0<q<1$。CoVaR_q^{Si} 是银行整体的在险价值，其中包括自身的无条件在险价值和银行个体 i 对其产生的溢出风险。而为了准确地表达银行个体 i 对银行整体的风险溢出水平，需要定义 $\Delta\,\mathrm{CoVaR}_q^{Si}$ 为溢出风险价值，即：

$$\Delta\,\mathrm{CoVaR}_q^{Si} = \mathrm{CoVaR}_q^{Si} - \mathrm{VaR}_q^S \tag{9-1}$$

其中，$\Delta\,\mathrm{CoVaR}_q^{Si}$ 表示的是单个银行对银行整体的系统性风险贡献程度，考虑到不同的机构与系统会有不同的在险价值。为了排除不同银行个体 VaR 对结果的影响，需要对 $\Delta\,\mathrm{CoVaR}_q^{Si}$ 进行标准化的统一，以便获取更准确的测算结果。故有风险溢出率

$$\mathrm{CoVaR}_q^{Si}\% = \left(\frac{\Delta\,\mathrm{CoVaR}_q^{Si}}{\mathrm{VaR}_q^S}\right) \times 100\% \tag{9-2}$$

2. 基于分位数回归估计 CoVaR 值

目前，学术界较多采用分位数回归方法测度系统性风险。采用此方法进行回归时，其稳定性较强，模型限制较少，具有较强的适用性，能够使得模型更加有效。Koenker 和 Bassett（1978）首次提出分位数回归法，所谓分位数就是给定随机变量 x，如果 $x<X$ 的概率为 t，则 X 是 x 的第 t 分位数，用公式表示为

$$t = F(X) = P(x \leqslant X)$$

假设存在一个条件事件为 Y，将其引入公式中有

$$t = F(X \mid Y) = P(x \leqslant X \mid Y)$$

$$X \mid Y = F^{-1}(X \mid Y)$$

设 $\widehat{X} = \operatorname{argmin} \sum_{\alpha} w_t |x - \alpha|$，最优目标函数可以表示如下：

$$\begin{cases} \min Z = \sum w_t \mid x - \alpha \mid \\ st. \ x = Y\beta + \mu_t \end{cases}$$

运用到商业银行上求解风险溢出效应过程如下：

基于已计算得出的单个银行和银行整体的收益率，选取显著性水平 $q = 0.05$，考查单个银行对银行整体的风险溢出效应。假设单个银行为 i，建立的回归模型为

$$R_q^i = \widehat{\alpha}^{i/S} + \widehat{\beta}^{i/S} \times R_q^S \tag{9-3}$$

$$R_q^S = \widehat{\alpha}^{S/i} + \widehat{\beta}^{S/i} \times R_q^i \tag{9-4}$$

$$\mathrm{VaR}_q^i = \widehat{\alpha}^{i/S} + \widehat{\beta}^{i/S} \times R_q^S \tag{9-5}$$

$$\mathrm{CoVaR}^{S/i} = \widehat{\alpha}^{S/i} + \widehat{\beta}^{S/i} \times \mathrm{VaR}_q^i \tag{9-6}$$

除此，我们结合式（9-1）和式（9-2）求出银行对银行的风险溢出率，从而可以衡量银行的系统性风险。

（二）MES

1. MES 理论概述

MES（边际期望损失）是指大规模危机之前，单个金融机构对系统性风险的边际贡献程度。它由 ES（条件期望损失）而来。而 ES 是指当不利情况发生时的条件预期损失，即当市场收益率<临界值 C 时的系统期望收益率。

根据定义，ES 可以用公式表示为

$$\mathrm{ES}_{m,t}(C) = E_{t-1}(r_{m,t} \mid r_{m,t} \leqslant C) = \sum_{i=1}^{N} w_{it} E_{t-1}(r_{it} \mid r_{m,t} < C)$$

而 $r_{m,t}$ 用公式表示为

$$r_{m,t} = \sum_{i=1}^{n} w_{it} r_{it}$$

其中，w_{it} 表示金融机构 i 与整个系统的资产比，r_{it} 表示金融机构 i 在 t 时刻的收益率。

而机构 i 的边际期望损失 MES 的计算公式为

$$\mathrm{MES}_{i,t}(C) = \frac{\partial ES_{m,t}(C)}{\partial w_{i,t}} = E_{t-1}(r_{i,t} \mid r_{m,t} < C) \tag{9-7}$$

在应用过程中，本章重点关注单个机构对整体系统性风险的贡献程度，用公式表示如下：

$$\mathrm{CES}_{i,t} = w_{i,t} \frac{\partial ES_{m,t-1}(C)}{\partial w_{i,t}} \tag{9-8}$$

在此基础上，通过标准化处理得到系统性风险贡献程度百分比，公式如下：

$$\%\mathrm{CES}_{i,t}(C)=\frac{\mathrm{CES}_{i,t}(C)}{\sum_{i=1}^{n}\mathrm{CES}_{i,t}(C)}\times 100\% \tag{9-9}$$

2. 基于 DCC-GARCH 模型估计 MES 值

为了计算 MES，我们需要采用 TGARCH 模型估计条件波动率，采用 DCC-GARCH 模型估计银行收益与市场收益之间的条件相关系数，采用非参数估计法估计尾部期望。

首先，我们要获取 MES 公式的来源。其中银行和市场每日收益率的变化可以通过一个二元条件异方差模型来刻画。即服从以下公式：

$$r_{m,t}=\sigma_{m,t}\varepsilon_{m,t}$$

$$r_{i,t}=\sigma_{i,t}\rho_{i,t}\varepsilon_{m,t}+\sigma_{i,t}\rho_{i,t}\varepsilon_{m,t}\sqrt{1-\rho_{i,t}^{2}}\zeta_{i,t}$$

$$v_t\triangleq(\varepsilon_{m,t},\ \zeta_{i,t})\sim F$$

需要说明的是，公式中的 v_t 是独立同分布的，且 $E(v_t)=0$，$\mathrm{Var}(v_t)=1$ 和协方差为 0。但 $\varepsilon_{m,t}$ 和 $\zeta_{i,t}$ 彼此并不相互独立，此外 $\sigma_{m,t}$ 和 $\sigma_{i,t}$ 分别表示市场和单个银行的条件风险波动率。

根据以上公式可以得出 MES 表达式如下：

$$\mathrm{MES}_{i,t}(C)=\sigma_{i,t}\rho_{i,t}E_{t-1}(\varepsilon_{m,t}\mid\varepsilon_{m,t}<C/\sigma_{m,t})+$$
$$\sigma_{i,t}\sqrt{1-\rho_{i,t}^{2}}E_{t-1}(\zeta_{i,t}\mid\varepsilon_{m,t}<C/\sigma_{m,t})$$

其次，我们可以运用 TGARCH 模型估计条件波动率 $\sigma_{m,t}$ 和 $\sigma_{i,t}$，具体方程如下：

$$\sigma_{m,t}^{2}=\omega_m+\alpha_m r_{i,t-1}^{2}+r_m r_{m,t-1}^{2}I_{m,t-1}^{2}+\beta_m\sigma_{m,t-1}^{2} \tag{9-10}$$

$$\sigma_{i,t}^{2}=\omega_i+\alpha_i r_{i,t-1}^{2}+r_i r_{i,t-1}^{2}I_{i,t-1}^{2}+\beta_i\sigma_{i,t-1}^{2} \tag{9-11}$$

再次，我们可以采用 DCC-GARCH 模型测算单个银行与市场收益之间的条件相关系数 $\rho_{i,t}$。其中，银行和市场的协方差矩阵表示如下：

$$\sigma_{m,t}^{2}=\omega_m+\alpha_m r_{i,t-1}^{2}+r_m r_{m,t-1}^{2}I_{m,t-1}^{2}+\beta_m\sigma_{m,t-1}^{2} \tag{9-12}$$

$$\sigma_{i,t}^{2}=\omega_i+\alpha_i r_{i,t-1}^{2}+r_i r_{i,t-1}^{2}I_{i,t-1}^{2}+\beta_i\sigma_{i,t-1}^{2} \tag{9-13}$$

$$\sum t=D_tR_tD_t=\begin{bmatrix}\sigma_{i,t}&0\\0&\sigma_{m,t}\end{bmatrix}\begin{bmatrix}1&\rho_{i,t}\\\rho_{i,t}&1\end{bmatrix}\begin{bmatrix}\sigma_{i,t}&0\\0&\sigma_{m,t}\end{bmatrix} \tag{9-14}$$

$$R_t=\mathrm{diag}(Q_t)^{-\frac{1}{2}}Q_t\,\mathrm{diag}(Q_t)^{-\frac{1}{2}} \tag{9-15}$$

$$Q_t=(1-\alpha-\beta)S+\alpha\epsilon_{t-1}\epsilon_{t-1}+\beta Q_{t-1} \tag{9-16}$$

需要说明的是，式（9-16）中的 $\epsilon_t=(\zeta_{i,t},\ \varepsilon_{m,t})$，是标准化之后的收益率的向量，且满足 $\alpha+\beta<1$，$\alpha>0$，$\beta>0$。

最后，我们按非参数法估计尾部期望值，具体公式如下：

$$\widehat{E}_{t-1}(\varepsilon_{m,t}\mid\varepsilon_{m,t}<k)=\frac{\sum_{t=1}^{t-1}\varepsilon_{m,t}K\left(\frac{k-\varepsilon_{m,t}}{h}\right)}{\sum_{t=1}^{t-1}K\left(\frac{k-\varepsilon_{m,t}}{h}\right)} \tag{9-17}$$

$$\widehat{E}_{t-1}(\zeta_{i,t} \mid \varepsilon_{m,t} < k) = \frac{\sum_{t=1}^{t-1} \zeta_{i,t} K(\frac{k - \varepsilon_{m,t}}{h})}{\sum_{t=1}^{t-1} K(\frac{k - \varepsilon_{m,t}}{h})} \tag{9-18}$$

其中，$k = \frac{\mathrm{VaR}_q^m}{\sigma_{m,t}}$，$K(x) = \int_{-\infty}^{x} k(u)\mathrm{d}u$，$k(u)$ 是高斯核函数，h 为正频宽参数。

根据式（9-10）至式（9-18）就可以计算出边际期望损失（MES）。

二、计算实例

本实例运用 CoVaR 和 MES 两种方法，对在上海证券交易所（简称“上交所”）上市的 14 家银行的系统重要性进行计算和排序。

（一）数据来源与预处理

截至 2016 年年底，我国境内共有 16 家上市商业银行，其中在上交所上市的有 14 家，另外两家银行（平安银行和宁波银行）在深交所上市。为保持一致性，本节选取了目前我国境内在上交所上市的 14 家银行为样本。

计算过程所选数据区间为 2012 年 1 月 1 日至 2016 年 6 月 30 日。其间共有 18 个季度。由于中国农业银行和中国光大银行上市较晚，为排除特定情况的数据，因此，研究起始日选于 2012 年 1 月 1 日。同时该时间区间包含了这些上市银行股票的相对稳定期和大幅波动的时期，以研究银行股价波动有无周期性。这样就兼顾了样本的容量和质量。

对于选取的 14 家上市银行和上证银行指数的股票收盘价格，通过前复权方式处理后得到的每日数据，并根据收盘价，采用取对数的方式计算各个样本的日收益率，具体公式为 $R_t = 100 \times \ln(P_t / P_{t-1})$。其中，$R_t$ 表示在 t 日时的股价收益率，P_t 和 P_{t-1} 表示银行股和上证银行指数在 t 日和 $t-1$ 日时的收盘价格。选取每日数据能够更真实地反映风险的波动情况，其结果更具有可靠性。而最终收益率的估计值以及风险溢出率和影响因素指标均采用季度数据，主要考虑到银行微观指标大多来自财务报表，这样更便于数据的获取。其中银行个股及上证银行指数的股价数据均来自 Wind 数据库，其中用上证银行指数代表上交所上市银行的综合水平。

（二）数据的统计特征

1. 收益率的波动性和描述性统计

基于所选 14 家样本银行的股价数据，计算每家银行的日收益率。以上证银行股和中国银行为例，绘出收益率波动图。上证银行股价收益率波动见图 9-1；中国银行股价收益率波动见图 9-2。

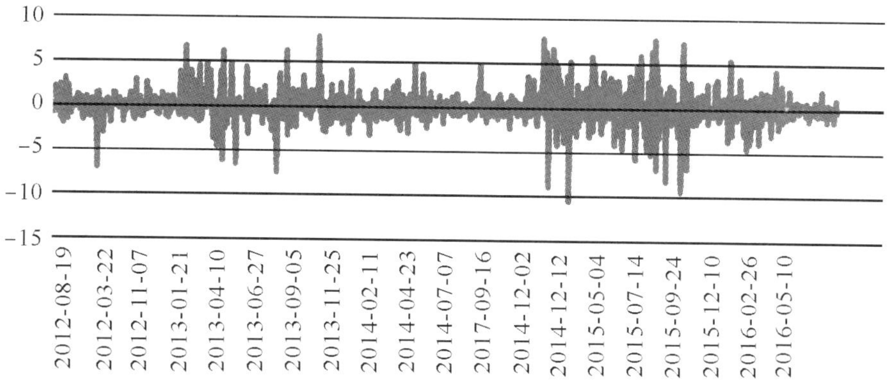

图 9-1　上证银行股价收益率波动

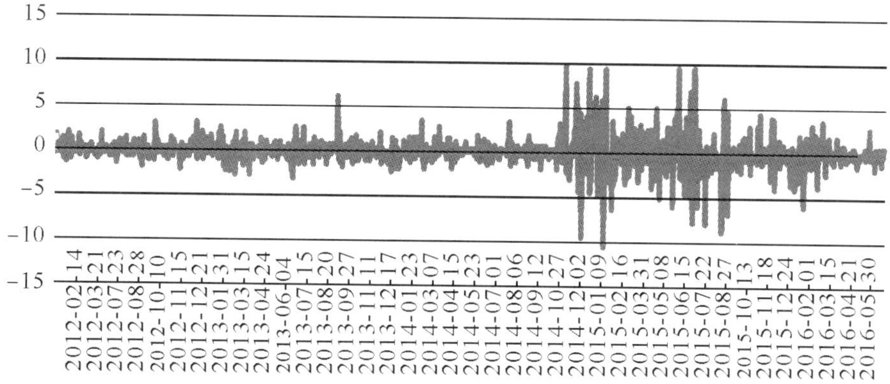

图 9-2　中国银行股价收益率波动

从图 9-1 可以看出，我国上证银行股票价格波动受到一定限制，波动幅度均处于-10%~10%。2012 年以前，波动幅度相对较小，主要受全球经济的影响，市场不稳定，投资者缺乏信心。2013 年开始宏观经济状况逐渐变好，投资者也加大了股市投资力度。而从 2014 年第四季度到 2015 年第三季度，整个证券市场的剧烈波动，上市商业银行股价也因此受到巨大影响，股票收益率呈现大幅度波动。从图 9-2 可以看出，中国银行股价收益率整体波动情况大致与上证银行股的相似，说明单个银行与银行整体呈现整体一致性的特征。

在此基础上，通过分析收益率序列的描述性统计结果，各项统计指标计算如表 9-1所示。

表 9-1　14 家上市银行及上证银行板块收益率序列描述性统计

银行名称	均值	标准差	偏度 S	峰度 K	J-B 统计量
浦发银行①	0. 090 672	2. 140 305	0. 063 526	7. 348 343	815. 318 9
华夏银行	0. 045 913	2. 199 493	-0. 126 016	7. 346 529	816. 680 6

① 浦发银行即上海浦东发展银行，为了表述方便，这里统一用简称。

表9-1(续)

银行名称	均值	标准差	偏度 S	峰度 K	J-B 统计量
中国民生银行	0.073 961	2.198 578	0.291 03	7.938 528	1 065.358
招商银行	0.057 223	1.993 592	0.486 344	7.936 157	1 090.515
南京银行	0.076 844	2.269 097	−0.182 383	8.605 389	1 359.427
兴业银行	0.075 764	2.248 815	0.242 795	7.769 262	990.126 5
北京银行	0.074 892	2.146 385	0.308 241	8.573 852	1 354.879
中国农业银行	0.041 886	1.659 68	0.022 098	12.783 95	4 124.263
交通银行	0.040 231	2.089 39	0.026 663	10.788 27	2 613.437
中国工商银行	0.026 692	1.563 701	−0.113 944	13.288 79	4 563.005
中国光大银行	0.041 804	2.134 478	0.357 959	8.335 429	1 248.527
中国建设银行	0.032 303	1.834 798	−0.127 813	11.383 13	3 030.574
中国银行	0.035 895	1.793 421	0.356	11.876 07	3 416.147
中信银行	0.045 879	2.482 627	0.303 644	7.159 17	761.174 4
上证银行板块	0.041 362	1.842 991	−0.068 545	8.277 519	1 200.775

通过表 9-1 的统计数据结果，以中国银行为例，可知中国银行的收益率序列的峰度值为 11.876 07，其结果远大于标准正态分布下的峰度值 3，说明中国银行的收益率序列呈现出了“尖峰厚尾”的现象，且其收益率 J-B 值远大于 5%置信度下的临界值，表明收益率序列不服从正态分布。

另外，可知 14 家上市银行及上证银行板块的收益率均值都为正值，说明我国上市银行股仍然具有一定的投资意义。而表 9-1 中所有银行的 J-B 统计量均显著，且都呈现出了“尖峰厚尾”现象，非对称分布的特点。因此，我们可以采用分位数回归法拟合收益率时间序列，进而求出各银行的 CoVaR 值。

2. 收益率的平稳性检验

由于所选取的收益率是日度数据，属于时间序列，因而我们需要对其平稳性进行检验。如果属于平稳的时间序列，则对应的统计规律就不会随着时间发生改变。本书对所有银行的收益率进行了 ADF 检验。14 家上市银行收益率序列单位根检验结果见表 9-2。

表 9-2 14 家上市银行收益率序列单位根检验结果

银行名称	ADF 统计量	P 值	银行名称	ADF 统计量	P 值
浦发银行	−31.884 9	0.000 0	交通银行	−30.472 61	0.000 0
华夏银行	−32.109 19	0.000 0	中国工商银行	−26.490 6	0.000 0
中国民生银行	−32.110 6	0.000 0	中国光大银行	−30.963 4	0.000 0
招商银行	−25.275 11	0.000 0	中国建设银行	−15.002 46	0.000 0

表9-2(续)

银行名称	ADF 统计量	P 值	银行名称	ADF 统计量	P 值
南京银行	-24.391 45	0.000 0	中国银行	-24.810 15	0.000 0
兴业银行	-31.573 86	0.000 0	中信银行	-30.265 7	0.000 0
北京银行	-26.002 15	0.000 0	上证银行板块	-32.717 75	0.000 0
中国农业银行	-26.440 94	0.000 0	—	—	—

该检验结果显示，在5%的显著性水平下，所有银行收益率序列统计量均显著小于-2.863 6。因此拒绝原假设，故以上时间序列均不存在单位根，所有银行收益率序列是平稳的时间序列。

（三）基于 CoVaR 方法的系统重要性测度

根据分位数回归测度 CoVaR 的计算步骤，我们根据式（9-1）至式（9-6），以中国银行和上证银行板块的收益率为基础，采用分位数回归计算出 $\widehat{\alpha}^{S/i}$ 、$\widehat{\beta}^{S/i}$ 和 $\widehat{\alpha}^{i/S}$ 、$\widehat{\beta}^{i/S}$ 。14 家中国银行和上证银行板块 $\widehat{\alpha}$ 和 $\widehat{\beta}$ 见表 9-3。

表 9-3　14 家中国银行和上证银行板块 $\widehat{\alpha}$ 和 $\widehat{\beta}$

时间	$\widehat{\alpha}^{S/i}$	$\widehat{\beta}^{S/i}$	$\widehat{\alpha}^{i/S}$	$\widehat{\beta}^{i/S}$
2012Q1	-1.002 422 652	0.855 005 515	-0.725 436 967	0.667 067 245
2012Q2	-1.075 313 535	1.091 355 445	-0.672 624 677	0.366 414 762
2012Q3	-1.099 215 673	0.965 317 732	-0.843 193 892	0.628 286 79
2012Q4	-1.081 563 76	0.754 649 222	-1.186 865 176	0.597 557 349
2013Q1	-2.682 535 412	1.415 457 028	-1.158 573 929	0.517 331 736
2013Q2	-2.054 329 407	1.735 600 214	-0.691 660 607	0.408 964 901
2013Q3	-1.405 794 977	1.243 798 351	-0.778 867 6	0.494 183 157
2013Q4	-1.191 736 898	1.029 095 912	-1.065 651 303	0.526 112 613
2014Q1	-1.394 715 292	1.235 253 289	-1.076 295 444	0.526 245 812
2014Q2	-1.044 040 915	0.678 288 477	-0.722 814 457	0.609 590 196
2014Q3	-0.850 253 133	0.790 973 814	-0.755 292 955	0.682 185 279
2014Q4	-1.301 623 146	0.695 800 696	-2.060 143 897	0.878 526 117
2015Q1	-2.867 808 587	0.721 428 917	-1.357 455 275	1.118 513 435
2015Q2	-1.620 835 625	0.725 529 342	-1.418 312 583	1.081 367 546
2015Q3	-2.290 910 039	0.752 811 545	-3.448 798 018	0.848 967 307
2015Q4	-1.408 261 299	0.747 151 328	-1.582 648 421	0.819 808 248
2016Q1	-1.170 778 812	0.942 261 58	-1.087 407 958	1.097 471 21
2016Q2	-0.719 762 169	0.516 535 014	-0.809 625 45	0.722 282 1

在 q=0.05 的分位数下，我们以中国银行和上证银行指数的收益率序列作为基

础，采用历史模拟法，计算 VaR。中国银行与上证银行股的 VaR 值见表 9-4。

表 9-4　中国银行与上证银行股的 VaR 值

时间	中国银行	上证银行股
2012Q1	-1. 783	-1. 865
2012Q2	-1. 464	-2. 159
2012Q3	-1. 973	-2. 213
2012Q4	-1. 887	-1. 899
2013Q1	-4. 344	-6. 518
2013Q2	-2. 249	-5. 958
2013Q3	-2. 118	-3. 262
2013Q4	-2. 079	-2. 694
2014Q1	-2. 450	-3. 785
2014Q2	-1. 623	-1. 840
2014Q3	-1. 671	-2. 021
2014Q4	-5. 349	-4. 296
2015Q1	-5. 624	-7. 437
2015Q2	-6. 493	-4. 918
2015Q3	-9. 315	-8. 230
2015Q4	-3. 995	-3. 097
2016Q1	-5. 347	-4. 729
2016Q2	-1. 732	-1. 370

同时，我们对上市 14 家银行进行分类，用图 9-3 反映 VaR 的波动情况。

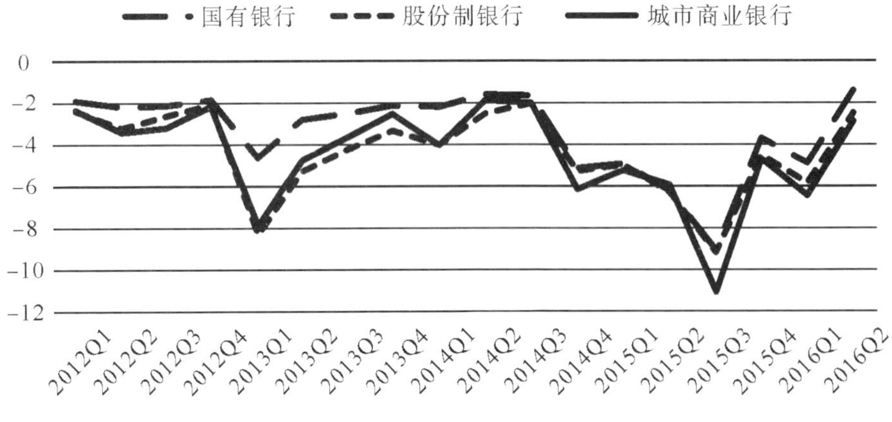

图 9-3　我国 14 家上市银行 VaR 季度均值变化

从图 9-3 可以看出，各种类型的银行在险价值趋势呈大体一致性，国有银行自身的平均在险价值普遍低于其他两种类型的银行，而股份制银行的在险价值与城市商业银行的基本一致。这说明，国有银行的风险管理较强，控制和抵御风险的水平较高。2015 年第三季度开始，受到股市剧烈波动的影响，银行的风险波幅增加，其自身的在险价值在 2015 年第四季度达到波谷，可以看出银行在险价值会受到证券市场波动的影响。

根据风险溢出率（% ΔCoVaR）的计算公式（9-1）和计算公式（9-2）得出 14 家上市银行的风险溢出率。14 家上市银行 18 个季度的% ΔCoVaR 均值变化见表 9-5。

表 9-5 14 家上市银行 18 个季度的% Δ CoVaR 均值变化

银行名称	2012Q1	2012Q2	2012Q3	2012Q4	2013Q1	2013Q2
浦发银行	0. 063 037	0. 079 893	0. 089 138	0. 070 336	0. 070 693	0. 052 841
华夏银行	0. 071 300	0. 086 580	0. 088 274	0. 065 176	0. 087 593	0. 066 028
中国民生银行	0. 126 840	0. 136 629	0. 124 977	0. 082 991	0. 093 568	0. 080 724
招商银行	0. 067 083	0. 077 399	0. 086 646	0. 080 166	0. 067 299	0. 073 831
南京银行	0. 076 593	0. 086 782	0. 077 394	0. 085 982	0. 086 712	0. 103 229
兴业银行	0. 052 570	0. 052 676	0. 078 740	0. 064 685	0. 051 514	0. 062 797
北京银行	0. 086 365	0. 096 389	0. 084 565	0. 092 921	0. 090 034	0. 089 050
中国农业银行	0. 366 514	0. 202 065	0. 263 894	0. 356 692	0. 232 310	0. 262 756
交通银行	0. 124 705	0. 148 471	0. 239 556	0. 197 639	0. 198 400	0. 117 663
中国工商银行	0. 209 836	0. 250 410	0. 268 397	0. 209 627	0. 342 016	0. 256 583
中国光大银行	0. 144 212	0. 222 859	0. 253 119	0. 257 635	0. 229 280	0. 131 343
中国建设银行	0. 237 754	0. 323 657	0. 419 418	0. 361 386	0. 243 085	0. 202 735
中国银行	0. 354 511	0. 238 078	0. 357 207	0. 319 476	0. 354 933	0. 335 345
中信银行	0. 088 037	0. 061 026	0. 087 304	0. 099 639	0. 072 756	0. 091 517
银行名称	2013Q3	2013Q4	2014Q1	2014Q2	2014Q3	2014Q4
浦发银行	0. 087 081	0. 063 622	0. 076 613	0. 115 027	0. 074 951	0. 106 012
华夏银行	0. 067 796	0. 096 459	0. 087 427	0. 082 729	0. 072 659	0. 097 825
中国民生银行	0. 129 160	0. 069 930	0. 127 411	0. 083 634	0. 103 629	0. 077 790
招商银行	0. 051 977	0. 042 330	0. 066 302	0. 071 611	0. 058 541	0. 064 683
南京银行	0. 080 607	0. 098 03	0. 084 624	0. 098 816	0. 088 859	0. 076 367
兴业银行	0. 068 087	0. 073 736	0. 079 029	0. 060 386	0. 095 488	0. 059 363
北京银行	0. 073 692	0. 073 324	0. 078 886	0. 062 142	0. 086 480	0. 066 840
中国农业银行	0. 315 378	0. 355 460	0. 296 104	0. 345 830	0. 235 051	0. 364 846

表9-5(续)

交通银行	0.222 851	0.234 431	0.270 250	0.203 644	0.238 954	0.239 160
中国工商银行	0.295 042	0.172 910	0.199 964	0.204 806	0.122 385	0.310 669
中国光大银行	0.106 768	0.254 378	0.171 717	0.119 890	0.168 165	0.197 231
中国建设银行	0.160 605	0.171 054	0.219 132	0.143 228	0.203 910	0.210 278
中国银行	0.238 712	0.236 588	0.167 929	0.165 495	0.174 723	0.169 238
中信银行	0.085 644	0.097 514	0.096 733	0.087 098	0.093 657	0.097 319
银行名称	2015Q1	2015Q2	2015Q3	2015Q4	2016Q1	2016Q2
浦发银行	0.057 500	0.078 079	0.063 141	0.065 177	0.076 281	0.074 422
华夏银行	0.072 915	0.084 641	0.078 521	0.076 940	0.087 526	0.078 604
中国民生银行	0.115 058	0.104 560	0.082 098	0.107 015	0.095 098	0.087 499
招商银行	0.067 494	0.071 126	0.056 331	0.062 366	0.067 158	0.050 675
南京银行	0.087 341	0.066 585	0.103 651	0.089 989	0.060 586	0.074 289
兴业银行	0.067 449	0.078 584	0.054 876	0.059 667	0.050 068	0.066 409
北京银行	0.109 708	0.109 398	0.081 396	0.093 164	0.090 668	0.079 099
中国农业银行	0.355 543	0.396 352	0.306 823	0.288 863	0.314 578	0.275 970
交通银行	0.108 623	0.244 000	0.015 096	0.315 719	0.171 823	0.194 929
中国工商银行	0.337 778	0.266 968	0.220 204	0.308 055	0.178 270	0.215 772
中国光大银行	0.101 706	0.112 742	0.265 606	0.189 020	0.152 947	0.169 160
中国建设银行	0.298 807	0.297 347	0.141 344	0.231 319	0.196 178	0.200 651
中国银行	0.268 876	0.287 454	0.230 378	0.318 782	0.313 078	0.378 646
中信银行	0.089 732	0.104 128	0.067 918	0.072 253	0.085 121	0.069 866

我们将 14 家上市银行分为三大类，绘制出其在不同时点上系统性风险贡献度的变化趋势。我国 14 家上市银行% ΔCoVaR 季度均值变化见图 9-4。

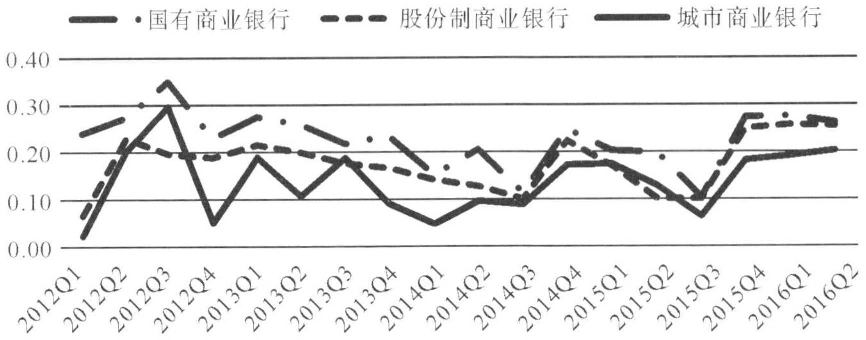

图 9-4 我国 14 家上市银行% Δ CoVaR 季度均值变化

从图 9-4 可以看出，国有商业银行的风险溢出率较高，但整体来看三大类银行的风险溢出率波动浮动基本保持一致。在 2012 年，国有银行的风险溢出率较高，而从 2013 年开始的一年里，贡献程度波幅较小，一直保持在 0.2~0.3 水平波动。而另外两类银行随着时间的变化，其经营能力和管理水平不断改进，风险溢出率变化较大。而 2015 年第四季度，由于受到宏观经济形势的影响，金融市场发生大幅度变化，导致银行板块中的各家银行风险贡献水平又重新恢复平稳。因此在不同的时段，各类银行所表现出的系统性风险贡献程度均不同，但均会受到市场环境因素的影响。另外，由于银行的系统风险与整个银行的发展趋势相一致，图 9-4 中出现系统性风险急剧变化的节点，大多是受到流动性水平不足及呆坏账增加的影响。整体而言，三大类银行的波动都较为剧烈，主要是说明系统性风险不仅与银行的经营管理获利能力有关，还受到宏观市场环境的影响，以及互联网金融的冲击，因此整体的波动具有不稳定性，但波动趋势基本一致。

根据以上结果，我们采用% ΔCoVaR 对我国 14 家上市银行进行系统重要性排名，结果见表 9-6。

表 9-6　14 家上市银行基于% Δ CoVaR 的系统重要性排名

排名	2012 年	2013 年	2014 年	2015 年	2016Q2
1	中国建设银行*	中国农业银行*	中国农业银行*	中国农业银行*	中国银行*
2	中国银行*	中国银行*	交通银行*	中国工商银行*	中国农业银行*
3	中国农业银行*	中国工商银行*	中国工商银行*	中国银行*	中国建设银行
4	中国工商银行*	中国建设银行	中国建设银行	中国建设银行*	中国工商银行
5	中国光大银行*	交通银行	中国银行	交通银行	交通银行
6	交通银行	中国光大银行	中国光大银行	中国光大银行	中国光大银行
7	中国民生银行	中国民生银行	中国民生银行	中国民生银行	中国民生银行
8	北京银行	南京银行	中信银行	北京银行	北京银行
9	中信银行	中信银行	浦发银行	南京银行	华夏银行
10	南京银行	北京银行	南京银行	中信银行	中信银行
11	华夏银行	华夏银行	华夏银行	华夏银行	浦发银行
12	招商银行	浦发银行	北京银行	浦发银行	南京银行
13	浦发银行	兴业银行	兴业银行	兴业银行	招商银行
14	兴业银行	招商银行	招商银行	招商银行	兴业银行

注：* 表示系统重要性银行（设定全年阈值为 0.8）。

通过表 9-6 可以发现，在设定的年限内，中国农业银行一直处在系统重要性银行名单内，国有大型银行均出现在系统重要性名单之上。同时可以看出，随着时间的变化，系统重要性银行的排序在随之改变，其中既因为宏观经济形势的变化，也因为银行自身经营管理水平的提升。通过测算银行系统性风险贡献程度，我们筛选出了系统重要性银行，其中主要包括国有大型银行。因此说明，国有银行的系统性风险溢出水平较高，在加大宏观审慎监管力度时，监管机构要重点加强对国有大型银行的管控，从而维护整个金融体系的稳定。

（四）基于 MES 方法的系统重要性测度

根据前文中测度 MES 值的模型介绍，我们采用式（9-7）可以得到 MES 的估计值，常数 C 是通过历史模拟法得到的 $q=5\%$ 时的分位数，经计算可得 C =-0.029 144 808。

通过计算得到每个季度的 MES 估计值，按照三类银行的季度平均值，得到 MES 均值变化趋势（见图 9-5）。

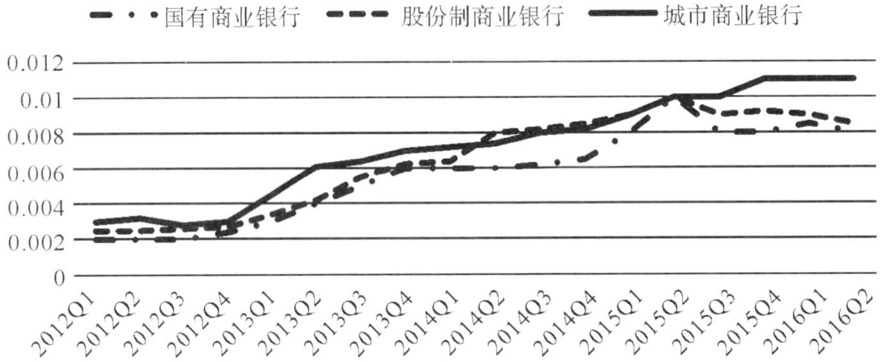

图 9-5　我国三类上市银行 MES 季度均值变化趋势

从图 9-5 可知，国有大型银行的边际期望损失较小，其面临的市场风险相对较低。但随着金融市场环境的变化，国有银行所面临的风险也增大。从整体而言，三大类银行的波动趋势基本一致，受市场因素的影响，股市震荡，导致 2015 年的波动较大，使得各类银行的边际期望损失出现较大幅度变化。

接下来，我们根据式（9-8）和式（9-9）计算出各家银行的%CES，其计算结果见表（9-7）。

表 9-7　14 家上市银行 18 个季度的%CES 均值变化　　单位:%

银行名称	2012Q1	2012Q2	2012Q3	2012Q4	2013Q1	2013Q2
浦发银行	3.80	3.55	3.43	3.60	4.52	4.36
华夏银行	1.62	1.78	1.89	1.64	1.72	1.74
中国民生银行	3.62	4.12	4.33	5.12	5.46	7.12
招商银行	5.02	5.33	5.62	5.83	6.18	5.76
南京银行	0.69	0.55	0.58	0.59	0.68	0.69
兴业银行	3.26	3.34	3.57	3.66	3.25	3.73
北京银行	1.28	1.35	1.62	1.58	1.46	1.72
中国农业银行	12.36	12.74	12.85	12.96	13.21	13.52
交通银行	5.32	5.63	5.68	5.77	6.14	6.23

表9-7(续)

中国工商银行	16. 43	15. 82	16. 37	20. 23	19. 85	16. 74
中国光大银行	1. 05	2. 08	2. 34	2. 65	1. 78	1. 46
中国建设银行	17. 32	16. 45	18. 36	20. 13	19. 21	18. 35
中国银行	10. 06	11. 08	13. 09	10. 54	10. 98	10. 76
中信银行	3. 74	4. 28	4. 96	5. 12	5. 37	4. 53
银行名称	2013Q3	2013Q4	2014Q1	2014Q2	2014Q3	2014Q4
浦发银行	4. 16	3. 24	3. 33	3. 85	3. 18	4. 27
华夏银行	1. 76	1. 82	1. 35	1. 44	1. 56	2. 09
中国民生银行	4. 18	4. 47	3. 36	3. 81	3. 95	4. 21
招商银行	4. 02	5. 16	5. 37	4. 86	5. 21	5. 06
南京银行	0. 60	0. 58	0. 46	0. 69	0. 54	0. 68
兴业银行	4. 18	3. 96	3. 83	3. 72	3. 86	4. 25
北京银行	1. 26	1. 55	1. 39	1. 28	1. 47	1. 26
中国农业银行	11. 52	11. 65	12. 32	12. 78	11. 33	12. 86
交通银行	6. 18	5. 37	5. 49	5. 89	5. 85	6. 14
中国工商银行	17. 54	16. 26	15. 29	20. 18	17. 68	15. 42
中国光大银行	2. 16	2. 17	2. 28	3. 52	1. 98	1. 85
中国建设银行	16. 58	15. 84	17. 16	18. 25	18. 43	16. 26
中国银行	13. 26	12. 34	15. 17	12. 39	14. 16	12. 43
中信银行	5. 12	5. 36	3. 92	4. 66	3. 29	5. 64
银行名称	2015Q1	2015Q2	2015Q3	2015Q4	2016Q1	2016Q2
浦发银行	4. 12	4. 36	3. 84	3. 62	3. 53	3. 96
华夏银行	1. 87	1. 66	1. 58	1. 47	1. 26	2. 06
中国民生银行	4. 15	4. 36	5. 28	4. 68	3. 89	5. 12
招商银行	4. 38	5. 12	4. 78	3. 96	5. 12	4. 98
南京银行	0. 48	0. 56	0. 49	0. 61	0. 72	0. 88
兴业银行	3. 85	3. 26	3. 87	4. 68	3. 86	3. 98
北京银行	1. 57	1. 29	1. 38	1. 45	1. 76	1. 58
中国农业银行	11. 58	11. 65	13. 47	12. 95	11. 59	12. 68
交通银行	5. 48	5. 36	5. 79	6. 28	6. 55	5. 79
中国工商银行	18. 25	16. 78	15. 94	18. 78	17. 66	19. 56
中国光大银行	3. 12	2. 56	2. 47	2. 36	1. 96	2. 17
中国建设银行	18. 26	17. 44	18. 48	21. 33	18. 32	18. 46
中国银行	11. 19	15. 12	14. 06	11. 33	12. 56	11. 45
中信银行	6. 77	5. 32	4. 68	4. 66	5. 58	5. 12

我们将表 9-7 分为三大类，并绘制其变化趋势，如图 9-6 所示。

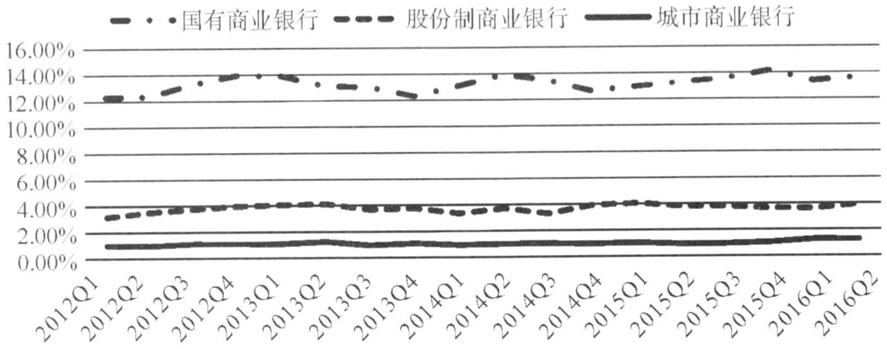

图 9-6 我国三类上市银行%CES 季度均值变化趋势

从图 9-6 可以看出，14 家银行中，国有商业银行的系统性风险贡献程度较大，处于 10%~15%的水平，平稳波动；而股份制商业银行和城市商业银行的贡献程度均处于 5%以下，波幅较小。这说明，如若考虑银行的资产规模，可发现规模大的国有银行风险贡献高。与采用%CoVaR 方法测算出的结果相比，%CES 方法测算的结果与大部分研究系统重要性银行结果一致。我们可以从中发现，大型国有银行自身面临的市场风险水平更低，但对金融系统的风险贡献更大。但是系统重要性的排序并不是不变的，受到多因素的影响，会随着时间动态变化而发生改变。14 家上市银行基于%CES 的系统重要性排名见表 9-8。

表 9-8 14 家上市银行基于%CES 的系统重要性排名

排名	2012 年	2013 年	2014 年	2015 年	2016Q2
1	中国建设银行*	中国工商银行*	中国建设银行*	中国建设银行*	中国工商银行*
2	中国工商银行*	中国建设银行*	中国工商银行*	中国工商银行*	中国建设银行*
3	中国农业银行*	中国农业银行*	中国银行*	中国银行*	中国农业银行*
4	中国银行*	中国银行*	中国农业银行*	中国农业银行*	中国银行*
5	交通银行	交通银行	交通银行	交通银行	交通银行
6	招商银行	中国民生银行	招商银行	中信银行	中信银行
7	中信银行	招商银行	中信银行	中国民生银行	招商银行
8	中国民生银行	中信银行	兴业银行	招商银行	中国民生银行
9	浦发银行	浦发银行	中国民生银行	浦发银行	兴业银行
10	兴业银行	兴业银行	浦发银行	兴业银行	浦发银行
11	中国光大银行	中国光大银行	中国光大银行	中国光大银行	中国光大银行
12	华夏银行	华夏银行	华夏银行	华夏银行	北京银行
13	北京银行	北京银行	北京银行	北京银行	华夏银行
14	南京银行	南京银行	南京银行	南京银行	南京银行

注：* 表示系统重要性银行（设定全年阈值为 0.4）。

通过表 9-8 可以看出，国有四大银行均处在系统重要性银行名单内，说明采用 MES 所获的结果具有一定代表性。而交通银行一直处在第五位，且系统性风险贡献程度较接近阈值，说明其具有潜在系统重要性，随着它自身规模和管理水平的提高，它的重要程度不可忽视。监管当局也应该将其作为关注的重点。另外可以发现，随着时间变化，系统重要性银行的排名在发生微妙变化，但都呈现一定的代表性。因此，银行自身及监管机构可以对其变化的趋势和背后的含义进行分析解读，以便找出更适合的风险管理方案。同时，我们通过比较两种方法所获取的结论，整体呈现一致性，但采用后者的吻合程度更大。

第三节　复杂网络

近年来，宏观金融风险的研究，复杂网络是主要的研究方法之一。因此，本章对复杂网络进行简单介绍。

一、复杂网络的基础拓扑特征量

复杂网络是一类大规模网络，其具有复杂的拓扑结构和动力学行为。抽象来看，它是具有大量节点和大量连接节点的边构成的图，可采用图论中的方法进行表示。设复杂网络中的所有节点的集合为 $V=\{v_1, v_2, \cdots, v_m\}$，所有边组成的集合为 $E=\{e_1, e_2, \cdots, e_m\}$，每条边 e_i 对应节点集中的两个节点 (v_i, v_j)，则该网络图可表示为 $G=(V, E)$。若 (v_i, v_j) 与 (v_j, v_i) 共有一条边，则该网络为无向网络；否则为有向网络。若网络中各边 e_i 存在权重 w_i，且各边权重不全为 1，则称为加权或含权网络。

同时网络可采用邻接矩阵进行表示。对于图 G 的邻接矩阵 $M(G)=(m_{ij})_{n\times n}$，若 G 为无权网络，节点 v_i 与 v_j 不存在边连接，则对应邻接矩阵中矩阵元 m_{ij} 为 0，否则节点 v_i 与 v_j 存在边连接，则矩阵元 m_{ij} 为 1，具体表示如下：

$$m_{ij}=\begin{cases}1, & (v_i, v_j)\in E\\ 0, & \text{others}\end{cases}$$

若 G 为加权网络，边 (v_i, v_j) 的权重为 w_{ij}，则邻接矩阵矩阵元可表示为

$$m_{ij}=\begin{cases}w_{ij}, & (v_i, v_j)\in E\\ 0, & \text{others}\end{cases}$$

对于无向网络，邻接矩阵为对称矩阵，边 (v_i, v_j) 与 (v_j, v_i) 代表同一条边，存在 $m_{ij}=m_{ji}$。若为有向网络，则 (v_i, v_j) 与 (v_j, v_i) 代表不同连接。

网络中若各节点 v_i 不存在自环，即 $w_{ii}=0, i=1, 2, \cdots, n$，同时两节点间不存在多条平行边，则称网络为简单图或简单网络。

一些网络特征参数可用于数区分网络拓扑结构。最为基础和常用的是度分布、平均路径长度和聚集系数，通过它们能够刻画复杂网络的拓扑特征。

网络中度是一个重要概念，它是指一个节点所连接的边的数目。其可描述局部

范围节点的特性，亦可作为基础指标衡量节点的重要程度。令 k_i 表示节点 v_i 的度，则对于无向网络，k_i 表示为

$$k_i = \sum_{j=1}^{n} m_{ij} = \sum_{j=1}^{n} m_{ji}$$

若网络为有向网络，则节点度分为入度 k_i^{in} 与出度 k_i^{out} ，分别表示连接至节点 v_i 的边数与节点 v_i 向外连接的边数。表示如下：

$$k_i^{\text{in}} = \sum_{j=1}^{n} m_{ji}$$

$$k_i^{\text{out}} = \sum_{j=1}^{n} m_{ij}$$

设网络的度分布函数 $p(k)$ ，则对于一确定值 k ，$p(k)$ 表示度值为 k 的点在所有点中出现的概率。对于有向网络的出入度，对应存在出度分布 $p(k^{\text{out}})$ 与入度分布 $p(k^{\text{in}})$ 。

二、复杂网络基本类型

（一）规则网络与随机网络

规则网络与随机网络为学界最早开始研究的网络。规则网络主要包括全局耦合网络、最近邻耦合网络和星形网络。该类网络的环形图呈现规则对称的样式。全局耦合网络是网络中任意两个节点均存在边连接的网络。其度分布为均匀分布，平均路径长度与聚集系数均为 1。最近邻耦合网络中，每个节点与它左右各 $\frac{K}{2}$ 个节点相连，K 为节点的度，网络形成环状。星形网络有一个中心点，其余点只与中心点相连。随机网络中最常见的为 ER 随机网络。其算法可表示为给定 n 个结点，以概率 p 连接每两个节点。因此，总边数 m 是一个随机变量，期望值为 $\frac{pn(n—1)}{2}$ 。度分布近似为泊松分布。平均路径长度与聚集系数均较小。

（二）小世界网络

在对网络的研究中，学者们提出了现实中存在平均路径长度小、聚集系数大的网络，这种网络被定义为“小世界网络”。较为常用的 WS 模型小世界网络可通过对规则网络中的部分边进行随机重连而构成。WS 小世界网络聚类系数为 $\frac{3(K-2)}{4(K-1)}(1-p)^3$ ，p 与 ER 随机网络中同义。平均路径长度小，但无精确表达式，依赖于 p 、K 、n 三个参数。WS 小世界网络的度分布同样近似为泊松分布。

（三）无标度网络

现实网络在度分布方面很多呈现出幂律分布的特点，而上述网络均不符合该项特征。因此 Barabási 和 Albert 两位学者于 1999 年提出一种 BA 模型算法以构建无标度网络。其认为该类网络的生成过程存在两大特征：一是增长特征，即网络是不断增大的，刚开始的网络中仅有少数节点，总数随新节点增加而不断增大；二是择优连接特征，新加入的节点与原有网络中连接度更大的点连接。该网络平均路径长度

近似为$\frac{\log n}{\log\log n}$，具有小世界特征。聚集系数大于随机网络，但小于小世界网络的聚集性，n 趋于无穷时不具有聚集特征。尽管如此，由于其度分布符合现实网络的特征，仍广泛用于对实际网络的模拟研究。

三、计算实例

事实上，有很多变量可以用来刻画一个复杂网络的拓扑性质，但多数与本研究关系不大，同时在众多变量中平均路径长度和聚集系数是最为基础和重要的，因为这两个变量可以说明网络是否具有小世界性，这是本报告后续工作的基础。因此，本部分主要分析网络的平均路径长度、聚集系数和小世界性。

（一）数据来源

本部分采用的数据主要有两个来源：一是中国人民银行发布的《中国支付体系发展报告》中的公开数据；二是《基于大额支付系统数据分析的我国资金流动规律》[①] 一文中所披露的信息。

由于不同年份支付系统中的参与机构有变化，因此通常的处理方法是将重要的机构单独作为一个节点，非重要、数量又有变化的机构作为一类节点来处理。在归类时我们按照《中国支付体系发展报告》中的分类原则来分类。最终确定网络中共有 26 个机构或者机构类别（如外资银行就是一类）。大额支付系统银行间交易笔数网络结构见图 9-7；大额支付系统银行间交易金额网络结构见图 9-8。

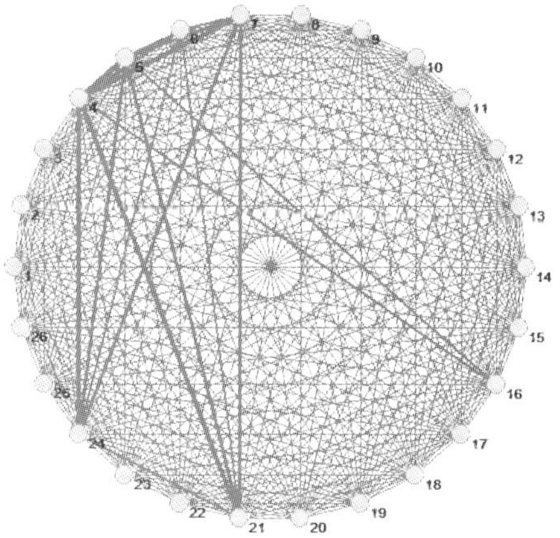

图 9-7　大额支付系统银行间交易笔数网络结构

① 欧阳卫民. 基于大额支付系统数据分析的我国资金流动规律［J］. 上海金融，2010（11）：21-25.

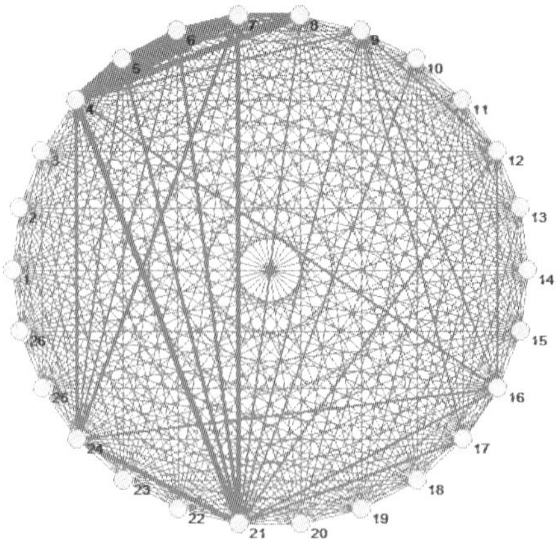

图 9-8　大额支付系统银行间交易金额网络结构

图 9-7 和图 9-8 中的边的粗细表现了交易笔数或者金额的大小。编号与银行对应的具体情况如下：1——中国进出口银行；2——中国国家开发银行；3——中国农业发展银行；4——中国工商银行；5——中国农业银行；6——中国银行；7——中国建设银行；8——交通银行；9——招商银行；10——兴业银行；11——中信银行；12——中国光大银行；13——广东发展银行；14——平安银行（深圳发展银行）；15——浦发银行；16——中国民生银行；17——华夏银行；18——渤海银行；19——恒丰银行；20——浙商银行；21——城市商业银行；22——农村商业银行；23——农村信用合作社；24——城市信用合作社；25——中国邮储银行；26——外资银行。

（二）支付系统网络的拓扑参数

1. 平均路径长度

复杂网络的平均路径长度是描述网络拓扑结构的最基本的参数之一。网络中从节点 i 到节点 j 之间所有路径中，所经历的边数最少的那条路径的长度就表示节点 i 到节点 j 的距离 d_{ij}。平均路径长度 L 就是在网络中任意两个节点之间的距离之和与网络中实际存在边的数量的比值

$$L = \frac{1}{\frac{1}{2}N(N-1)} \sum_{i \geqslant j} d_{ij} \tag{9-19}$$

其中，L 是平均路径长度，N 是网络节点的总数，d_{ij} 是节点 i 到节点 j 最短路径上的边数。

本报告研究的支付系统网络是有权的，参照 Huffman 树理论中有权平均路径长度的算法，得到该网络的平均路径长度为 1.5，这与之前的相关研究结果基本一致。另外，Soramaki 等计算了美联储 Fedwire 系统的平均路径长度是 2.6[①]，Becher 等（2007）计算了英国 CHAPS 系统的平均路径长度也大致是 2.6，可见我国支付系统

① SORAMAKI K, et al. The topology of interbank payment flows [J]. Physica A, 2007, 379 (1): 317-333.

的平均路径长度参数要小于以上两个系统。

2. 聚集系数

聚集系数是用来描述网络中出现集团化程度的一个指标。形象地说，某个人的两个朋友之间也是朋友，这就是网络的聚类特性，可以用聚集系数来描述。

设网络中任意节点 i 周围存在 k_i 个邻居节点，在这些邻居节点之间最多可能存在 $\frac{k_i(k_i-1)}{2}$ 条边。我们可以用这 k_i 个节点之间实际存在的边数 E_i 与理论上可能存在的 $\frac{k_i(k_i-1)}{2}$ 条边的比值来表示节点 i 的聚集系数 C_i，即

$$C_i=\frac{2E_i}{k_i(k_i-1)} \tag{9-20}$$

其中，C_i 是节点 i 的聚集系数，E_i 是节点 i 与相邻节点之间实际存在的边的数量，k_i 是节点 i 的度。全网络的聚集系数 C 就是 C_i 对所有节点的平均值。

对于有权网络，其聚集系数的含义与无权网络基本一致。这里我们采用 Onnela 等（2005）的加权聚集系数定义，即

$$\widetilde{C_i}=\frac{2}{k_i(k_i-1)}\sum_{j,k}(\widetilde{w}_{i,j}\widetilde{w}_{j,k}\widetilde{w}_{k,i})^{\frac{1}{3}} \tag{9-21}$$

其中，$\widetilde{C_i}$ 表示加权聚集系数，$\widetilde{w}_{i,j}$ 表示经过标准化后的权重 $\widetilde{w}_{i,j}=\frac{w_{i,j}}{\max(w_{i,j})}$，而 $\max(w_{i,j})$ 表示整个网络中的最大边权重。

陆婷婷（2013）按照式（9-21）计算，得到我国大额支付系统网络的聚集系数为 0.83，这与之前的相关研究结果也是大致相同的。Soramaki 等（2007）计算了美联储 Fedwire 系统的聚集系数是 0.53①，Becher 等（2008）计算了英国 CHAPS 系统的聚集系数是 0.27，可见我国支付系统的聚集系数比以上两个系统更大，参与机构之间的关联度更高一些。

3. 小世界性

一个复杂网络具有小世界性是指同时具有较小的平均路径长度和较大的聚集系数，这样的复杂网络可以称之为"小世界网络"。社交、互联网、股权网络等都存在这种特性，支付系统网络是否有这种特性呢？

Soramaki 等（2007）计算了美联储 Fedwire 系统的平均路径长度和聚集系数分别是 2.6 和 0.53，结论是 Fedwire 系统具有小世界性；Becher 等（2008）计算了英国 CHAPS 系统的平均路径长度和聚集系数分别是 2.6 和 0.27，结论类似，CHAPS 系统具有小世界性。另外，Boss 等（2004）对奥地利银行网络展开了研究，也得到了有小世界特性的结论②。

从前文的计算结果我们知道，与以上美、英等国的计算结果相比，我国的支付系统网络具有更小的平均路径长度和更大的聚集系数，因此可以判断我国的支付系

① SORAMAKI K, et al. The topology of interbank payment flows [J]. Physica A, 2007, 379 (1): 317-333.
② BOSS M, et al. Network topology of the interbank market [J]. Quantitative Finance, 2004, 4: 677-684.

统网络具有小世界性。

在社会关系网络中，具有小世界性的含义是系统中任意两个人之间以很大概率有着共同的朋友。我国的银行网络的小世界性与此类似。回顾我国银行业发展的历史，从最初的中国人民银行到只有几大专业银行，进而发展成国有商业银行，在这之后才出现了股份制银行、城市/农村商业银行等共同发展的局面。后面发展起来的这些银行，都会与几大国有商业银行有着非常密切的业务联系。因为国有商业银行在中国现代化支付系统推广之前，为中小银行、股份制银行提供着清算服务，部分地起到了现今央行支付清算服务的作用。这就使得以上支付系统网络中出现了类似于社会网络中有着共同的“朋友”的情况。银行业发展的历史沿革，显然是导致我国银行网络有着小世界性的重要原因之一。

第四节　配置模型和复杂网络

以支付系统的视角研究系统重要性最大的问题在于数据的获取。由于支付系统的数据涉及国家安全，具有高度的保密性，央行内部的研究人员才能获取真实数据，而央行外部的人员则很难获得。许多专家都注意到了这一点，Bakšys 等（2007）、Manning 等（2009）和 Lovin（2012）均提出了用模拟数据的研究方案。同时，真实数据存在两方面问题：一是用真实数据进行反事实研究时，暗含了各机构在不同情景下不会改变其行为的不合理假设，如当某个机构在系统中违约的时候；二是历史真实数据仅能被观测一次，而探寻统计规律时不能无差别地进行重复试验，这意味着采用真实数据得到的结果不够稳健（Manning et al.，2009）。因此，我们没有必要一定要采用真实数据进行研究。

在前文第三节对我国大额支付系统数据做出的拓扑特征分析的基础上，本节提出了一个创新的改进的配置模型方法，构建了点强度和边权分布符合幂律分布的完全耦合支付系统网络。

一、基于改进的配置模型的网络生成算法

通过第三节中对我国实际大额支付系统数据的研究，实际支付网络为加权完全耦合网络，即各银行间均存在支付往来关系，而支付笔数或金额不同。从这个角度来讲，我国支付系统为完全网络，但边权及点强度近似符合幂律分布。

本节根据支付网络现实特征提出了改进的配置模型，以构建点强度满足幂律分布的有向含权完全耦合网络。建立在真实支付系统特征上的该模型构建方法，解决了目前真实数据难以获取的问题。

（一）基础配置模型

Bender 和 Canfield（1978）最早提出“配置模型”的概念，用于生成无向无权网络。其基本思想是：根据已知度分布函数中的概率值为每个节点分配度，从而生成度序列，再随机连接各点，使各点最终满足所分配的度序列以得到满足已知度分

布的网络。根据配置模型生成无标度无向无权网络的具体简要步骤如下：

（1）给定网络节点总数 N，最小与最大度值 k_{min} 与 k_{max}，及给定的幂律度分布 $p(k)$ 中的参数值 α。

（2）将 k_{min} 至 k_{max} 各度值带入幂律分布函数，求得对应的各概率值 p_k，并归一化使得 $\sum_{k=k_{min}}^{k_{max}} p_k = 1$。

（3）根据第（2）步求得的 $p(k)$ 离散分布，计算出累计离散度分布。创建 N 个节点，为每个节点生成区间为（0，1）的随机数，根据随机数所落区间，确定各节点的度值，得到度序列 $D=\{k_1, k_2, \cdots, k_N\}$。若所有节点度的和 $\sum_{i=1}^{N} k_i$ 为奇数，则随机令一个节点的度加一。

（4）将度序列转换为节点组成的数组，数组中每个节点出现对应度值的次数，表示为

$$\text{Array}=\{\underbrace{V_1, \cdots, V_1}_{k_1}, \underbrace{V_2, \cdots, V_2}_{k_2}, \cdots, \underbrace{V_N, \cdots, V_N}_{k_N}\}$$

（5）每次从数组中随机选择两个节点，若满足两个节点不是同一节点且两节点不存在边，则连接两点。其中 k_{min} 与 k_{max} 根据具体研究需要进行自行设置，通常无向无权网络中，k_{min} 取 1，而当 k_{max} 取 n-1 时为无截断设置。Molnár（2013）等学者设定了 $k_{max}=\sqrt{N}$，以观察度值上限带来的截断影响，何晓力（2012）针对同性 HIV 混合传播网络，在网络总人数为 5 000 时，设置了 k_{max} 为 20。

随机选择节点过程中需设置最大择点次数，若随机择点次数超过该值，则该次择点连接过程失败，需重新开始进行连接。另外还需设置最大生成次数，若择点过程失败的次数超过该值，则认为当前度序列生成网络失败，需重新生成度序列。

（二）改进的配置模型

原有配置模型仅生成无向无权网络，不适用于本书的研究，且择点过程采用完全随机择点，效率较低。本书对配置模型进行改进，以生成无向加权网络。改进之处在于，一方面将原方法中的度分布改为点强度分布；另一方面节点连接修改为边权增加，并依据择优连接的思想择点进行加权。最终根据此方法可得到点强度与边权分布满足幂律分布的完全耦合网络。

改进后的流程是：依据已知点强度分布函数为每个节点分配强度，得到各点点强度序列。生成一个初始完全网络，依据点强度由大至小的顺序选择第一个被连节点，再从节点强度序列按概率选择另一点增加边权，概率设置参考 BA 模型的择优连接思想，根据强度大小为每个点赋予不同的被选择概率。若节点剩余未分配点强度大于 0，则令边权加一。

具体简要步骤如下：

（1）给定网络节点总数 N，最小与最大度值 s_{min} 与 s_{max}，及给定的幂律分布 $p(s)$ 中的参数值 α。将 s_{min} 至 s_{max} 各强度值带入幂律分布函数，求得对应的各概率值 p_s，并归一化使得 $\sum_{s=s_{min}}^{s_{max}} p_s = 1$。

（2）根据求得的 $p(s)$ 离散分布，计算出累计离散度分布。创建 N 个节点，为每个节点生成区间为（0，1）的随机数，根据随机数所落区间，参照求得的 $p(s)$ 离散分布，确定各节点的强度值，得到强度序列 $D=\{s_1, s_2, \cdots, s_N\}$ 。若所有节点强度的和 $\sum_{i=1}^{N} s_i$ 为奇数，则随机令一个节点的强度加一。

（3）生成初始完全耦合网络。求得各点初始强度值，将所求得的最终点强度序列值与初始点强度序列值对应分别相减，得到剩余需分配的点强度值序列。

（4）将需分配的点强度值序列转换为节点组成的数组，数组中每个节点出现对应需分配的点强度值的次数，表示为

$$\text{Array}=\{\underbrace{V_1, \cdots, V_1}_{s_1}, \underbrace{V_2, \cdots, V_2}_{s_2}, \cdots, \underbrace{V_N, \cdots, V_N}_{s_N}\}$$

（5）按照需分配的点强度值从大至小的顺序，选择两个被连接节点中的第一个节点 V_i^1 。将最终节点强度占总网络强度的比率 $\frac{s_j}{\sum s_j}$ 作为第二个节点被择概率，从其余节点中随机选择一点 V_j^2 。若 V_j^2 需分配的点强度值大于零，则令 V_i^1 与 V_j^2 的边权值加一。当 V_i^1 需分配的强度值为零时，则令点强度小于 V_i^1 的下一节点为被连接两个节点的第一个节点 V_k^1 ，重复前面连接步骤至点强度值分配完成。

根据以上网络生成步骤，假设设定 $N=100, s_{\min}=99, s_{\max}=s_{\min}\times 18, \alpha=2$，生成一次示例网络的双对数坐标系下边权分布与点强度分布如图 9-9、图 9-10 所示。

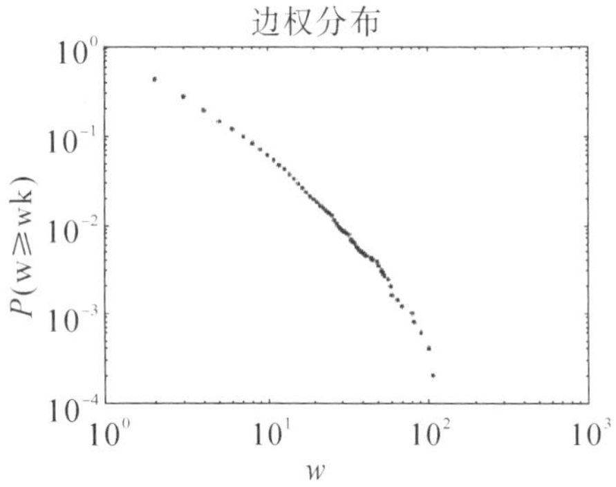

图 9-9　改进的配置模型示例网络边权分布

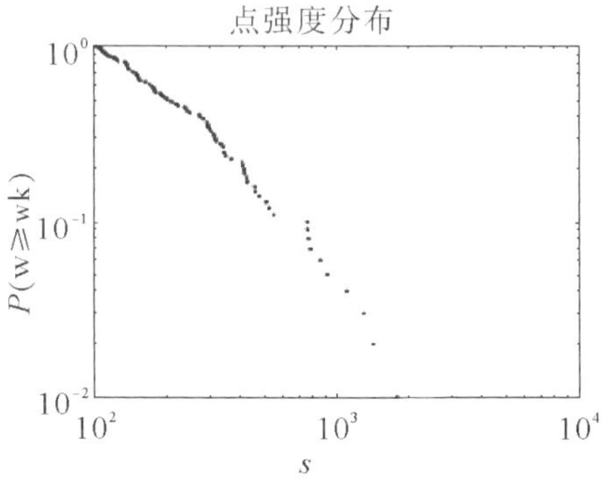

图 9-10　改进的配置模型示例网络点强度分布

从图 9-9、图 9-10 中可以看到，基于本书提出的改进的配置模型生成的完全耦合网络，其边权分布与点强度分布满足幂律分布的特点。

二、计算实例

依据前文所提出的网络生成方法，基于获取的真实数据特征的分析结果，本节构建了实证所需的网络模型。

（一）数据来源

针对大额支付系统的研究在数据获取方面主要有三类。第一类是真实数据，但

由于各国对大额支付系统实际数据保密，因此很难获得。另外在使用真实数据时相当于暗含一个假设，机构在不同情景下不会改变其行为。这样的假设不具有可重复性。我国以前对大额支付系统的研究多为该类数据，其作者通常为央行支付结算司工作者。

第二类是人工合成数据，这是一种基于可获得的真实数据，利用多重数据填补的统计方法计算出完整的接近真实的数据。相较于模拟数据而言，其在人工计算时所使用的从真实数据中提取的信息更多，但同样涉及真实数据的来源问题。

第三类是模拟数据，即通过计算机运用一定算法生成的数据。虽然该数据不能完全地反映真实系统情况，但其仍具有一定的优势和特点。一是模拟数据具有普遍性，所生成的数据并非某一时段某一区域的特定数据，而是根据实际统计特征而来。二是易获得性，相较于真实数据，采用计算机算法生成具有简单、便捷、容易获取的特点。第三是在计算时，我们可以在算法上加入现实数据中提取的实际特征，因此采用该数据的研究仍具有有效性。

大额支付系统的交易真实数据属于各国严格保密内容，且现实情况中机构陷入危机的情形很少发生。另外，真实数据的采用还存在以下两方面缺陷：一方面，历史真实数据只能被观测一次，从中探寻统计规律不具有稳健性；另一方面，目前可获得的公开数据不完整，只有大类行别①及部分大型银行的具体数据。因此，本书根据提出的改进配置模型采用模拟数据进行网络构建。

下面的研究思路主要是借助目前可获取国内的公开数据及以前学者所研究的结果进行参数设定，运用本章第二节所说明的方法，建立符合中国大额支付系统特征的网络结构。

（二）模型假设与网络生成结果

我们通过模型可生成支付笔数网络结构或支付金额网络结构。对于前者所获得的网络结构中，矩阵元代表机构 i 向机构 j 支付的总笔数；而后者中矩阵元代表机构 i 向机构 j 支付的总金额。此处的总数为一个模拟时段的总量，通常模拟时段为一个系统运行日内。童牧（2012）、Soramäki（2012）采用支付笔数网络进行仿真；王鹏（2014）、于世容（2016）等基于支付金额网络进行仿真。本书为了同时实现静态实证与动态模拟，生成支付笔数网络。

本书采用《中国支付体系发展报告（2016）》中的行别分类，设定 28 个银行节点。根据原中国银行业监督管理委员会 2016 年年报，我国包括 3 家政策性银行、5 家大型银行、12 家股份制商业银行、1 家邮政储蓄银行、134 家城市商业银行、1 114 家农村商业银行、1 125 家农村信用社、39 家外资银行、1 443 家村镇银行和 40 家农村合作银行。若我们将所有银行纳入考虑，数量过大且过于强调微观性，单个城市商业银行、农村商业银行、农村信用合作社、外资银行等机构实际发生的支付笔数和金额较小。而《中国支付体系发展报告（2016）》给出了支付量行别排名，除政策性银行、邮储银行、大型银行和股份制银行外，城市商业银行、农村商

① 银行的行别是指各具体金融机构的类别。每个支行都有不同的行别，而不是多个支行共一个行别。

业银行、农村信用合作社、外资银行、村镇银行、农村合作社、城市合作社均作为整体进行排名。因此，本书将上述七大行别作为整体考虑。

目前，我们可获取的、最新的且可用于详细计算的大额支付系统数据，为央行下属的支付结算司所公开的《中国支付体系发展报告（2009）》。程建平（2012）、石大龙（2015）等分别对我国大额支付系统的数据进行过详细的统计计算分析，我国支付网络节点强度分布满足近似幂律分布，支付笔数网络的幂律函数参数 α 在 1.5~2，因此本书生成网络时以节点强度分布为基准生成模拟支付网络。本书对通过 2009 年支付报告及欧阳卫民（2010）研究中部分数据利用合成方法得到的数据进行处理，采用极大似然法估计参数，得到幂律分布参数为 1.8。因此，本书取参数为 1.8 进行网络生成。

改进配置模型生成的网络为无向加权网络。根据以前学者的研究，两个机构之间进行的支付笔数数目差异不大，因此我们将生成的笔数均分至双方的支付量中，以此生成有向网络。

基于上述假定，依据前文网络生成方法，我们运用 Matlab 构建网络。改进配置模型网络生成参数如表 9-9 所示。

表 9-9　改进配置模型网络生成参数

网络生成参数	基于改进配置模型网络
网络总节点数	28
幂律系数	1.8
初始边权值	30

根据生成的网络矩阵，我们采用 Pajek 网络处理软件生成可视化图（见图 9-11）。

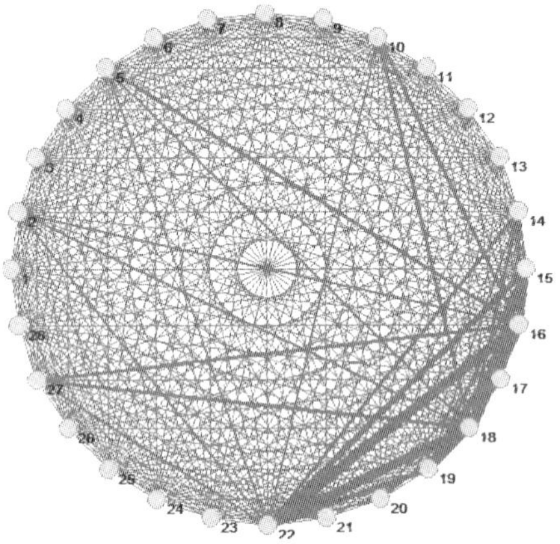

图 9-11　基于改进配置模型生成的网络

中国大额支付系统 2016 年日均处理支付近似 330 万笔。本次网络生成按照比例缩放，所生成的网络中总共有 33 222 笔支付。从图 9-11 中可以看到依据本文提出的模型生成方法，所构建的网络与第三章所得到的现实实际网络结构高度相似，网络中各节点间均存在支付交易，但从支付量上看，少数节点拥有大规模的支付量，满足幂律分布特征。

目前，最新的2016年支付体系报告中给出了机构行别业务量排名，因此我们可根据该排名按照网络中的支付量顺序将对应机构行别名称赋予所生成网络节点，从而使实证结果具有现实意义。机构行别与构建的模拟网络中编号对应结果如表9-10所示。

表9-10 机构行别与构建的模拟网络中编号对应结果

行别	网络节点序号
中国工商银行	16
中国农业银行	18
中国建设银行	22
城市商业银行	15
中国银行	19
农村信用合作社	14
招商银行	27
农村商业银行	10
中国民生银行	5
交通银行	20
中信银行	2
中国邮政储蓄银行	6
平安银行	13
兴业银行	23
浦发银行	9
中国光大银行	3
外资银行	17
华夏银行	4
村镇银行	8
广发银行	21
中国农业发展银行	28
浙商银行	26
恒丰银行	12
渤海银行	1
国家开发银行	25

表9-10(续)

行别	网络节点序号
农村合作银行	11
中国进出口银行	24
城市信用合作社	7

参考文献

南京工学院数学教研组，1978. 积分变换［M］. 北京：高等教育出版社.

马君潞，范小云，曹元涛，2007. 中国银行间市场双边传染的风险估测及其系统性特征分析［J］. 经济研究（1）：68-78，142.

张树德，2007. 金融计算教程［M］. 北京：清华大学出版社.

谭浩强，2010. C 程序设计［M］. 4 版. 北京：清华大学出版社.

鲁宾斯坦，2012. 投资思想史［M］. 张俊生，曾亚敏，译. 北京：机械工业出版社.

路阳，2013. 量化投资的文艺复兴之道［M］. 北京：光明日报出版社.

宫文秀，高凌云，2016. 复合期权的三叉树定价模型［J］. 统计与决策（18）：83-86.

郑振龙，陈蓉，2016. 金融工程［M］. 4 版. 北京：高等教育出版社.

BLACK F，M SCHOLES，1973. The Pricing of Options and Corporate Liabilities［J］. Journal of Political Economy，81：637-59.

J COX，S ROSS，M RUBINSTEIN，1979. Option pricing：A simplified approach［J］. Journal of Financial Economics，7：229-26.

N PACKARD，et al.，1980. Geometry from a time series［J］. Physics Review Letters，45（9）：712-716.

P GRASSBERGER，I PROCACCIA，1983. Measuring the strangeness of strange attractors［J］. Physica D，9（1-2）：189-208.

P BOYLE，1988. A lattice framework for option pricing with two state variables［J］. Journal of Financial & Quantitative Analysis，23（1）：1-12.

B KAMRAD，P RITCHKEN，1991. Multinomial approximating models for options with k states variables［J］. Management Science，37（12）：1640-1652.

ANGELINI P，et al.，1996. Systemic risk in the netting system［J］. Journal of Banking & Finance，20（5）：853-868.

FURFINE H，2003. Interbank exposures：Quantifying the risk of contagion［J］. Journal of Money Credit & Banking，35（1）：111-128.

UPPER C，WORMS A，2004. Estimating bilateral exposures in the German interbank market：Is there a danger of contagion？［J］. European Economic Review，48（4）：

827-849.

GRAY D, MERTON R, BODIE Z, 2007. Contingent claims approach to measuring and managing sovereign credit risk [J]. Journal of Investment Management, 5 (4): 1-24.

DOCHERTYA P, WANG GEHONG, 2010. Using synthetic data to evaluate the impact of RTGS on systemic risk in the Australian payments system [J]. Journal of Financial Stability, 6: 103-117.

GIESECKE K, KIM B, 2011. Risk analysis of collateralized debt obligations [J]. Operation Research, 59 (1): 32-49.

ACHARYA V, et al., 2012. Capital shortfall: A new approach to ranking and regulating systemic risks [J]. American Economic Review, 102 (3): 59-64.